U0016901

修養与批判

跨文化視野中的
晚期傅柯

何乏筆
FABIAN HEUBEL

獻給

蔣國芳

我相，在西方的精神性中，
「愛欲」與「工夫」是兩種大形式，
藉此有一些模式被構想，使得主體必須被轉化，
以最終成為能〔進入〕真理的主體。
（傅柯，《主體詮釋學》）

Erôs et *askêsis* sont, je crois,
les deux grandes formes par lesquelles,
dans la spiritualité occidentale,
on a conçu les modalités selon lesquelles le sujet devait être
transformé pour devenir enfin sujet capable de vérité.
（Michel Foucault, *L'herméneutique du sujet*）

目 次

第三部：美學修養

傅柯著作縮寫表

為了讀者方便，本書除傅柯（Michel Foucault）著作的法文原文頁碼外，也列出英譯本及中譯本之頁碼（例如：HS, 17〔英15／中16-17〕），中英譯本詳見本書參考資料。所有引文皆由筆者直接由原文重新翻譯，註腳中文頁碼僅供讀者方便參考，不代表直接採用中譯本的翻譯。

AC   *Les aveux de la chair*（《肉體的告白》）

CV   *Le gouvernement de soi et des autres: le courage de la vérité II*（《說真話的勇氣：治理自我與治理他者 II》）

DE   *Dits et écrits*, I-IV（《言與文》，共四卷）〔以著作編號、卷頁表示，詳見參考書目〕

DS   *"Il faut défendre la societé"*（《「必須保衛社會」》）

GS   *Le gouvernement de soi et des autres*（《治理自我與治理他者》）

GV   *Du gouvernement des vivants*（《生者的治理》）

HF   *Histoire de la folie à l'age classique*（《古典時代瘋狂史》）

HS　　*L'herméneutique du sujet*（《主體詮釋學》）

LA　　*Les anormaux*（《非正常人》）

MC　　*Les mots et les choses*（《詞與物》）

NB　　*Naissance de la biopolitique*（《生命政治的誕生》）

SP　　*Surveiller et punir*（《監視與懲罰》）

SS　　*Le souci de soi, Histoire de la sexualité 3*（《自我的關注，性史卷3》）

STP　*Sécurité, territoire, population*（《安全、領土、人口》）

UP　　*L'usage des plaisirs, Histoire de la sexualité 2*（《快感的使用，性史卷2》）

VS　　*La volonté de savoir, Histoire de la sexualité 1*（《知識的意志，性史卷1》）

序言

　　以投入傅柯思想的方式擺脫傅柯思想的籠罩，此乃貫串本書的弔詭。筆者反覆體認到，若欲開展「修養」的當代意涵，就不得不面對傅柯晚期思想的挑戰。然而，在走進傅柯哲學的過程中，似乎只能證實：要「離開這裡」，要擺脫傅柯所代表的「現代性」著實不易，因為他所探索的現代性，在相當程度上依然是「我們的現代性」。晚期傅柯由知識、權力、倫理三角度切入「自我修養」（culture de soi, self-cultivation, Selbstkultivierung）的主題，對精神修養的觀念提出徹底的反省，並且藉由「通古今之變」，深刻探尋修養哲學的困境與潛力。他透過修養與美學的實驗性連接，敞開既是美學的又是批判的新修養論。本書將「美學修養」視為當代跨文化哲學的共同問題，以進行晚期傅柯修養觀的內在批判。

　　本書分為三部，每一部皆嘗試由不同角度趨近此目標。尤其是經過漢譯之後，筆者將傅柯的著作重新置入了陌生語境。此轉化工作從自我修養的概念開始。此概念在傅柯那裡的用法，有時是相當模糊地概括其他許多相似的字詞，如自我關注、自我技術、自我實踐、自我創造等，有時則更為明確地指

涉希臘化、羅馬哲學的特殊發展。本書由傅柯思想所引發的美學修養連結當代漢語哲學很熟悉的本體、工夫、境界，來界定自我修養的基本內涵。當然，這方面特別引人關注，甚至頗具爭議性的地方是筆者將 "ascèse"（來自希臘文的 ἄσκησις〔askêsis1〕，即「習練」而非「禁欲」之意，傅柯將之理解為「自我對自我的工作」）譯成「工夫」的途徑。此的確是為了展開晚期傅柯的跨文化潛力而採取的自覺選擇。由此可知，本書表面上局限於探索歐洲哲學的問題，深層處卻已貫穿著跨文化的混雜交織。

傅柯自1976年（《知識的意志》）到1984年（《快感的使用》《自我的關注》）之間沒有出版專書，所以晚期傅柯的研究資料，除了在《言與文》（*Dits et écrits*）中所集合的論文、訪談等資料外，必須以法蘭西學院的課程紀錄為重要參考資料。依此，筆者將「晚期傅柯」界定為從1978到1984年的時期。在1978年傅柯雖然仍未明確觸及倫理學或倫理主體的議題，但卻已萌動兩方面的理論轉折：首先以「治理性」的概念補充，甚至取代「權力」；再則透過基督教「牧師權力」的分析，切入古代希臘、羅馬文化的探索。儘管本書以晚期傅柯的哲思為主軸，筆者在相關研究的過程中也深切意識到，修養論與「權力的系譜學」和「知識的考古學」可產生互為補助、互為批判的關係。

自我修養（以及「修身」、「修己」等）的相關話語和實踐是穿越古今東西的重要文化資源。本書主要圍繞的問題，即

1　本書將按照法語的羅馬拼音方式表述古希臘語。

如何轉化更新此資源。為了回答這樣的問題，傅柯分析了古代
歐洲哲學及基督教的許多歷史資料。然而，在研究過程中，筆
者感到，在參考二手資料外，著實應投入歐洲古典哲學的研究
以檢驗傅柯的諸多論說，尤其希望深入探索傅柯對古希臘文化
的思考與尼采及海德格之古希臘研究的關係。但同時另一種信
念卻與此衝突：為了展開修養論的跨文化研究，要盡可能地擺
脫東西各方的文化本質主義傾向。此乃意味著，必須走出歐洲
現代哲學根深蒂固的「希臘情結」。因而，就當代哲學的跨文
化轉向而言，一再強調「哲學」的「本源」在希臘恐怕就是要
避開的陷阱。然而，在擺脫希臘情結之際，又要避免陷入「中
國情結」。為了進行「我們現代性」的歷史分析與當下診斷，
跨文化哲學的研究需要醞釀和凝聚值得深入探索的共同問題。
筆者認為，「美學修養」就是這樣的一個問題，但僅是嘗試開
啟間隙，以窺探未知可能。

第一部
修養重估

第一章

跨文化批判與當代漢語哲學

一、批判性的修養哲學

修養與批判的關係是「美學修養」的核心。一方面，美學修養與傳統的「精神修養」相對照，亦即與一種作為向上提升活動的修養過程相對照；另一方面又批判「創意修養」及相關的越界美學。美學修養概念的界定同時針對兩種單向追求：精神的昇華與經驗的強化。透過對這兩者的分析則可思考美學修養在今日的歷史條件。為此必須釐清兩個問題：其一是，為何在現代歐洲哲學的發展中，修養的領域及相關的工夫實踐逐漸被排除在哲學領域之外？其二是，當代歐陸哲學的何種內部改變，使得修養哲學的復興成為可能？

哲學作為大學學科（或學術理論）與作為修養模式的關係問題，蘊含著強大的跨文化潛力。此潛力有待在西方與東方哲學的動態關係中被充分展開，因為「哲學」在今天是唯一能夠充分面對認識知識（savoir de conaissance）與修養知識之關係問

題的現代學科。[1]由近幾年有關哲學當作生活方式的討論中顯示，話語與修養曾經構成了哲學內部的張力，而在當代的歐洲哲學中，也並未被全然遺忘。[2]如果說，哲學在歐洲不能化約為理論哲學，而且古代希臘、羅馬哲學經歷一千年左右的時間是在一種修養範式的前提下發展，那麼，這對「中國哲學」的討論具有重要的啟示：儒、道、佛與古代歐洲的哲學可產生讓人驚異的呼應關係。因此，不得不重新思索關於中、西哲學的某些刻板理解。

　　「比較哲學」（comparative philosophy）的進路對歷史資源的整理與探究有所貢獻，但此進路不足以思考修養知識在今天的可能性條件，也無法展開當代的修養實踐。如果修養不可能直接回歸傳統的精神修養模式，它還有哪些可能性？在面對此問題的過程中，修養與批判的關係在晚期傅柯的著作中浮現。「批判」含有考古學與系譜學的雙重方向，同時置身於康德式先驗分析與尼采式系譜學的弔詭處境之中。如此，傅柯賦予了修養哲學在方法反思上的歷史厚度：對真理與主體關係的歷史分析，與基於生存美學的現代性態度互相交錯。「批判」的考古學／系譜學的雙重方向在方法論上呼應著話語與修養的關係，因為在系譜學的方向上，批判包含修養的實踐，而在考古學的方向上，批判能反省實踐的歷史條件。換言之，考古學與系譜學在方法上正好呼應了自我認識與自我修養所構成的複雜關係。當代修養哲學不得不面對此　張力。晚期傅柯的思想連

1　詳細討論請參閱本書第二章。
2　詳細討論請參閱本書第四章。

結了批判精神與修養實踐，然他對古代歐洲的偏重卻意味著不
必要的理論窄化。

在1970年代，傅柯的方法論反思由考古學往系譜學移動。
同時「實踐」的問題成為他的思考重點。他所關注的實踐並非
動天地的革命實踐，而是自我的實踐或自我的技術，是「在實
踐中且透過諸實踐（Praktiken）所構成的自我」。[3]於是，批判
的可能與自我在實踐中的轉化是不可分的。在系譜學的轉向
後，考古學的概念失去核心地位，但並非全然消失。《快感的
使用》（《性史》卷2）的導論，以及〈何謂啟蒙？〉皆透過批
判的概念，開闢了考古學與系譜學的新關聯。傅柯說：

> 這種批判不是先驗的，其目的也不在於使形上學成為可
> 能：它在其合目的性上是系譜學的，在其方法上是考古學
> 的。它是考古學的（而非先驗的），因為不是要試著抽出
> 一切知識、一切可能的道德行動的普遍結構，反而要將那
> 些呈現我們所思、所言、所作的諸話語，同樣當作歷史事
> 件來對待。這種批判是系譜學的，因為它不從我們的存在
> 形式推論出我們所不可作或不可知，反而從造成我們這個
> 存在的偶然性中抽出一種可能，即從我們所是、所作或所
> 思抽出不再是我們所是、所作或所思的可能。[4]

3　Martin Saar, *Genealogie als Kritik, Geschichte und Theorie des Subjekts nach
Nietzsche und Foucault*（Frankfurt/New York: Campus, 2007），p. 295.
4　DE IV（No. 339），p. 574（英315-316）.

　　「我們自身的批判本體論」在考古學方面要分析「強加在我們身上的歷史性界限」，而在系譜學方面則要「印證這些界限的可能跨越」。[5]在筆者看來，這種雙向度的批判概念是批判哲學極具反省性的表達，因為作為話語的哲學與作為修養的哲學，在一種弔詭的格局中貫穿康德式的「哲學話語」與尼采式的「哲學生命」。此弔詭共生之所以可能，是因為傅柯對康德與尼采各自進行了深刻的批判。他對康德有關真理的可能性條件的先驗提問給予一種歷史性的轉折，因而展開「真理的歷史」作為研究場域（由傅柯所謂「歷史先天」（l'apriori historique）的說法來看，考古學與先驗論的對比指涉著康德式先驗哲學的普遍主義方向，但考古學卻可視為一種歷史／先驗的進路）。就康德和傅柯而言，批判牽涉到對於「界限」的分析和反省：對康德而言的關鍵問題在於，知道該放棄對哪些界限的跨越；而傅柯的考古學分析，反倒為界限的「可能跨越」進行了預備工作。儘管如此，傅柯的批判概念的確也承認某種必然的限制：

　　　確實，要放棄的希望是，有朝一日可達到一種視點，藉此則能獲得關於構成我們歷史界限的完全且明確的認識。由此觀之，我們與這些界限及其可能的跨越（franchissement）相關的理論和實踐的經驗本身往往是有限度的、特定的，而且必須一再重來。[6]

5　DE IV（No. 339），p. 577（英319）.
6　DE IV（No. 339），p. 575（英316-317）.

在此脈絡下，傅柯所謂「哲學的倫理態度」（êthos〔ἦθος〕philosophique）涉及理論經驗與實踐經驗的複雜關係。這種倫理態度的產生依靠著無止境的習練過程，因而只能透過工夫修養的轉化工作才能達成。此處傅柯跨出尼采對「工夫理想」的系譜學批判：尼采對「基督工夫」（ascèse chrétienne）及其否定生命傾向的批判，被轉移到自我實踐的系譜學。其中，「美學工夫」便意味著，讓批判性的自由實踐成為可能。因此，哲學生命要走出權力意志及超人的狂妄自大，成為一種在當下可實現的，且具有特定範圍和地方性的自由可能。

二、考古學與「我們的現代性」

歐洲的現代性在18、19世紀逐漸籠罩全球。然到了21世紀，原本被「西方」所逼迫的「東方」現代性已開始反轉情勢，讓西方面臨東方的現代化威力，儘管亞洲的影響主要出現在經濟和政治的領域中。因此，「我們」對現代性的分析不得不跨出歐美的範圍，朝向「通古今中西之變」的跨文化分析而發展。如此才能使當代的問題反映在哲學反思之中。問題是，西方哲學如何能夠向非西方的歷史文化資源更加開放，以反省「我們」混雜現代化的情境？倘若現代化已使整個人類成為內在性的關係網絡，對「我們現代性」及其界限的歷史分析，則要能夠以同樣的正當性連接到歐洲的或中國的歷史資源。這乃意味著，「中國」不再是一種「異托邦（或譯「異質空間」）」（hétérotopie），不再是外在（於西方）的，反而是內在（於全球）的現代化脈動。傅柯的考古學研究對這種挑戰仍

然不敏感，以此為思想的「不可能性」。他一生致力於思考西
方世界及其理性的界限，但他從未想過，「中國」的知識對進
行「我們現代性」的考古學分析可能具有不可忽視的意義。在
《詞與物》的前言中，「中國」僅以一種作為笑柄的虛構「異
托邦」而出現。

　　由現代中國的角度觀之，「西方」絕不可能僅當作「方法
上的措施」、產生理論效果的「域外」（dehors）。[7]「西方」
經由帝國主義的暴力所產生的影響，不僅強烈衝擊了「中國傳
統」，「西方」更成為了現代中國的組成部分。因而「跨文化
性」（transculturality）已成為當代漢語哲學不可迴避的關鍵要
素。朱利安（François Jullien）將中國視為「域外」或「外部
性」（extériorité）僅是對前現代的中國有一定道理，因為在歷
史和語言上，中國與歐洲的確歷經了長時間的獨自發展。[8]他的
思想策略首先著重歷史的「本源」，而強調「我們」（歐洲
人、西方人）在「我們原先框架」中的根源。就朱利安來說，
確定中國的外部性極為「簡單」，因為它不屬於「我們」所成
長及所置身的情境。此觀點看似簡單，卻引起對朱利安為何要
借用傅柯的「異質拓樸學」來思考中國的質疑。一旦朱利安進
一步嘗試以建構的方式修正這一看似文化本質主義的立場，相
關的理由便逐漸明朗：他將在「比較研究的工地」上的工作視

7　參閱François Jullien和 Thierry Marchaisse, *Penser d'un dehors*（*La Chine*），
　　Entretiens d'Extrême-Occident（Paris: Seuil, 2000）。

8　François Jullien, *Chemin faisant, connaître la Chine, relancer la philosophie*
　　（Paris: Seuil, 2007），pp. 32-35, 85.

為一種「他性的建構」（construction de l'altérité）。[9]藉由這種建構工作，那一原先被預設的「我們」成為解構的對象。於是，將中國視為「異托邦」與一種由域外所進行的解構（déconstruction du dehors）互相交錯。[10]就比較哲學的方法論反思而言，此種連接（在地理和歷史上被給予）的外部性與他性所建構的雙重進路，的確是富有新意的方法論進路。

不過，朱利安將中國視為異托邦，源於中、歐在歷史上所處的「互相漠然的狀態」（in-différence mutuelle）。令人感到驚訝的是，在他策略性的思想遊戲中，中國的混雜現代化僅意味著對本己文化的遺忘和破壞。在他對當代哲學的理解中，當代漢語哲學顯然是缺席的，它在歐洲等於「哲學」、中國等於「智慧」的對比架構中被遺漏了。因此，朱利安的比較工作中所開展的「共同質問」，[11]只有在歐洲當代哲學的框架中才有意義。他難以思考法語當代哲學與漢語當代哲學所面對的共同問題，更遑論兩者互相學習轉化的交流。他無法思考哲學在中國的現代化。在中國，那一在歐洲與中國之間的「漠然狀態」至遲自19世紀中葉後，便被一種對歐洲（西方）知識以及西方哲學的強烈興趣所取代。因為「域外」的暴力衝擊，「中國」開

---

9 Jullien, *Chemin faisant*, p. 86.

10 Jullien, "De la Gréce à la Chine, aller-retour", in *Le Débat*, No. 116, Septembre-Octobre 2001, p. 136. 論文改版的中譯本可參閱：林志明譯，〈由希臘繞道中國，往而復返：基本主張〉，收錄於林志明、Zbigniew Wesołowski編，《其言曲而中：漢學作為對西方的新詮釋──法國的貢獻》（新北：輔仁大學出版社，2005），頁71-87。

11 Jullien, *Chemin faisant*, pp. 44, 87.

始投入對「西方」的學習，但在19、20世紀所產生的知識／權力部署之中，學習的方向大體上是單向的。[12]

在此情況下，跨文化哲學的看似弔詭的機會便浮現：正因為漢語的當代思想在相當程度上已歷經深刻的西化過程，而西方思想同時逐漸擺脫古希臘／基督教的形上學框架，並朝向後形上學思想發展（尤其以當代法國思想而言，此傾向隨「力量哲學」的興盛而顯現）。就當代哲學而言，此乃意味著一種嶄新跨文化呼應的萌生。由此觀之，間文化的「差異建構」可放在共同問題的跨文化建構中來加以定位（這些問題乃來自現代的共同內在性）。由當下的特定問題出發，考古學的歷史分析同時可進入中國和歐洲的資源，以突顯現有狀況之必然性的限制。就跨文化的知識考古學而言，中國與歐洲同樣都是「域外」，都是域外思想的來源，以及當代界限經驗的可能性條件。藉此，「我們現代性」的另類批判成為可能。一旦將晚期傅柯理解為當代修養哲學的先驅，當代法語哲學與當代漢語哲學便有了互動的通道。

以傅柯和牟宗三的關係為例，可粗略描繪這種溝通方式。簡言之，牟宗三試圖以現代性的尺度來重構「中國哲學」。他以康德作為現代哲學的主要代表，且透過對康德的批判性重構，為中國哲學的修養範式及其所包含的工夫實踐作辯護。但弔詭的是，牟宗三以徹底理論化的方式使當代儒學融入學院哲

---

12 詳見何乏筆著，方維規主編，〈混雜現代化、跨文化轉向與漢語思想的批判性重構（與朱利安「對－話」）〉（北京：北京大學出版社，2014），頁86-135。

學，以拯救在20世紀已失去制度根柢的儒家精神：他以理論化的方式為中國式的實踐哲學作辯護。正因如此，在當代儒學之中，修養哲學的現代化成為了急迫的問題。牟宗三透過宋明儒學來分析康德認識論所建立的界限，並主張此界限並非普遍和必然，反而是特異和偶然的。從傅柯的角度而言，他也進行了考古學的「問題化」（problématisation）：在康德式「界限哲學」的框架之內，而且受海德格對康德之解釋的啟發後，人的有限性與無限性、內在性與超越性的關係問題成為了他的核心關注。藉由康德哲學的問題化，他得以在一個龐大的溝通機制中，遊走於儒學傳統與現代西方哲學之間。然如同康德一般，他終究只能以實踐哲學的理論召喚傳統工夫實踐的當代意涵。[13]

　　牟宗三深受現代哲學主流模式的影響，強調哲學的話語性與系統性：他的理論發展從傳統的修養哲學獲得了豐富的靈感和啟發，但這些資源在現代學院哲學之中又難以獲得承認。他所面臨的問題也是「哲學話語」與「哲學生命」之間的張力。因此，牟宗三不僅是「思想家」，更是現代的「哲學家」。在此意義下，他與晚期傅柯所面臨的問題有結構上的相似性，兩者都踏入了跨文化哲學的漩渦。就現代哲學話語的批判反思與修養哲學的當代潛力而言，兩種方向可產生相互批判的動態關係：傅柯的考古學方法可突顯牟宗三在修養論與現代性關係方面的盲點，牟宗三的跨文化運作可走出傅柯封閉於歐洲範圍內的傾向。

13　參閱何乏筆，〈何為「兼體無累」的工夫──論牟宗三與創造性的問題化〉，收錄於楊儒賓、祝平次編，《儒學的氣論與工夫論》（台北：國立臺灣大學出版中心，2005），頁79-102。

三、系譜學與民族中心主義

　　若從考古學向度來看美學修養如何可能的問題，則可從話語性哲學的界限出發，透過對其歷史發展的探索，以突顯學院哲學的非必然性。系譜學的向度反而涉及修養哲學在實踐面向上的探討：分析某些實踐（尤其牽涉道德規範或倫理學實踐）在歷史資料中的痕跡，以確定實踐在當今的另類可能。系譜學意味著歷史與當下的獨特呼應。為了反思當下政治抵抗的方向，傅柯的權力系譜學對18、19世紀的規範化實踐作出了分析。而自我實踐（自我技術）的系譜學，則透過古希臘、羅馬與當今歷史處境的呼應關係來突顯美學修養的當代可能。為此，傅柯進行了雙方面的系譜學式批判：他首先反駁基督教的主要自我技術（告解、懺悔等），而後對古代自我技術對精神性的偏重表示了質疑。如此，修養的美學轉向才成為可能。就修養與批判而言，傅柯的實踐系譜學具有重要的參考價值。問題是：從跨文化的視角，「我們」能否進行「我們現代性」的跨文化系譜學，以中國的古代取代希臘的古代、以中國的歷史資源取代歐洲的歷史資源？是的，這是可能的。為了說明這一可能，必須釐清系譜學與比較研究在方法上的關鍵區別：比較研究圍繞著己文化與異文化的異同，傾向於回歸己文化之本源。

　　傅柯在〈尼采、系譜學、歷史〉一文中特別強調「本源」（Ursprung）與「來源」（Herkunft）的區分。[14]在尼采的著作

14　DE II（No. 84），pp. 137-138.

中，此區分或許並不如傅柯所陳述的那麼明確。但值得注意的是，尼采式的系譜學研究並非要回溯現有狀況的本源，反而要透過暴露現代理想之低俗來源，來衝擊當下的僵化價值。藉此，他質疑了原來與系譜學一詞相關的家族血統觀念及民族中心主義：系譜學的出發點從對本源的尋求轉到當代問題的來源。對「來源」的探索不必要提供歷史的連續線索，系譜學反而允許歷史哲學的非連續和跳躍思考。

　　比較研究受限於無法脫離自己與他者的二元邏輯，以及相關的「理解」詮釋學。就此，比較哲學是否以文化與文化之間的相同或差異為焦點，乃是次要的了：無論是強調「同」還是「異」，兩者都無法回應跨文化哲學對「通古今東西之變」的要求。不過，難以否認的是，自己與他者的邏輯在人與人、民族與民族、文化與文化的交流中是難以擺脫的真實，這構成了比較研究的穩定基礎。倘若自尼采以來，「系譜學」與「詮釋學」的研究進路有所不同，甚至是互相對立的，這並非意味著系譜學從一開始就能擺脫自己與他者的對比。回顧系譜學在尼采著作中的發展反而顯示：原先，他對歷史與當下的關係深受民族文化的引導，而在發展過程中，他才逐漸走出了民族主義的陷阱。據此可推論，哲學系譜學的發展隱藏著跨文化的潛力，即能跨出以民族或區域的方式所界定的文化範圍和比較模式。

　　尼采對歷史當下的系譜學研究已經由本土（德意志）文化系譜學發展到歐洲文化的跨文化系譜學（跨出歐洲內部的各種民族和國家文化）。尼采的研究雖仍未跨出歐洲的範圍，但在系譜學對「歷史連續性」的批判中，跨文化的潛力已然呈現。

哲學系譜學在《悲劇的誕生》及《不合時宜的考察》萌生時，
仍以德意志本土文化為情感依據。同時他所碰觸的問題在於：
如何說明古代希臘與當下德國的奇特呼應及其歷史的必然性？
換言之：歷史與當下的非連續性關係如何能夠產生必然的歷史
組合（historische Konstellation）？尼采指出：

> 基督教〔……〕的影響減退之後，希臘文化的勢力才又
> 逐漸增強。我們體驗到一些使我們感到陌生的現象。如果
> 不橫跨巨大的時空，以連接到希臘的類比，這些現象將是
> 無解地漂浮在空中。在康德和伊利亞學派、叔本華和恩培
> 多克勒、艾斯克勒斯和華格納之間有著如此的相近和親
> 合，直接讓人想起所有時間概念極相對的性質：有某些事
> 物休戚相關，而時間似乎僅是一團雲霧，使得肉眼難以看
> 見相關性。15

　　希臘古代與德國當下的此一呼應關係，不可能以歷史的本
源及歷史連續性來加以說明。兩者之間不存在歷史的直線，因
為很長一段時間，古希臘的文化遺產被基督教及其他錯綜複雜
的影響所遮蔽。進一步說，即使在古代的希臘與19世紀德國的

---

15 Friedrich Nietzsche, *Richard Wagner in Bayreuth*, in Giorgio Colli and Mazzino Montinari（eds.）, *Kritische Studienausgabe*（München. DTV/de Gruyter, 1988）, Vol. 1（以下簡稱KSA 加冊數，如KSA 1）, p. 446. 另可參閱Walter Benjamin, "Über den Begriff der Geschichte," in Rolf Tiedemann and Hermann Schweppenhäuser（eds.）, *Gesammelte Schriften* I.2（Frankfurt am Main: Suhrkamp, 1980）, p. 697。

當下之間能夠填滿所有的歷史空缺和斷裂，並指出完整且連續
的系譜，恐怕仍然無法解釋當下的某一特定情境與古代的某一
特定情境如何可能跳越歷史間距而發生呼應關係。在尼采看
來，這種呼應的發生展現德意志文化及德意志精神的「造形力
量」（plastische Kraft）16。他顯然認為，文化的造形力量與探
索非連續性的歷史來源是密切相關的。反之，以歷史連續性為
基礎的歷史研究則是「原創性德意志文化」的障礙。17因此，歷
史過去的解釋必須從當下最高大的力量而出發（aus der höchsten
Kraft der Gegenwart）。18尼采關注的問題是：歷史與生命將要
產生哪一種關係，以使富有創造性的文化成為可能。

　　尼采有關史特勞斯（David Strauss）的第一篇〈不合時宜的
考察〉或許是尼采著作中特別微不足道的作品。但從中可體會
到，後來的〈論歷史對生命的利弊〉以痛心關懷「德意志文
化」和「德意志精神」為背景。另一方面，自《悲劇的誕生》
以來，系譜學式的分析已深刻懷疑民族主義的威力（這本名著
從華格納回到希臘悲劇之雙重起源的解釋，以思考古代與當代
性的緊密呼應）。尼采擔心德意志精神將被德意志帝國所消
解。19但同時，他卻以既絕望又激情的態度要維護「文化德
國」，而寄望於獨特德意志文化的來臨。在此背景下可以理

---

16 Nietzsche, *Vom Nutzen und Nachtheil der Historie für das Leben*（KSA 1）, p.
251.

17 Nietzsche, *David Strauss der Bekenner und Schriftsteller*（KSA 1）, p. 164.

18 Nietzsche, *Vom Nutzen und Nachtheil der Historie für das Leben*（KSA 1）, p.
293.

19 Nietzsche, *David Strauss der Bekenner und Schriftsteller*（KSA 1）, p. 160.

解，有關歷史問題的第二篇考察為何不再僅僅提出對「巨大危險」[20]的消極警告（1871年普魯士戰勝所包含的危險），而更積極地要透過歷史與當下的關係來發展「具生產力和風格的文化」。《悲劇的誕生》可視為系譜學的實驗場，因為它已清楚連接了當下危險的批判性診斷與另類實踐的探究。尼采對德國文化發展的失望，終究使他放棄任何對「德意志精神」的期許，而開始將思想的批判力瞄準基督教及歐洲的後基督教未來。[21]無論哪一個時期，他一貫呼籲歷史與生命、古代與當下之間的系譜學關係。雖然在四篇〈不合時宜的考察〉完成後，尼采越來越憤怒地表達了對德國及德國人的失望與輕視，但他仍無法跳脫被德意志民族主義收編的命運。以《道德系譜學》為代表的尼采晚期系譜學觀念也不例外，因為觸及爭論不斷的「權力意志」。

　　傅柯對於系譜學的轉化，或隱或顯地面對了尼采系譜學的民族主義危機。他進一步開展《道德系譜學》的歐洲視野，推展現代西方特定問題的系譜學研究。問題是由當下的危機意識與另類實踐的動態關係所構成。顯而易見，尼采與晚期傅柯在系譜學運用上的親和力在於，希臘、羅馬的古代與當代處境的關係是由當下的危險而界定。[22]兩場世界大戰後，他顯然比尼采更能夠反省（西方）現代性的界限，深化系譜學對民族主義的問題化。但他的系譜學也是在西方內部所進行的（以法國、德

---

20 Nietzsche, *David Strauss der Bekenner und Schriftsteller*（KSA 1）, p. 159.

21 參閱Nietzsche, *Ecce Homo*（KSA 6）, pp. 358-364。

22 DE IV（No. 326）, p. 386（英255-256）.

國、美國文化為主），而幾乎未觸及到非西方文化的領域。問題是：當代歐陸哲學的重要語言（如法語、德語）是否有條件跨出歐洲的思想封閉，走出對跨文化轉向的不解和漠視？

四、當代漢語哲學的跨文化潛力

經過上述討論，「跨文化哲學」（transcultural philosophy）的進路已初步脫離了「比較哲學」的文化本質主義傾向，亦即跨出中／西或己文化／異文化的僵化思想框架。筆者將「漢語」理解為一種可突破文化對比層次的媒介。由「當代漢語哲學」的觀念出發，「漢字」作為書寫媒體，可突破西方哲學與中國哲學的溝通障礙。「哲學」在漢語學界中的制度化，足以暫時構成兩者在當代哲學脈絡下的互動管道。而且，在當代漢語的領域中，一百多年來對西方哲學的接受與轉化已然滲透到日常用語中。換言之，若從「哲學」在當今世界的現實出發（而非從所謂哲學的「本源」），以漢語所進行的「哲學」當然是存在的。如同在西方一樣，哲學是傳統知識與現代知識之間的重要連接。「哲學」成為現代學科之後，不斷地逼迫傳統的「知識／實踐機制」面對現代化的問題。如果將中國傳統思想視為「智慧」而非「哲學」，視為「域外」而非「我們內在世界」的一部分，則是將之排除在「我們現代性」之外。

面對哲學在中國的現實存在時，有兩種主要的回應方式。第一種方式是指控西方知識的暴力侵入，而試圖重新回歸到西方影響之前的「中國哲學」或「國學」，甚至因為面臨「中國哲學」不被西方哲學界承認的正當性危機，而放棄將某些歷史

中的知識內容與實踐方式歸類為「哲學」。另一種回應的可能
方式，在於將此現實存在看成開啟多樣發展方向的實驗場域。
然而必須留意的是，在歐洲哲學界對於非歐洲文化的思想往往
欠缺基本認識的情況下，關於後者的回應仍然匱乏。由另一角
度觀之，西方知識以強勢方式進入東亞，在今天看來已轉換成
寶貴的優勢，成為跨文化哲學的豐富資源：西方哲學文本的翻
譯、解釋和轉化，以及對於中國文本的哲學研究，共存於相同
的哲學平台。只要將兩者理解為當代漢語哲學的不同面向，便
得以開展一種另類的發展空間。

　　漢語哲學早已開始對現代西方哲學進行創造性的轉化。然
而，就長期的發展來說，西方世界（尤其是歐洲）對於哲學的
認知不再能忽視「哲學」在漢語領域中所發生的跨文化轉向。
傅柯曾經指出，「西方思想的危機等於是帝國主義的終止」。
假如在「西方哲學的終止」後會出現一種「未來的哲學」，而
且它將會在歐洲之外，或是透過歐洲與非歐洲的相遇和碰撞而
產生，23那麼在此一新發展中，當代漢語哲學內部的「通古今東
西之變」所構成的呼應關係很可能會扮演重要角色。

　　跨文化哲學顯然只有在特殊的語言中才有可能，而在特殊
的語言中，特定的跨文化問題會在特定的歷史條件下獲得充分
的呈現。在此，所謂「跨文化」不應該局限於跨出範圍廣泛的
「文化圈」（如西方、東方、歐洲、美國、東亞等），而應包
含跨越語言界限的「跨語言哲學」。關鍵在於兩種或多種語言
之間的翻譯關係。在筆者看來，歐洲諸種語言的內部關係，以

23　DE III（No. 236），pp. 618-624（英 110-114）.

及歐洲語言與東亞語言之間的關係，不應被視為不同類型的關係，因為差別僅涉及交流的長短及積累的程度。就長期的歷史發展而言，此兩者顯然是相對的，而且不斷地在改變。對古典德國哲學的形成而言，希臘文、拉丁文、英文與法文的組構模式作為決定性的要素。從18世紀末到20世紀中葉，德語曾經是一種「跨語言的語言」（或跨文化的語言），以德語的特殊條件能呈現跨文化問題（亦即具有普遍意涵的問題），並且尤其對漢語思想產生了深遠的影響。到了20世紀的後半段，德語大體上失去了跨語言的實驗精神，法語反而成為一種跨語言的哲學場域，尤其透過與德語哲學或隱或顯的吸收和創造性轉化，而能推展當代法語思想。筆者揣想，現代漢語與東西方的重要語言（如日語、英語、德語、法語、俄語）早已產生複雜的翻譯互動，也因此累積了跨文化哲學的潛力。

　　就筆者的粗略觀察，漢語哲學的跨文化潛力特別豐富，因為現代漢語一方面在西方知識的強力衝擊下經歷了深層的改變，同時，現代白話文又與古漢語（文言文）的歷史資源保持了聯繫。現代漢語不僅與中國歷史資源的關係未全然切斷，同時也與在前國族主義時代屬於漢字文化圈區域（日本、朝鮮、越南）的漢字文獻維持聯繫。這些國家若將存在於其文化內部的漢字，視為要排除的異物，或至少將之視為「己者」中的「他者」，則會造成與「自己」部分歷史的斷裂。文化本質主義及民族主義的現代化意識形態經常分辨己者與他者，因此難以承認文化的混血現實，導致不同程度的文化分裂症。作為一種哲學語言，漢語似乎經過現代化的衝擊和挑戰而自立自強。不過，抽象地呼喚漢語哲學的跨文化潛力是毫無意義的。此潛

力必須在哲學工作之中被證實，並且必須面臨當代哲學最嚴謹的考驗。其中的重要挑戰是，將哲學一再重新對自身所進行的界定活動，理解為一種動態發展的關鍵要素。在此意義下，當代歐洲哲學與當代漢語哲學的互動在漢語中的推行（目前漢語已具備了條件，進入一種歐洲語言到目前為止所拒絕的互動）乃意味著，漢語哲學可投入「我們」混雜現代性的深入反省。若將西方哲學在現代漢語中的翻譯視為當代漢語哲學的當然成分，「當代漢語哲學」與「中國哲學」的差異便顯現：當代漢語哲學不同於中華民族的民族哲學，因而具有批判性的含義。這是本書從跨文化的視角思考修養與批判的重要歷史條件。

五、傅柯研究與美學修養的概念

現代歐洲在啟蒙思想的脈絡下所養成的「批判倫理態度」，一方面迫使哲學高度關注當下，並分析「我們」當下的歷史先天，但另一方面也要求不被當下所綑綁，反而要透過批判性的實踐來跨越當下的歷史界限。問題是，傅柯所謂「我們自身的批判本體論」所需要的批判態度，是否也需要經過「修養」才成為可能？自我修養的「現代性態度」能否串聯對啟蒙的堅持與對啟蒙的批判？修養與批判的關係究竟如何？

為了初步回答這些問題，可從「真理的哲學」談起。[24]此一角度順著晚期傅柯的自我解釋，以知識、權力、倫理三軸線的

---

24 Frédéric Gros, "Michel Foucault, une philosophie de la vérité," in *Michel Foucault: Philosophie*, Arnold I. Davidson and Frédéric Gros（eds.）,（Paris: Gallimard, 2004）, pp. 11-25.

區別，來賦予自己的理論發展某種「融貫性」。傅柯式真理哲學的三軸線可當作批判性修養哲學的三種分析進路。必須留意的是，傅柯三軸線說與康德三大批判所產生的相應關係：以分析「真理形態的歷史」（l'histoire des formations de vérité）取代康德的認識論；以分析「真理的政治史」（histoire politique de la vérité）取代康德的道德哲學，其中的焦點在於知識構形與權力技術的關聯如何產生規範化（正常化）的效果；以一種充滿美學意涵的「真理的倫理學」（éthique de la vérité）取代康德的美學理論，其中自律的主體構成（自我創造）、界限的倫理態度與「說真話的勇氣」（παρρησία〔parrhêsia〕）互相交錯。每一種批判角度都有助於闡明修養論的批判意涵。

　　一、由歷史先天的知識分析，可提出修養哲學在今日的可能性問題。在現代知識構形中，哪一些變化促使哲學的界定發生移動，使得對哲學的理解能夠擺脫理論系統或現有學院的窄化，進而將科學與修養之間的張力，甚至衝突，理解為哲學發展的動能？傅柯的考古學階段以及對理性與主體的批判衝動所觸及的問題是：自我修養的觀念所預設的主體，或說在修養過程中自我與自我的關係所構成的主體，究竟是哪一種主體。傅柯的批判思想徹底質疑以理性主體為主宰單位的修養模式，因而被瓦解的是那一從各種「精神習練」（exercices spirituels）與「精神進展」（progrès spirituel）之關聯所出發的傳統修養觀。[25]他對理性主體的批判深受身體哲學以及現代藝術的美學經

25　Pierre Hadot, *Exercices spirituels et philosophie antique*（Paris: Études Augustiniennes, 1987）, p. 211.

驗的啟發。美學修養的觀念由此萌生，進而是質問何種主體模式與這種修養模式相應。此處，權力分析的角度開始產生作用。如果符合美學修養的主體模式是一種「能量主體或說「氣化主體」（並非單向度地偏向理性／精神的一邊或身體／物質的另一邊，而是溝通兩者的頡頏關係），則相關的問題是：哪些「力量關係」和權力技術構成了這樣的主體？

二、所有的修養實踐都基於某種被認定為真理的知識：此知識被視為真理，同時也作為產生於歷史中的、可改變的知識。知識伴隨著實踐，或引導了特殊的自我轉化，修養與權力技術也因此息息相關。修養在自我對自我的工作中被具體化，而此工作乃針對自己那既要被控制、又要被增強的生命力（修養的雙重意義包含修治與養生）。較主動和自律意義下的修養開始之前，某些知識／權力的「部署」透過教育，而使主體習慣，或強迫主體接受某種能量的機制。權力技術或所謂「生命的政治技術」在此觸及了現代意義下的「創造力」（這也被視為既要被控制、又要被增強的力量）。此處引起了一個問題：創造力與生命力的治理，兩者間的關係是否已成為一種「生命美學」的部署？而以自我創造為核心的自我修養，是否已被此一部署收編到一種使自我創造失去抵抗和自由的程度？由此能連接倫理的角度及其與美學的關係。

三、由能量主體所出發的美學修養含有何種倫理意涵？傅柯所提及的生存美學從尼采所開展的自由空間出發，但生存美學的困難在於無法充分說明美學與自我技術的關係。這是因為，現代美學在走出基督教之精神世界的過程中，同時也切斷了修養與藝術的關聯。因此，既是美學的又是批判的修養觀，

遭遇了嚴重的發展障礙。晚期傅柯連接美學與工夫論，已明顯跨出尼采哲學在生活藝術與工夫主義之間所劃出的分割線。但順隨現代美學的主要動力，傅柯以「界限態度」（attitude limite）為美學與工夫論的當代交接。他透過波特萊爾（Charles Baudelaire）式的美學觀，來開拓「創意工夫」的可能，但此進路卻也局限了晚期傅柯對美學修養的理解。在筆者看來，面對此一特定的問題時，中國文人美學可提供另類的歷史資源，豐富歐洲文化在這方面的貧乏。

　　傅柯以生存美學的名義所展開的新修養模式，似乎被夾在兩種極端選擇之間：一方面他強調，回歸古代希臘、羅馬時代的精神修養是不可能的，但另一方面又讓美學修養陷入越界美學的單向邏輯，因為他無法擺脫「越界創造性」（transgressive Kreativität）的模式。問題是，美學修養如何擺脫界限態度的強制性，而同時又能避免精神修養的重蹈覆轍？相關的研究工作，一方面可藉由中國文人美學的資源，批評單向度地著重越界的界限經驗；另一方面則不得不探究傅柯式美學修養的強處，以界限經驗的概念突破中國哲學及美學研究的某些刻板觀念。

　　問題是，「平淡」能否發展為當代哲學的概念，而且將之納入批判性修養哲學？[26]平淡若被視為界限經驗，並且以作為界限經驗的越界為對比，那麼平淡在既是批判又是美學的修養觀中，可獲得精確的作用。藉由美學修養與中國文人文化在實踐的系譜學向度上所產生的連接，可回到傅柯與牟宗三在知識考

26　詳細討論見本書第十章。

古學向度上的關係，而可發現這兩種線索之間的共同焦點：界限哲學的主題。在此，人的有限性與無限性之關係的本體論問題，與越界及與平淡之關係的美學問題相遇。跨文化批判在方法上的雙重方向（即歷史先驗與實踐系譜的雙重方向），乃意味著對美學修養之可能性條件的歷史反思，同時也敞開修養實踐的另類可能。

第二章

柏拉圖主義的弔詭與
修養論的歷史轉化

一、修養與學術之間

　　學術化的哲學如何面對「實踐」？此問題意味著難以解決的弔詭：哲學家不斷研究實踐，但卻無法自己實踐。針對理論與實踐的關係，康德曾經強調實踐的優先性，但他的實踐哲學大體上也是指道德理論而已。然不應遺忘的是，理論與實踐的關係，在歐洲哲學的歷史中曾經歷過許多重大的轉變，而哲學的徹底理論化則是這些轉變的結果。由歐洲哲學的歷史演變來看，哲學不應該化約為以話語、思想或認識為核心的「思辨哲學」。透過對馬克思主義的反省，傅柯開始重新探索理論與實踐的關係，不再將實踐視為以階級鬥爭為核心的「革命實踐」，更把實踐擴展到諸種政治行動及日常行為。他賦予實踐的概念一種看似細微，但實際上更具有深遠意涵的轉化，亦即將注意力從廣泛的「實踐」（pratique）移轉到日常而具體的「諸實踐」。「自我的諸實踐」（pratiques de soi）乃成為核心

概念之一。因此，一種長期被學院哲學所遺忘的哲學向度漸漸重新顯露。哲學與實踐的關係不再僅是指實踐的理論，更是呼籲「哲學工夫」（ascèse philosophique），以期能別開生面地復興古代歐洲的修養哲學。

透過歐洲哲學的另類系譜可發現，修養哲學其實也是歐洲哲學的重要軸線，亦可發現歐洲哲學（無論是古代的或現代的）可以「講工夫」。[1]傅柯的研究僅是改寫歐洲哲學史的一環，但由於問題意識透徹、視野寬廣、理論架構精明，他的研究成功地將哲學工夫的主題納入當代哲學的場域之中。由傅柯的歷史分析可進一步推論，歐洲古代哲學大體上是由修養與認識兩向度所構成，甚至是一種將認識活動歸屬於修養過程的修

1　牟宗三說：「現代人根本不講工夫，但宋明儒學問，講本體必講工夫，本體、工夫一定兩面講。這在西方哲學中就差了。西方哲學只是當哲學看，重視理論的分解，而不重視工夫。工夫就是所謂的『實踐』。因此，他們在這裡不談實踐。但在這個地方，東方的學問就不同了。我們為什麼講心體、性體、道體這些東西呢？這些都是理論呀！我們之所以如此講，是因為我們有工夫，而在工夫中了解了這些道理。所以，講道體就含著工夫，講工夫就印證道體，這兩面一定是相應的。不光儒家如此，道家和佛家都是如此。西方人講道德哲學，很少人講工夫。譬如康德的『實踐理性批判』〔……〕中的『方法論』其實就是講工夫。他講得很簡單，但也很中肯。」（牟宗三，《中國哲學十九講》，收入《牟宗三先生全集》，第29冊〔新北：聯經出版公司，2003〕，頁395）牟宗三的說法值得玩味，因為康德道德哲學所謂方法論，就是指古代哲學工夫在康德理論體系中的遺產。由康德《道德底形上學》關於「倫理的方法論」的相關說明來看，倫理的方法論基於某種「工夫修養」（asketische Kultivierung），而康德在此明確提到斯多葛學派相關的主張。由此可知，牟宗三顯然以康德的道德哲學為判斷西方哲學講工夫的標準，但卻不清楚康德所謂「工夫」是指極為複雜和長遠的哲學傳統。

養哲學。其中修養優先於認識，但認識向度乃扮演著關鍵角色。由此可知，為何古希臘哲學在現代哲學史的脈絡下經常被視為認識哲學的源頭，甚至被化約為認識哲學或以「認識你自己」為核心的哲學。無論在古希臘或在羅馬時代，哲學工夫的內容幾乎離不開「思想」和「語言」。於此，認識當然不僅是指理論思辨，而也涉及多種與思想、語言相關的認識工夫，如對話、聆聽、書寫（日記、筆記、書信）、閱讀、良心省察等。

　　關於修養哲學與認識哲學之關係的反省，迫使人們擺脫某些有關歐洲哲學的刻板觀點。透過傅柯的研究，則能釐清修養論在當代哲學脈絡下的許多問題和新的可能，另也須注重「修養」與「認識」之間的矛盾和衝突。傅柯透過自我關注與自我認識、精神知識與認識知識的對比來重新提出「何謂哲學」的問題。相關探索則有助於深入反省哲學修養與哲學研究之間的特殊關係。無論是針對哲學的修養向度或學術向度，此處境充滿挑戰及不確定性，但同時也隱含當代哲學發展的契機。由歐洲哲學史的多樣性來看，哲學具有充分條件來面對修養活動與學術研究之間的複雜關係。因此，修養哲學的重要任務之一在於扮演修養與科學之間的仲介者。哲學有條件投入此一潛力無窮的領域，因為它的歷史內涵超過哲學理論：哲學不僅是各種理論立場和「思想體系」的歷史，另外也包含許多修養模式。由此觀之，哲學是徘徊在修養與學術之間的生命狀態。

　　西方哲學理論在中國已被吸收很長的一段時間，但因為受限於哲學作為話語的模式，哲學對調解現代科學與傳統修養的潛力難以發揮作用。透過歐洲哲學的另類系譜學重新界定哲學的範圍之後，哲學更有條件回應東、西方的共同問題，回應

「我們」跨文化的「當下」。傅柯將哲學理解為「行動」，因而發明了獨特的「哲學風格」。[2]此風格基於理論與實踐、深刻分析與自我轉化、過去與當下無窮無盡的來回往復。所以，這種哲學與學術哲學產生難以跨越的鴻溝。傅柯一再強調，實踐是理論不可或缺的動力。同時，理論的反省伴隨著實踐，可迫使實踐作改變。哲學與真理的關係要透過主體化的過程，自我在其中不斷地進行在自身上的工作，以培養自己的「經驗能力」。修養與批判的相遇有助於讓學術哲學成為現代修養哲學的反省方式。

「實驗」的態度可連接學術哲學與修養哲學，但與其他科學活動不同，實驗的對象不僅是外在的「事物」，更是自己的生命。在此，實驗不僅指向認識的嚴謹方法（傅柯一輩子善於反省自己的方法，且創造新方法），除此之外也是指現代藝術所開拓的美學實驗（傅柯在有關文學的著作中特別關注這一點）。作為另類哲人，傅柯使認識與修養之間產生了另類的連接。此連接並非生發於對傳統智慧的追求，而是在「生存美學」的領域中形成。哲學家不願受限於「學術工作者」的角色，但同時也拒絕傳統賢哲不可質疑的權威和權力操作（傅柯在許多地方明確表示他無意扮演「預言家」或「大師」的角色）。因此，「美學」對修養哲學的當代發展特別具有關鍵意義。[3]

2　參閱François Ewald, "La philosophie comme acte," in *Le magazine littéraire*, No. 435, Octobre 2004, pp. 30-31。

3　在本書其他章節將詳細討論「美學修養」中的「美學」。對理解筆者所謂「美學」之歷史背景而言，特別重要的著作是Christoph Menke, *Kraft. Ein*

二、哲學與精神性

在《主體詮釋學》4的第一章中，傅柯從「自我認識」
（connaissance de soi）與「自我關注」（souci de soi）兩概念的
對比切入古希臘哲學的探討。5他所批評的刻板觀點是：因為自
我認識的重要性而將希臘哲學化約為理論形態的哲學。對比的
目的在於展開西方哲學的另類系譜學。傅柯指出，大約從西元
前第5世紀到西元第5世紀這一千年間，亦即從古典希臘哲學到
早期基督教的階段，「自我關注」曾是哲學的主軸。他透過哲

Grundbegriff ästhetischer Anthropologie（Berlin: Suhrkamp, 2017）.

4　本章中所有引自《主體詮釋學》的段落，均參考中文譯本，然而部分筆者
　　依據法文原文而作些許變更，特此說明。另外，hermeneutics作為一個哲學
　　專有名詞，在中國大陸及台灣有「解釋學」及「詮釋學」兩種譯法，在此
　　採用台灣現行較常用的譯法，譯為「主體詮釋學」。值得注意的是，傅柯
　　法蘭西學院的演講系列為其思想的實驗室，因此，其中許多概念並非十分
　　成熟；閱讀傅柯課程的過程中，必須特別留意其課程的特質及概念的流動
　　性。2005年三月至六月於國立中山大學哲學研究所舉辦了四場《主體詮釋
　　學》研讀會，筆者特別感謝楊凱麟和龔卓軍在研讀會過程中的豐富討論，
　　本章從中獲得許多靈感及問題意識的深化。

5　「自我認識」是指德爾菲神諭所謂gnôthi seauton（γνῶθι σεαυτόν，認識你自
　　己）的簡稱；「自我關注」乃是指希臘文的 ἐπιμέλεια ἑαυτοῦ（epimeleia
　　heautou）。傅柯將後者譯成souci de soi引起了法國學者的質疑，認為soin及
　　soin de soi-même為更恰當的翻譯，因為epimeleia含有醫療意味，而epimeleia
　　heautou便接近「治療你自己」之意。Souci的含義則與德文翻譯Sorge（同時
　　也是海德格哲學的重要概念）相似，兩者都含有憂慮與關心兩意；「關
　　注」乃連接關心與注意以傳達此雙重意義。可參閱柏拉圖《阿西比亞德》
　　法文譯本在導論中所提供的詳細說明：Platon, *Alcibiade*, translated by Chantal
　　Marbœuf and Jean-François Pradeau, introduction, notes, bibliography, and index
　　by Jean-François Pradeau（Paris: Flammarion, 2000）.

學與精神性的關係來說明：

> 我們將「哲學」稱為一種思想形式，它探問的就是允許
> 主體如何進入真理，也就是試圖界定主體進入真理之條件
> 與限制的思想形式。那麼，如果我們如此稱呼「哲學」，
> 我想我們將能夠稱「精神性」為一種研究、實踐或經驗，
> 藉此，主體為了進入真理而在其自身上執行必要轉化。因
> 此，我們將「精神性」稱為諸種研究、實踐或經驗的綜合
> 體，包含諸種淨化（purification）、工夫、棄絕、眼光的反
> 轉、存在方式的改變等，而對主體及主體的存在本身（並
> 非對認識）而言，這些方式便是為了進入真理而必須付出
> 的代價。6

作為「思想形式」的「哲學」所面對的是主體「進入真
理」的問題。主體進入真理的條件，以及所面臨的界限是什
麼？在傅柯的界定下，「精神性」（spiritualité）具有特殊的作
用，即是指主體為了進入真理而進行的必要的自我轉化。主體
在其自身上所引起的轉化，被視為進入真理的條件。對一般西
方哲學史而言，這是極具挑戰性的說法，因為精神知識與科學
知識產生強烈對比。將「自我對自我的工作」視為進入真理的
條件意味著修養主體與認識主體的區別。

　　為了初步說明修養主體的內涵，傅柯將精神性分成三個層
面。第一個層面是主體的本體狀態：

6　HS, p. 16-17（英15／中16-17）.

　　精神性主張真理從來不是理所當然地被給予主體。精神性主張，主體純粹當作主體既沒有權利、也沒有能力進入真理。真理並非以某種簡單的認識行動被給予主體，此認識行動有其基礎及正當性，因為主體就是主體，而且具有某種主體的結構。精神性主張主體必須自我改變、自我轉化、自我易位，而到某種程度變得與其自身不同，以擁有進入真理的權利。為了使真理被給予主體，主體必須付出代價，而此代價意味著主體存在本身成為賭注。主體以其現存狀態沒有進入真理的能力。我想，這就是定義精神性最簡單、最基本的公式。[7]

　　值得留意的是，在傅柯的著作中，「精神性」很少是正面的概念。他在《規訓與懲罰》中甚至直接批判從柏拉圖出發的、以精神性為主軸的哲學傳統，而將靈魂視為身體的監獄。在《性史》卷2、卷3中，「精神性」與「基督教的精神性」（基督靈修）（spiritualité chrétienne）經常是被批評的對象。然《主體詮釋學》的課程卻透過「自我關注」來強調哲學與精神修養的關係。在上述引文中，「精神性」是指真理與主體的特殊關係，即主體要進入真理而必須進行的自我轉化。精神性則隱含在修養的「本體向度」：主體必須經過一種「向上」提升的、精神化的自我轉化，才能通達真理。精神性的第二層面是指主體化的操作方式，亦即修養的「工夫向度」：只有透過工夫實踐的人，才可成為能體現真理的主體。傅柯連接主體、工

7　HS, p. 17（英15／中16-17）.

夫與真理的方式具有深遠的意涵：他把「認識真理」或客觀真
理作為真理之唯一標準，試圖經由科學知識的反省來重建「修
養真理」的可能。精神性一詞的第三層面乃是修養的「目的向
度」，即主體進入真理之後所能達成的理想境界（如精神的寧
靜等）。

　　傅柯將自我關注與自我認識理解為古典希臘哲學的兩種主
軸。在此脈絡下，自我關注原則上包含自我認識在內。由此可
明瞭《主體詮釋學》對於哲學與精神性之關係的解釋。就古代
希臘哲學而言，自我關注與精神性是不可分的：

　　　大致來說：在人們稱之為古代的整個時期中，儘管方式
　　各不相同，但「如何進入真理」的哲學問題與精神性實踐
　　（為進入真理而在主體存在上所進行的必要轉化），這兩
　　個論題從未分開過。顯然，對於畢達哥拉斯學派來說，它
　　們是不可分割的。對於蘇格拉底和柏拉圖也是如此：
　　epimeleia heautou〔ἐπιμέλεια ἑαυτοῦ，自我關注〕具體指的
　　是精神性的全部條件，是一整套的自我轉化，而這些轉化
　　是進入真理的必要條件。因此，在整個古代（畢達哥拉斯
　　學派、柏拉圖、斯多葛學派、犬儒學派、伊比鳩魯學派、
　　新柏拉圖主義者等），哲學論題（如何進入真理？）與精
　　神性問題（進入真理，哪一些轉化在主體的存在本身上是
　　必要）這兩個問題從未分開過。8

8　HS, p. 18（英16-17／中18）.

　　由此觀之，精神性是古希臘修養觀的核心內容。透過精神性，「自我認識」才能成為「自我關注」的部分。換言之，自我關注與自我認識的關係構成古代哲學的特殊形態。精神性是自我關注的主要內容。所以，哲學與精神性的接合構成了古代歐洲哲學的精神修養模式。精神修養特別重視對認識的追求，但認識在此並非奠基在「實證」甚至「辯證」的要求之上。更重要的反而是人與靈魂（神性）關係中的「悟證」。這種認識的可能性意味著道德主體在精神昇華過程中的形成，而且是奠基在身體與靈魂的本體差序之上：靈魂被視為真我、人的本質、治理身體的官能，同時也是自我關注的唯一對象。[9]傅柯強調，比起柏拉圖，羅馬哲學的自我關注更是向身體開放的，但柏拉圖以對歐洲哲學富有典範意義的方式，將自我修養的任務集中在特殊的認識目的之上。因此，精神修養被化約為自我的知識化、理性化過程。

　　《阿西比亞德》有一段文獻使自我認識與以精神轉化為內容的自我關注產生了密切關係。值得注意的是，柏拉圖透過眼睛與鏡子隱喻的相關討論，讓認識歸屬於視覺的邏輯。在後來的哲學發展中，此「視覺」的範式[10]成為了實證觀念的重要基礎。[11]當然，傅柯關於自我關注與自我認識的興趣，離不開歐洲哲學的現代發展，並且與歐洲修養史的系譜學視角密切相關。

9　Plato, *Alcibiades I*, in *Plato In Twelve Volumes*, Vol. XII, with an English translation by W.R.M. Lamb, pp. 128b-132d; HS, pp. 51-58（英52-58／中55-63）.

10　Platon, *Alcibiade*, p. 77.

11　Plato, *Alcibiades I*, pp. 133a-133c.

由傅柯對柏拉圖《阿西比亞德》的討論觀之，自我關注的主要任務在於自我認識，在於思考為何認識自我最核心的要素就是「靈魂」。儘管《阿西比亞德》所謂自我關注是以治理他人為目的（因而與政治領域密切相關），但「自我」的意義才是關鍵。在討論《阿西比亞德》時，傅柯突顯自我關注與自我認識的關係所隱藏的「柏拉圖式弔詭」，認為柏拉圖打開了自我關注的發展空間，並將自我定義為靈魂，但自我關注的空間立刻被自我認識所充滿：「gnôthi seauton〔γνῶθι σεαυτὸν〕強力占領了自我關注所開展的空間。」[12]

針對柏拉圖連結自我關注與自我認識的方式，傅柯試圖給予兩者同等的地位，將兩者理解為不斷以不同的動態方式交錯之向度：

> 在此，gnôthi seauton與epimeleia heautou〔自我認識與自我關注〕之間有著一種動態的交織，一種相互召喚。我認為，這種交織，這種相互召喚是柏拉圖的特點。它一再出現在整個希臘、希臘化和羅馬的思想史上。當然，兩者的平衡有所不同、關係有所不同、對兩者的強調也時而不同，而且兩者之間的分布在我們所遇到的不同思想中亦有所不同。但是，我認為這種交織是非常重要的，我們不應該為了照顧一面而忽視另一面。[13]

12　HS, p. 67（英68／中73）.

13　HS, pp. 67-68（英69／中74）.

　　歐洲哲學的發展動力由兩種相互交織的線索構成，但由歐洲哲學的現代發展來看，認識的向度卻成為了哲學的主要內容，甚至是唯一內容。哲學不再由兩向度的複雜關係所構成，反而被化約為一種認識和思辨的活動。傅柯認為此發展與柏拉圖的某些基本選擇及柏拉圖主義的「雙重遊戲」息息相關：

　　　　但您同時也會發現，柏拉圖主義如何一直能當作我們可稱之為「理性」的發展氣候（climat）。而且，因為把精神性與理性對立起來（如同兩者屬於同一層級）是無意義的，所以我要說的是，柏拉圖主義提供了持續的氣候。這種氣候有助於發展認識的運動，即不帶精神性條件的純粹認識運動，因為柏拉圖主義的特色在於表明，自我對自我的一切工作、人為了進入真理而要行使的一切對自身的照料（soin），就在於認識自己，認識真理。而且在此意義上，自我認識和真理的認識（認識行動，認識的途徑與方法）可以說是吸納了精神性的各種要求。我認為，柏拉圖主義後來在古代文化和歐洲文化歷史中操作了此一雙重遊戲：既要不斷地重新提出為了進入真理所需要的各種精神性條件，又要把精神性吸納到這獨一無二的認識運動之中，即自我、神性和本質的認識。[14]

14　HS, p. 76（英77-78／中82-83）.

　　由上述引文可進一步了解哲學與精神性的複雜關係。精神性一方面是自我關注的內涵，但精神性所蘊含的工夫實踐主要是「自我認識活動」，亦即對自我之中之神性部分的認識。因此，「精神性」是自我關注化約為自我認識的主要路徑。到了現代的情境，有修養內涵的認識活動被吸納到純粹認識活動的範圍，以徹底擺脫傅柯討論脈絡下的「精神性」所指的哲學修養。

　　德勒茲在《傅柯》中強調：古希臘代表一種「皺摺作用」，使得自我關係中的反省性出現。[15]「主體」的出現等於反省性的出現，而此反省性在原始的、「前哲學的」自我技術中（如淨化儀式、呼吸的技術、忍耐的實踐等）仍未充分開展。[16]值得注意的是，歐洲的修養觀正是從此「前哲學」的階段直接踏入了「柏拉圖主義的弔詭」（paradoxe du Platonisme）。此弔詭能夠說明精神修養在歐洲的特殊發展：除了從自我關注到自我認識的轉向以及擺脫「精神性」的發展外，柏拉圖主義也對基督教的工夫傳統和各種精神性運動產生了深遠的影響。因此，柏拉圖一方面開展了將認識轉化成理性甚至科學思考的可能，另一方面也為連接古代哲學與基督教的精神修養模式奠定了基礎。從自我關注切入歐洲哲學史的書寫方式，似乎不斷圍繞甚至陷入了歐洲傳統不可避免的糾結，那就是哲學與宗教的矛盾。傅柯一直要跳開基督教兩千多年的發展線索，直接從當

15　Gilles Deleuze, *Foucault*（Paris: Éditions de Minuit, 1986），pp. 107-110（英100-102／中178-181）．另可參閱本書第八章。

16　HS, pp. 46-47（英46-47／中50-51）．

代的問題意識跳回古希臘的思想資源。但是，卡在當代與古代之間的基督教卻涉及極為複雜的歷史發展。在柏拉圖主義中，許多預兆已顯示基督教的萌生。將靈魂看成自我的本質已意味著歐洲形上學的基本建構。藉此也能理解基督教如何運用了古代形上學來充實自己的「精神性」。

　　簡言之，主要問題不在哲學與精神性的關係，而是於哲學內部，即在修養與認識之間的張力。到後來，精神性脫離了哲學而成為宗教，因此與哲學產生了對立。就古希臘而言，問題不在於哲學與精神性的緊張關係，而在於哲學內部兩線索（精神性與認識）之間的弔詭關係。然而，到了早期基督教，甚至在羅馬時代已可發現，哲學與精神性的分離逐漸形成，哲學與宗教開始對立起來：哲學代表理性的思考模式，而宗教負責精神性的領域。在17世紀之前，哲學在基督教脈絡下主要只為了服務神學（例如士林哲學），協助基督教信仰的理性化。到了17世紀，哲學脫離宗教，同時蛻變為現代理性思考的訓練場所。

　　假設真理的歷史在歐洲由修養真理與認識真理的關係所構成，為何前者在現代脈絡之下會如此徹底地被邊緣化？為何現代哲學的真理觀可漠視歐洲古代哲學的修養基礎？由《主體詮釋學》可歸納為三點回答：

　　其一是針對「道德歷史的弔詭」。[17]在今天看來，「自我關注」一詞容易引起誤解，因為在集體道德崩潰的時代，個人容

---

17 HS, p. 15（英14／中15）.

易傾向於照料自己，陷入自私的唯美主義。[18]但就古代歐洲哲學而言，自我關注的原則及其所包含的工夫實踐，促進了許多道德規則的發展。例如，自我的重視與道德嚴格主義的發展並不矛盾。只有在基督教中，一種建立在「棄絕自我的義務」之上的「非自私道德」才得以形成。由此角度回頭來理解古代的「自我關注」，則容易忽略其中主體與工夫之關係的關鍵作用。

其二是指「柏拉圖主義的弔詭」。傅柯透過對柏拉圖《阿西比亞德》的討論，突顯古希臘對於自我關注的重視。《阿西比亞德》雖然強調自我關注的原則，但同時傾向於將自我關注化約為自我認識的活動。在自我關注的歷史中，柏拉圖及新柏拉圖主義主張：自我關注要藉由自我認識來找尋靈魂最完美的狀態。在此，自我認識雖然含有明顯的精神意義（因為是指靈魂的自我認識），但柏拉圖對自我關注的窄化，卻為自我認識的現代解釋（如「我思故我在」）建立了哲學基礎。自我關注的柏拉圖主義弔詭地使得自我關注化約為具有精神意涵的自我認識，由此則造成了反向效果，推進了徹底去除「精神性」的自我認識。於是，柏拉圖主義一方面作為西方文化許多精神運動的起源，另一方面卻孕育了一種排除精神修養的理性概念。換言之，柏拉圖先確立了歐洲修養論的「邏各斯」中心取向，之後則導致精神性與理性、精神修養與科學知識之間的矛盾。

其三是直接針對古代哲學與現代哲學的連續性問題。對此，傅柯以亞里斯多德與笛卡兒的關係來說明。他指出，由現

---

18 HS, p. 14（英12／中14）.

代哲學的標準來看，亞里斯多德是古代「唯一」的哲學家，[19]因為對他而言，「精神性」的問題是最不重要的。柏拉圖的修養論對現代的認識論只有間接催化作用，亞里斯多德更具有直接的貢獻。換言之，古代哲學的「例外」——亞里斯多德，與現代哲學的典型——笛卡兒有所呼應。

三、笛卡兒時刻：真理與工夫之間的斷裂

　　歐洲修養史在17、18世紀發生了劇烈的變化。當時宗教真理與科學真理發生嚴重衝突。哲學由宗教領域解放出來，但立刻踏入科學的陷阱。17、18世紀的哲學追求徹底的科學化，不再服從於宗教，反而服從於自然科學及數學的範式。到了19世紀，德國哲學中（尤其是觀念論），透過對康德的反省和批判，回到自古以來構成哲學的核心問題，將自我關注與自我認識的關係轉化成精神性與科學的矛盾。傅柯一生對17、18世紀的理性觀念進行了深入思考，但卻在有關「笛卡兒時刻」的討論中強調，現代知識所引起的斷裂是必然的。

　　何謂「笛卡兒時刻」？傅柯有關主體與真理的討論，直接從古代的「精神性」跳到現代的「認識知識」。他說：

　　　　那麼，現在如果我們跳過幾個世紀，可以說人們踏入了
　　　　現代（我要說的是，真理的歷史踏入它的現代時期）。而
　　　　在此時此刻，人們便承認那個讓人得以進入真理的方式，

---

19 HS, pp. 18-19（英17／中18）.

或者說使主體能夠進入真理的條件就是認識，而且僅僅是認識。我想，在所謂的「笛卡兒時刻」有其一席之地及意義，但我當然不是說此因素主要是指笛卡兒本人，也不是說笛卡兒正是其發明者或首倡者。我認為，真理的歷史之現代時期，是從認識本身（而且僅是認識）開始被視為允許人進入真理的方式。20

「真理的歷史」是傅柯思想的核心觀念之一。由傳統形上哲學來看，此觀念無法成立：如果真理是永恆不變的，則不可能有歷史。傅柯從自我關注與自我認識的弔詭關係出發，將西方哲學劃分為兩條主線，或兩種「真理機制」的關係：一是透過修養工夫通達真理，一是透過認識方法通達真理。前者要經過自我轉化才能形成「主體」，後者牽涉到「普遍主體」的確立。傅柯認為，西洋文化從古典希臘一直到16世紀，一直預設「進入真理」與「工夫主義」有所關聯。柏拉圖的《阿西比亞德》將自我認識視為自我關注的部分，這乃是西洋文化兩千多年在主體與真理關係方面的基本模式。此一模式的基本原則在於：沒有工夫，就無法進入真理。「笛卡兒時刻」造成徹底的改變：

　　我認為，笛卡兒打斷了這個傳統，他說：「要進入真理，只要我是能看見明證之事（voir ce qui est évident）的主體就夠了。」在對自我的關係與對他人和世界關係的交會

<hr />

20　HS, p. 19（英17／中18）.

處，明證（l'évidence）代替了工夫（l'ascèse）。對自我的
關係再也不需要是工夫論的才能與真理發生聯繫。只要對
自我的關係能給我揭示我所看見之事物的明證真理，以明
確掌握那一真理，這就夠了。因此，我可以是不道德的，
但仍能認識真理。我相信，這一觀點或多或少是被所有以
前的文化所明確反對的。在笛卡兒之前，人們不可能是非
純潔、非道德而又同時能知道真理的。但在笛卡兒那裡，
直接的明證性是足夠的。在笛卡兒之後，我們才有了一種
「非工夫」的認識主體。這一變化使得現代科學的制度化
成為可能。21

　　由上述引文觀之，笛卡兒所引起的轉變在於嚴格分開「認
識主體」與「道德主體」（所謂道德主體是指「工夫道德」的
主體）。換言之，笛卡兒將現代科學的方法基礎建立在認識主
體與修養主體的分裂之上。傅柯對修養主體的考古學同時也在
書寫主（體）、客（體）對立的另類歷史，強調二元論的產生
與兩種真理機制的分界密切相關。這兩種「真理機制」所指的
真理是不同的。因此，他所謂真理的歷史具有明確的分辨作
用。不過，這樣的區分顯然只能給予初步的分析方向，有助於
確定分析角度。由此出發，傅柯並沒有忽略兩種真理機制內部
的複雜性。就修養真理的發展而言，他特別著重古代希臘、羅
馬的「哲學工夫」與基督教的「基督工夫」之間的異質性。22另

21　DE IV（No. 326），p. 411（英279／中324）.

22　參閱HS, pp. 315-317（英331-333／中345-347）。

外，他特別留意認識真理之建立所引起的問題，尤其是認識主
體與道德主體的關係問題。笛卡兒與康德及康德後學的關係也
因此成為研究焦點之一。

　　傅柯對笛卡兒與康德的關係特別感興趣，因為康德一方面
代表著笛卡兒所建構的主體結構的深化延伸，但同時透過對認
識主體與道德主體之關係問題的反思，為修養真理在現代脈絡
下能重新浮現留下了伏筆。這樣的可能在康德後的德國思想以
不同的方式出現。[23]針對笛卡兒與康德的關係，傅柯在《主體詮
釋學》指出：

　　　　我的想法是，如果拿笛卡兒作為標誌（當然，這是一系
　　列複雜轉化的結果），就出現了現有主體能夠進入真理的
　　時刻。非常清楚的是，科學實踐的模式在此產生巨大作
　　用：睜開雙眼，直接地，而且健全地使用理性，就足以讓
　　人獲取真理了。因此，主體是不必轉化自身的。主體只要
　　如其所是，以能夠（在認識中）進入被主體自身的結構所
　　開展的真理，就可以了。我認為，在笛卡兒和康德那裡，
　　有一個補充的發展，亦即：我們不能認識的那一物，確切
　　造成了認識主體的結構，它使得我們不能認識它。因此，
　　主體的某種精神轉化的觀念是不切實際的和弔詭的，因為
　　這種轉化終究使主體能夠進入它此時確切無法進入的那一

23　就康德哲學與自我修養的關係，可參閱伯梅（Gernot Böhme），何乏筆
　　譯，〈規訓化、文明化、道德化——後康德的自我修養〉，《國立政治大
　　學哲學學報》，第13期，2005，頁41-60。

物。因此，笛卡兒和康德所做的就是消除我們稱之為進入真理的精神性條件；在我看來，康德和笛卡兒是兩個主要時刻。24

這一段強調笛卡兒與康德在認識問題上的連貫性。在認識真理的脈絡下，進入真理具有某些條件。有一些條件是內在的，有一些是外在的。內在條件是指認識活動本身，以及認識活動為了進入真理而必須遵守的「規則」。25外在的條件牽涉到文化的或道德的條件。文化的條件包括接受必要教育及科學共識；道德的條件包括接受基本的工作倫理，即學術規範，避免以欺騙的方式取得研究成果等。傅柯特別強調，這些認識條件無論是內在的或外在的，都與主體的存在本身無關。換句話說，認識真理並非能夠「救贖」主體的真理。由此出發，傅柯總結兩種真理機制的差別如下：

> 如果我們把精神性定義為實踐形式，它便認定，要是主體如其所是，主體是不能獲得真理的，但要是真理如其所是，真理就能夠轉換和拯救主體。反過來我們就可以說，當我們認定要是主體如其所是，主體就可以獲得真理，但要是真理如其所是，真理就無法拯救主體時，主體與真理關係的現代時期就開始了。26

24　HS, p. 183（英190／中205）.

25　HS, p. 19（英18／中18-19）.

26　HS, p. 20（英19／中20）.

　　在此，「精神性」（亦即真理與工夫的必要關係）與現代性產生強烈對比，使得修養真理的可能被徹底排除在現代科學知識之外。不過，傅柯晚期思想（而且不僅是晚期思想）對科學窄化真理與主體的關係作出了許多深刻反思。

　　分辨兩種真理機制的關係後，傅柯自己採取何立場？在筆者看來，問題不在於二選一的必要，而在於理解為何兩者的矛盾是必然而不可化解的。傅柯的研究其實同時歸屬於兩者。一方面，認識的線索（從古代的自我認識到笛卡兒和康德）以傅柯的「話語分析」和科學史研究為深厚背景；另一方面，自我修養的線索是晚期傅柯十分投入的領域。為了說明對自我關注、自我轉化、哲學工夫等主題的研究興趣，他將自己的研究動力歸結於另一種現代哲學的發展脈絡：從黑格爾、謝林和叔本華到尼采、胡塞爾和海德格。[27]然而，傅柯並非和阿多（Pierre Hadot）一樣，呼籲古代歐洲哲學對當代生活的使用價值，反而置身兩種真理機制的弔詭之中，試圖從中得到另類哲學的可能。阿多希望歐洲古代哲學對當代哲學、甚至整個當代生活方式能產生直接的作用。傅柯反而強調「曲通」的必要，主張哲學工夫的新探索得以面對現代哲學及科學所建立的真理機制。換言之，將自身投入兩種真理機制無法化解的弔詭格局之中，真誠地面對此一弔詭的哲學困境是晚期傅柯思想魄力的重要來源。他透過對笛卡兒以降的理性概念之批判，思考修養哲學自19世紀以來的復興運動，亦即進入現代歐陸哲學兩個強大且互相排斥的哲學線索所交織構成的力量場域。

27　HS, p. 29（英28／中32）.

　　由此可理解法國哲學與德國哲學的關係對傅柯的重要性。在德國哲學中，唯心論和唯物論兩陣營均經歷了對康德思想的吸收及批判，重新探索哲學與精神修養的關係。在19世紀，叔本華的思想代表著重建傳統精神修養模式的高峰，但從尼采開始，哲學與「精神性」的關係就發生了徹底的反轉，促進了修養哲學對身體（物體）的重視。在後笛卡兒或反笛卡兒的條件下，修養不再奠基在精神的優越地位上，反而逐漸對感性、身體及物質生活開放。如果馬克思顛覆了黑格爾的思想，尼采便顛覆了叔本華的思想。這類的轉折是德國19世紀哲學最具戲劇性的特色。傅柯徘徊在兩端之間，有時偏向「物理式的唯物論者」（《規訓與懲罰》），有時偏向「精神的思想家」（《主體詮釋學》）。這種弔詭思想的勇氣是修養哲學之批判性轉化的重要條件。

四、另類啟蒙

　　由傅柯的討論來看，「笛卡兒時刻」在17、18世紀的歐洲修養史中引起了千年未有的大變局。問題在於，此巨變是蘊藏著歐洲修養史的終結，還是革新的開始？無疑，傅柯的晚期思想的確致力於突顯革新的必要，但他同時也很清楚現代真理機制的強大影響對修養哲學的復甦非常不利。當然，現代性不等於「笛卡兒時刻」所代表的現代理念。歐洲哲學，尤其是19世紀的德語哲學，對認識知識及現代科學的興盛，曾經提出了深刻反思。而且，歐洲20世紀前半部的殘酷歷史顯示，啟蒙理性的現代性與反啟蒙的現代性屬於同樣的現代性，它們構成了現

代性的內部分裂。

在《主體詮釋學》中，傅柯提及歌德《浮士德》的例子，以闡明此內部分裂的性質。《浮士德》表達了兩種真理機制的掙扎，更蘊含著對精神修養的緬懷之意。在有關《浮士德》的討論中，古代與現代、柏拉圖的《阿西比亞德》與歌德的《浮士德》在精神性與認識知識的關係上發生系譜學的呼應。在柏拉圖那裡，認識知識已含有科學或「學院」的傾向（在柏拉圖的「學院」中，「自然科學」作為哲學研究的一部分），但同時柏拉圖意義下的自我認識首先是指精神的知識，甚至精神上的覺悟。傅柯對精神性與認識之關係的討論，一再突顯柏拉圖思想中的弔詭。然在《浮士德》中，精神修養被化約為模糊的巫術實踐，而「巫術」（magic）則代表「精神性」的沒落狀態。在《浮士德》那裡，任何與自我修養相關的知識形式已失去正當性，對修養的徹底懷疑取代了對工夫實踐的探索。在《浮士德》開篇的獨白中，兩種真理機制便產生強烈對立：一是掉書袋的枯燥知識，一是賢哲的鮮活智慧：

　　至於歌德的浮士德，他又一次成了消失的精神性知識世界的英雄。但是，請讀一讀歌德《浮士德》的開篇。在浮士德第一部分一開始的著名獨白，您們就會發現精神知識最基本的要素〔……〕。〔……〕我認為這是對隨著啟蒙（Aufklärung）的出現而消失的精神性知識的最後輓歌，也是對認識知識的誕生的悲傷致意。28

28　HS, pp. 296-297（英310-311／中324-325）.

浮士德的態度當然不是歌德探究精神修養與啟蒙間關係的結論，但此關係的確是他一輩子努力的核心之一。而為了尋找出路，歌德嘗試開拓一種能夠接合科學操作與美學敏感的經驗概念。歌德所提出的、試圖調解修養與科學的解決方案，在文學、哲學和藝術外的影響力相當有限；浮士德的角色及其所包含的激進辯證，反而成為了現代人在科學與精神性、理性與神話之間游移的象徵。

傅柯拒絕了啟蒙的勒索，他不認為批評啟蒙理性和科學等於站在非理性的立場上。在此背景下，他透過歐洲修養史的研究來連接啟蒙與修養。就筆者而言，傅柯能重新提出精神性與啟蒙的關係問題，而且能連接修養與批判，並不是偶然的。他所描繪的歐洲哲學史以自我關注與自我認識的關係為主線，討論哲學兩向度之關係的歷史發展時，僅突顯了幾個要點，從柏拉圖跳到笛卡兒，又從笛卡兒跳到19、20世紀的德國哲學。在此，法國式的理性主義與德國後康德的觀念論產生了獨特互動。值得留意的是，德國觀念論多少都隱藏著對精神性的眷念，以及對啟蒙時期的不滿甚至抵抗；一直到海德格，許多德國思想家對連接科學與民主的「啟蒙」均抱持著強烈的質疑。傅柯雖然深受海德格影響，但他探索精神性與啟蒙的關係並非屬《浮士德》模式，而更是蘊含著另三位德國思想家的啟發：馬克思、尼采、佛洛伊德。此三者反駁德國的反啟蒙思潮，但也無法化約為理性主義者。因此，擺脫德國哲學家對「精神性」的鄉愁後，此三者成為二戰前德國思想與法國「六八思潮」之間的橋梁。在面對精神修養與啟蒙的關係問題時，法蘭克福學派的批判理論易受限於德國歷史的殘酷經驗及相關的思

想禁忌。在此處境下，對修養哲學的重視容易扣連德語哲學的反啟蒙或非理性傳統。弔詭的是，二戰後，法國哲學逐漸醞釀了重新思考此問題的條件，能吸納德語思想的幽闇力量，同時轉化其保守主義成分。傅柯承認德國哲學家對他思考「精神性」問題時提供了重要啟發：

> 　　在所有這些哲學中，某種精神性結構試圖連結認識、認識的行動、這一認識行動的條件及其結果與主體存在的轉化。畢竟，〔黑格爾的〕《精神現象學》除此之外別無他意。我認為，我們可以把整個十九世紀的哲學史理解為一種面對壓力的領域，促使人們在哲學的內部重新思考精神性諸結構（les structures de la spiritualité）。笛卡兒主義以來，亦即從十七世紀的哲學以來，人們恰好致力於擺脫這些結構。29

　　傅柯將自己的思想放在此一問題脈絡之中，對十七世紀以來理性觀念的批評表示同情。他不願接受哲學研究單向度地靠攏自然科學及數學的認識範式。但同時，傅柯卻超出十九世紀的哲學與科學之爭，不再僅要重建精神修養與哲學的關係，反而順著尼采對精神性的質疑，將修養從精神的優越性解放出來，推進修養哲學的美學轉向。革新哲學的修養向度因而踏入啟蒙及其批判、現代理性及其批判的張力場域。將自我修養重新納入哲學的嘗試，是否等於以反啟蒙的方式連接前現代與後

29　HS, pp. 29-30（英28／中32-33）.

現代？針對此疑惑，傅柯在〈何謂啟蒙？〉給予深刻的回應。
一方面，對啟蒙的堅持意味著，現代的修養哲學不可能回到前
啟蒙的狀態。因此，現代的自我修養很難直接接續傳統的修養
模式（無論是古代歐洲的、基督教的，或者非歐洲的），且不
得不面對「笛卡兒時刻」所引起的巨變。傅柯以馬克思主義及
精神分析為兩種非宗教的例子，認為兩者重新提出了轉化自身
與進入真理的關係問題，但他對兩者重新處理此關係的方式和
後果，卻深表疑惑。另一方面，傅柯拒絕啟蒙概念的狹窄，不
接受將啟蒙理解為理性主義與人道主義的結合。他提出另一種
啟蒙觀，藉此能開闢出批判修養的發展空間。

　　為了深入探索傅柯修養論的潛力，要先回到古希臘哲學有
關自我關注與自我認識的理解。說明《主體詮釋學》課程的宗
旨時，傅柯指出：

　　　　在希臘思想中gnôthi seauton〔自我認識〕的原則不是自
　　　主的。而且我認為，如果不考慮到自我認識與自我關注在
　　　古代思想中的這種持久關係，那麼人們是無法理解自我認
　　　識這個原則的意義和歷史的。自我關注也不只是一種認
　　　識。如果自我關注像我今天要向您們說明的那樣，即使是
　　　在最具工夫意涵的、最接近習練之處還是與認識問題有
　　　關，但它基本上並不是一種認識運動和實踐而已。它是一
　　　種複雜的實踐，且引發了各種截然不同的反省性形式。
　　　〔……〕這也就是說，在其中所運用的認識形式並不相
　　　同，亦即，屬於某種自我關注的反省性形式所構成的主體
　　　本身將會改變。為此，不必去構造一部gnôthi seauton的連

續歷史，讓它或隱或顯地以一種普遍的主體理論為前提。我反而認為，必須從各種反省性形式的分析學開始，因為它們是構成主體本身的反省性形式。因此，我們要從各種反省性形式的分析學著手，從作為這些反省性形式支柱的諸實踐的歷史入手，以給予「認識你自己」這一古老的傳統原則它的意義（它可變的意義、它歷史的意義、它絕非普遍的意義）。30

　　由上述的引文來看，另類修養的構想可由以下三點出發：其一，無法維持普遍認識主體的預設，主體性本身反而具有歷史性，離不開自我技術或工夫實踐的歷史。其二，在古希臘哲學的脈絡下，自我認識是自我關注內部的反省性，而順著自我修養類型的轉變，反省性的形式亦隨之改變。傅柯認為，撰寫自我技術的歷史應從這些反省性形式的分析出發。由歐洲哲學的歷史演變觀之，此出發點相當有道理，因為在笛卡兒後，反省性逐漸由修養領域獨立出來，並朝向科學方法而發展。而且，笛卡兒所謂的「沉思」恰好代表著從富含修養意涵的「沉思」過渡到科學方法的反思。其三，如果從反省性的形式切入自我修養眾多類型的歷史，無法忽略的問題在於：當代的修養類型究竟需要何種反省性形式？

　　自我修養需要真理，或說，需要被看成真理的事物，以啟動修養的本體向度、工夫向度與目的向度的動態組合。相對論的修養是不可能的。一旦連接傅柯〈何謂啟蒙？〉與《主體詮

---

30 HS, pp. 443-444（英461-462／中480-481）.

釋學》，貫串自我關注與自我認識的弔詭關係便可顯現，而兩者的弔詭溝通同時也構成「美學修養」的獨特性質：拒絕宗教信仰，也放棄以永恆不變的絕對真理為修養的基礎。這種修養迫使自我將自身投入真理的歷史之中。在此情況下，自我認識乃是指對某些真理要求的批判意識。換言之，主體化意味著能夠反省自身所要達成之真理的歷史性。因此，傅柯在〈何謂啟蒙？〉一文中給予啟蒙一種新的界定，即「關於當下的批判追問」。[31]如果與此相關的「風骨」能被納入到當代修養哲學之中，修養的理論與實踐就必須處於「當下」。任何「當下」也是指「我」現在所處的歷史時刻，因而脫離不了「今日」的「歷史本體論」。由此觀之，當下的特殊因素將會改變「自律主體的自我建構」。[32]自我對自我的工作一改變，修養工夫的目的也跟著改變。對傅柯來說，目的乃是為了追尋自由的「不耐煩」提供生活形式，給超出歷史界限的可能以印證。[33]

　　就筆者而言，傅柯連接修養與啟蒙最重要的啟示是修養之本體向度的歷史化。「歷史的本體論」取代了傳統的、超越時空的形上學本體論。因此，「不斷批判我們自身」的態度，意味著不斷重新界定修養過程的出發點，使得修養主體的身體、能量、精神三層面不斷產生新的組合。[34]傅柯一旦嘗試重新調整

31　DE IV（No. 339），p. 577.

32　DE IV（No. 339），p. 571.

33　DE IV（No. 339），p. 577.

34　筆者認為楊儒賓所謂「『形—氣—神』主體」與傅柯對「主體」的思考可相互解讀。參閱楊儒賓，《儒門內的莊子》（新北：聯經出版公司，2016），頁209。

三者的關係，美學便開始扮演著重要角色：在波特萊爾和「浪蕩子美學」的例子中，美學工夫的範圍擴展到身體、行為、感覺、激情等因素。這些因素被視為「自我」這件藝術品的構成部分。自我修養透過啟蒙對宗教的批判而能走出傳統精神修養的範圍，展開穿越精神層面與身體層面的美學修養。傅柯的另類啟蒙觀促成了修養哲學的「美學」轉向。

第三章

從性史到修養史

　　1983年美國學者德雷福斯（Hubert Dreyfus）和拉比諾（Paul Rabinow）與傅柯進行專訪。一開始的提問說道：《性史》第1冊發表於1976年，自此以後一直沒有續冊出版。你還是認為理解「性特質」（sexuality/sexualité）對理解我們是誰是至關重要的嗎？」傅柯回答說：「我必須承認，我更關注有關自我的技藝等諸如此類的問題，而對性特質則不甚感興趣……性特質，膩味。」[1] 在研究古希臘、羅馬哲學家及醫學家關於「性特質」的討論時，傅柯發覺：論「性特質」其實不必從性壓抑／性解放的角度來看，而可以從「自我修養」來理解。所以，傅柯晚年思想特別關切的問題不是「性特質」，而是「自我技術」或廣義的「修養」。[2] 他認為，古代性行為的研

1　DE IV（No.326），p. 383（英253／中293）.

2　除了「自我技術」與「自我修養」外，傅柯也經常使用其他語詞來討論修養問題，如「生存美學」（esthétique de l'existence）「生存藝術」（l'art d'existence）、「生活技藝」（technê tou biou〔τέχνη τοῦ βίου〕）、自我科技（technologie de soi）、「自我藝術」（art de soi）、「自我關注」（souci de soi）、「自我實踐」（pratiques de soi）、「自我關係」（rapport

究可以作為「自我技術」之通史的一部分。[3]

本章避免從「性特質」甚或從傅柯個人的性行為切入對《性史》的研究，而要釐清他在討論歐洲自我技術通史或修養史所提出的概念架構。所謂「自我技藝的通史」，基本上局限於歐洲的範圍（儘管傅柯對禪宗有某種接觸，而《性史》也約略談到中國房中術）。為了研究歐洲修養論之漫長歷史資料，他做了嚴謹的概念工作，並且運用了具有批判意涵的史學方法，即「系譜學」。「欲望人的系譜學」（la généalogie de l'homme de désir）[4]及「倫理的系譜學」（généalogie de l'éthique）所蘊含的批判意識，貫串著整部《快感的使用》。

《快感的使用》所勾勒出的歐洲修養史之理論主幹乃是所謂「倫理的系譜學」。在此，「倫理學」是指一種與普遍道德作為對比的道德。傅柯認為，古希臘的道德觀是以「工夫」（askêsis〔ἄσκησις〕）為核心。這種「倫理取向的道德」不同於基督教以「神聖規律」為核心的，或以康德式的「理性法則」為核心的「法規取向的道德」。[5]由此看來，倫理學是指「工夫道德」；而康德式的、追求普遍道德的學說則不屬於倫理學，或者說，其中所含「倫理學」的成分相當弱。為了進一步研究工夫道德及相關的自我觀，傅柯在《快感的使用》第一章裡，提出一種四元的分析架構，即四個所謂「主體化模式」

à soi）、「自我習練」（exercice de soi）、「自我的治理」（gouvernement de soi）等。

3　UP, p. 17（英11／中129）.

4　UP, p. 18（英12／中130）.

5　UP, p. 37（英30／中144）.

（modes de subjectivation）：其一為「本體論」（ontologie）、其二為「義務論」（déontologie）、其三為「工夫論」（ascétique）、其四為「目的論」（téléologie）。6 傅柯在《快感的使用》第一章的前言中提出此四元架構，因此將第一章分成四節：「性活動」（aphrodisia〔Ἀφροδίσια〕）一節中探討「本體論」；「使用」（chrêsis〔χρῆσις〕）一節中探討「義務論」；「控制」（enkrateia〔ἐγκράτεια〕）一節探討以自我在自身上的「自我工作」（travail de soi）為核心的「工夫論」；「自由與真理」（liberté et vérité）一節探討「目的論」。本章的焦點在於「本體論」、「義務論」、「工夫論」、「目的論」的理論格局（傅柯較常用的說法〔substance éthique, mode d'assujetissment, élaboration éthique, téléologie〕很難找到通順的中文翻譯）。無論使用「四元架構」或（如同德勒茲）「四種皺摺」（quatre plissements）的說法，四種概念的組合，的確成為了《快感的使用》以及晚期傅柯所謂「倫理系譜學」的理論架構。7

　　由於《性史》的筆鋒相當簡約且充滿了難以解清的隱喻，所以本章參考傅柯其他著作及訪談來加以說明。透過對《性史》卷2中的四元架構之討論，本章試圖呈現出《性史》所蘊含的修養哲學。

6　UP, p. 45（英37／中150）. 另外可參閱UP, pp. 33-35（英26-28／中141-142）。

7　值得注意的是，此四元架構隱含著亞里斯多德形上學中最早提出的四因說：形式因（causa formalis）、動力因（causa efficiens）、質料因（causa materialis）、目的因（causa finalis）。德勒茲討論傅柯的四元架構時，也牽涉到亞里斯多德式的範疇。可參閱Deleuze, *Foucault*, p. 112（英105／中183）。

一、本體論

任何修養工夫都賴於某種價值等級，如健康／生病、強壯／虛弱、雅／俗、純／濁、邪／正，或野蠻／文明、身體／精神、感性／理性等。等級秩序的安排確定修養過程的方向、方法和目標。透過「倫理的系譜學」，傅柯將歐洲的倫理發展分為三大階段：古代希臘羅馬、基督教及現代。三者代表人「自我關係」中的「倫理實體」，也或者說，引導行為的價值等級經過徹底轉變。就傅柯而言，古代（大約西元前6世紀至西元2、3世紀）倫理學的實體在於「性活動」（aphrodisia〔Ἀφροδίσια〕）；8基督教倫理學（大約西元第4至18世紀）的實體在於「肉體」（chair; 或譯「肉欲」）；而現代（18世紀以降）倫理學的實體在於「性特質」。第二轉變是指自肉體的否定至性特質的肯定（所謂「性解放」）是《知識的意志》所探討的問題。藉此傅柯闡明第一轉變，自性活動至肉體的轉變，這是《性史》卷2、卷3的主要目的。不同修養模式出自於不同的人性論，傅柯所謂「倫理實體」是指人性問題。「性活動」、「肉體」和「性特質」三者蘊含著三種構想及面對人性中最「危險」、最有挑戰性的向度。三者都基於某種理性與感性、精神與身體之間的等級秩序。修養的動力與主體內部的差序安排緊密相關。

8　傅柯在《快感的使用》中有時保持希臘文的 Ἀφροδίσια〔aphrodisia〕，此外亦常以"activité sexuelle"取代之；由此傅柯特別強調「性特質」（sexualité）和「性活動」（aphrodisia）之差異。本書將以「性活動」來翻譯aphrodisia。

　　傅柯早已批判了「理性」的高上地位，強調理性與權力緊密相連。因此令人驚訝的是，在討論古希臘修養論中的「自我主宰」（maîtrise de soi）時，他似乎並未提出任何的質疑。為了說明他所謂「本體論」的獨特性及問題，必須回頭來看《性史》卷2之前的理論發展。粗略來講，在1975年所出版的《規訓與懲罰》中，傅柯曾經把「靈魂」看成是「權力對身體施行操控的一環」並指出：「靈魂乃是政治解剖的工具與效果；靈魂是肉體的監獄。」[9]此處，「靈魂的科技」（la technologie de l'âme）屬於「權力的微觀物理學」或「身體的微觀政治」。由此看來，傅柯主張「靈魂」在自我中僅是權力的延伸，而且主宰身體的自發性及原動力的負面作用。這樣的觀點大體上仍站在解放話語的立場上，試圖瓦解「理性」、「靈魂」、「良心」的優越價值和規範性。在1976年出版的《知識的意志》中，傅柯一方面延續先前著作對現代權力的分析，但另一方面對解放話語及「壓抑假設」（l'hypothèse répressive），尤其是對心理分析及佛洛伊德式的馬克斯主義提出批判。[10]然在《快感的使用》關於「性活動」的章節中，幾乎已看不出解放話語的痕跡。《規訓與懲罰》將權力與自由（如同靈魂與身體）相對立，所以身體以突破靈魂的主宰來呈現其自由。《知識的意志》批判偏向唯物論的身體解放，而在《快感的使用》卻不復如此。現在權力與自由的關係變得更複雜，而傅柯特別注意自

9　SP, p. 34.
10　在此對傅柯思想分期的問題無法進行更詳細的討論。關於由《規訓與懲罰》到《知識的意志》的發展可參閱DE III（No. 200），頁256-269，尤其是頁264-265。

由在「權力關係」（rapports de pouvoir）之中如何可能的問題。
由「戰略關係」（rapports或relations stratégiques）、「戰略遊
戲」（jeux stratégiques），或「頡頏關係」（rapports
agonistiques）等概念出發，他對權力議題重新進行探索。他討
論古典希臘思想中「性活動」（aphrodisia）的意涵即是在這樣
的脈絡下展開的。

　　傅柯認為，「性活動」涉及古代思想的重要主題，即「力
量」或「能量」。然到了基督教「肉體」觀念興起時，「力
量」被「罪惡」（原罪）的主題取代。傅柯指出：

> 在基督教關於肉體的教義中，快感之過度力量的原則落
> 在了人之自然本性有史以來的墮落〔原罪〕及缺陷上。對
> 於古典希臘的思想來說，此力量自然地傾向於過度，因而
> 道德的問題在於知道如何面對此力量、如何主宰及恰當地
> 節制它。因為性活動是處在一種被自然所安排、然卻易被
> 濫用的力量遊戲之下，所以它乃接近於飲食及由飲食所引
> 出的一些道德問題。11

　　古代哲學中的「人性」被視為不同力量的組合，而這些力
量進行著某種被自然所安排的「力量的遊戲」。此一「遊戲」
的主要參與者，一方面是快感和欲望，另一方面是理性。在此
力量的遊戲中，與「性活動」相關的快感被承認為一種自然和
必然的欲望。但因為此力量具有超過其應當限度的動力，因此

11　UP, pp. 60-61（英50／中160）.

理性的力量應該恰當地節制它。「過度」與「節制」的關係涉及古希臘自我修養的核心問題，即一個人究竟是欲望的奴隸還是欲望的主人。傅柯說，對希臘人而言，「自由」意味著「非奴役狀態」（non-esclavage）。[12]就自我與自身的關係來說，自由乃等同於自我主宰的建立。因此，「性活動」或修養的「本體」連結工夫論，而工夫的目的便是一種「完美的自我主宰」（maîtrise parfaite de soi-même）。[13]

關於古希臘所謂「性活動」傅柯進一步指出：

〔……〕一般認為性快感（plaisir sexuel）並非惡的化身，但在本體上或品質上確實為低級。〔……〕但是另一方面，這種有條件、從屬的且低級的快感是非常活潑的〔……〕。正是快感的這種自然活力，以及它施加給欲望的魅力，才使性活動超出自然所規定的限度。這種活力則促使人們推翻等級，把欲望及其滿足放在首位，並給欲望能戰勝靈魂的絕對權力。[14]

假如性解放話語有本體論向度，一向度則在於挑戰欲望與靈魂之間的傳統等級差序。然而，傅柯在批判以性解放為核心的自由觀之前，卻呼籲推翻等級，以逃脫「靈魂的監獄」。法國後結構主義學者在1960年代，一般都要推翻理性與欲望的等

12　DE IV（No. 356），p. 714.

13　DE IV（No. 326），p. 390.

14　UP, pp. 58-60（英48-49／中158-159）.

級差序，並強調傳統的同一性主體違背了自由。因此，放棄對「自我認同」（self-identity）的執著被讚美為真正的自由。傅柯晚年思想所謂「主體的回歸」（return of the subject）到底意味著什麼？他反駁性解放說之後，是否回到建立在理性與欲望、精神與肉身的本體等級之上的傳統主體觀？

　　傅柯對「性活動」的探討，不僅關涉古代修養論中的人性論（即不同力量之間的價值次序），也觸及主動性與被動性的區分所蘊含的另一種「本體論」之等級。在古希臘社會中，男人（更確切地說，成年而自由的男人）扮演「主動」的角色。他們「性活動」的對象，如婦女、男童、奴隸，乃是「被動」的：「對一個男人來說，過度與被動是aprodisia〔性活動〕實踐中不道德的兩種主要形式。」[15]值得注意的是，古希臘思想針對過度與被動兩問題，一方面強調理性的高尚價值，另一方面則堅持男性的優越地位。傅柯把這兩種具有連貫性的主題分開來談，因此對古希臘排除女人的陽剛社會，[16]及當時「同性戀」關係不對等的、不可逆反的結構表示反對，但他似乎又接受了「理性」（精神）與「性活動」之間的本體論等級。從他的後

15　UP, p. 57（英47／中157）.

16　UP, p. 56, p. 242（英47, 220／中156, 306）. 關於女性主義者對傅柯《性史》的討論可參閱 Lin Foxhall, "Pandora Unbound: A Feminist Critique of Foucault's History of Sexuality" 及 Amy Richlin, "Foucault's History of Sexuality: A Useful Theory for Women ?"；兩篇文章收錄於David II. J. Larmour, Paul Allen Miller, Charles Platter（eds.）, *Rethinking Sexuality, Foucault and Classical Antiquity*（Princeton, N.J.: Princeton University Press, 1997）。另可參考Wolfgang Detel, *Macht, Moral, Wissen: Foucault und die klassische Antike*（Frankfurt am Main, Suhrkamp, 1998）, pp. 282-335。

結構背景來看，此傾向令人感到驚異。

在《快感的使用》中，傅柯討論了古希臘的本體論並描繪了以「性活動」和「理性」（logos〔λόγος〕）之間的等級為核心的本體結構。一般而言，對理性、主體及自我同一性的批判，確實是後結構主義思潮的主要關懷之一。後結構主義經常被批評為含有某種非理性傾向，試圖推翻歐洲自古希臘以來的理性中心思維，並把欲望、身體、情感等從理性的專制中解放出來。在自我觀方面，後結構主義似乎主張「主體的終結」，而支持「多元自我」（multiple self）。由此看來，後結構主義者參與了19世紀以來歐洲思想的重要趨勢，推動了人性本體結構的「去等級化」，以及去本質化。

傅柯的「系譜學」一再批判對「本源」的探尋。[17] 然而，《快感的使用》中批判基督教和心理分析的自我觀，以及任何要「發現真我」的修養論，而且提出以為核心的「生存美學」。「發現真我」與「自我創造」的對比顯然也呈現出反對「本原探索」的主張。《快感的使用》第一章突顯「性活動」與「性特質」的對比，同樣蘊含著對「本原探索」的批判，因為根據傅柯的理解，「性特質」和「主體」皆為本質主義的概念。所以，「性活動」不是指某種「缺陷和欲望的本體論」（ontologie du manque et du désir），反而是指某種非本質主義的「力量的本體論」（ontologie de la force）。[18]同樣地，一般

---

17 傅柯在討論尼采《道德的系譜學》時，反對任何「本源的探尋」（recherche de l'origine）。

18 UP, p. 53（英43／中154）.

「主體」的概念是建立在某種「真我」的前提上，而傅柯所謂「主體化」更是指一種「力量的主體」、一種「無同一性的主體」（un sujet sans identité）、一種「強度的場域」（un champ d'intensité）。[19] 由此看來，提及「力量的本體論」不僅是對古希臘哲學的客觀描述，而且涉及後結構主義的核心問題：即某種「力量」（force）或「能量」（énergie）的本體論如何可能？[20]

　　如上所述，「力量的本體論」是古希臘道德修養的基礎。其蘊含著屬於不同價值等級之力量的「力量遊戲」。性活動雖然被肯定為自然力量（而不是罪惡的「肉體」），但因為這種力量經常傾向於「過度」，[21]所以必須接受理性（或精神）的約束。藉著不同力量的等級化，古希臘哲學能夠調解「力量的本體論」與節制「性活動」的道德修養。無疑，力量的本體論與道德哲學的關係是晚年傅柯思想的重要問題之一，但在20世紀歐陸哲學對理性優先性提出嚴厲批判之後，古希臘的解決辦法還能否重新被接受？在《快感的使用》中傅柯並不回答此問題。假設他關於「性活動」的討論能接受蘇格拉底式的老舊本體論等級，這就和他的其他著作及晚年許多訪談內容產生了強烈矛盾。反過來說，若傅柯完全不接受蘇格拉底式的等級，他

19　可參閱德勒茲 "Un portrait de Foucault"一文，收入Gilles Deleuze, *Pourparlers 1972-1990*（Paris: Éditions de Minuit, 1990），pp. 136-157。

20　除了傅柯和德勒茲外，李歐塔也是從「欲望」的問題切入「力量的本體論」。參閱Jean-François Lyotard, *Économie libidinale*（Paris: Édition de Minuit, 1974）。

21　UP, p. 62（英51／中161）.

又為何花費了幾年的時間，試圖透過對古希臘哲學的反思來提出以修養論為核心的「工夫道德」，並且反駁康德式的「普遍道德」？本節呈現了《快感的使用》關於「本體論」的探討所隱含的難題及雙重性。以下三節關於「義務論」、「工夫論」及「目的論」的討論則從不同的角度分析同樣的難題。

二、義務論

傅柯說：

> 有關「性活動」（aphrodisia〔Ἀφροδίσια〕）的道德反省比較不會傾向於建立一種系統的規則，從而確定性行為的標準形式，以劃出各種禁忌的界線，並把種種實踐歸入界線的這方或那方。這一反省寧願製作一種「用」（usage）的條件及方式，即希臘人所謂chrêsis aphrodisiôn〔χρῆσις Ἀφροδισίων〕或使用快感的風格。[22]

傅柯所謂「義務論」探討了兩種不同的道德類型。《快感的使用》區分「法規取向的道德」與「倫理取向的道德」，而在以上所引用的文字中，「法規」（code）與「風格」（style）的對比也表達出貫串整本書的理論差異。假設「生存美學」是傅柯修養論的核心，他應當毫無疑問地贊成作為一種「風格」或「藝術」的「快感的使用」。然而，他卻區分了快感使用的

22　UP, p. 63（英53／中161-162）.

三種「策略」，即：需求的策略、時刻的策略及地位的策略。[23]
此區分有助於說明「使用快感的藝術」（l'art d'user du
plaisir）。在「基督教道德」（morale chrétienne）與「古代道
德」（morale ancienne）的對比之下，[24]傅柯顯然試圖透過古希
臘的道德哲學，來描繪不同於「普遍道德」（以基督教為基
礎）的道德觀。這種道德也依靠「某些大的共同法則」（在古
希臘即是「城邦」、「宗教」、「自然」）或某些「一般原
則」。但這些法則或原則並非像基督教式的「普遍法則」（loi
universelle）那樣，用同樣的方式來約束所有個人。[25]古代的道
德反而具有藝術性格，因為那只是「遠遠地劃出一個範圍很大
的圓圈」，而讓個人在此範圍內按照個人的需求、處境及地
位，且藉由各種「技藝」及種種工夫實踐，來調整個人的行
為。[26]由於這種道德所蘊含的「普遍性」對行為的特殊脈絡更敏
感，傅柯稱之為「轉調的普遍性」（universalité modulée）。[27]

傅柯說：「對希臘人來說，『倫理實體』是性活動
（aphrodisia）；『屈從模式』是一種政治美學的選擇（choix
politico-esthétique）。」[28]在同樣的對話錄中他更詳細指出：

　　自我關係的第二個方面，我把它稱作「屈從模式」

23　UP, p. 64（英54／中160）.
24　UP, p. 70（英59-60／中167）.
25　UP, p. 72（英62／中168）.
26　UP, p. 73（英62／中169）.
27　UP, p. 70（英60／中167）.
28　DE IV（No. 326），p. 398; DE IV（No. 344），p. 621.

（mode d'assujetissement），是誘發或促使人們承認他們道德義務的方式。例如，文本所啟示的是神聖法則抑或自然法則？是宇宙秩序（在任何情況下且對每一個生物而言，秩序是否都一樣），或是一條理性的法則？或是否要賦予您的生存最美好的可能形式？29

從這一段話可知「義務論」所指的範圍。傅柯以上所提出的四個問題蘊含著歐洲道德哲學發展的歷史脈絡。「神聖法則」是指基督教，「自然法則」和「宇宙秩序」是指斯多葛學派，「理性法則」是指康德倫理學，而最後的問題便是指古希臘的「生存美學」。然而，在義務論方面，傅柯區分了古希臘的美學化道德與普遍道德的不同呈現型態（如斯多葛派、基督教、康德）。

在傅柯對古希臘修養哲學的研究中，「倫理的系譜學」與普遍道德的危機相關聯：

從古代到基督教，道德從一種本質上對個人倫理學的追求轉變為對規則體系的服從。把這諸多理由總結來看，如果說我對古代感興趣，那是因為一種以服從法規規則（un code de règles）的道德理念已經瀕臨消失，乃至已然消失。而呼應於這種道德的空缺，乃是或者應該是對生存美學的追尋。30

29　DE IV（No. 326），p. 395（英 264）. 另可參閱 UP, 63-64（英53／中161-162）。

30　DE IV（No. 357），pp. 731-732（英 451）.

　　激發傅柯關於古代道德的興趣，即是「法規取向的道德」之「消失」（基督教道德的消失）。此道德危機使人重新關注「倫理取向的道德」。倫理的系譜學乃特別強調兩種道德，即「法規道德」（普遍道德）與「倫理學」（工夫道德）的對比。前者從普遍的規範出發，後者的出發點則是具體的工夫。然而，在普遍道德面臨「消失」的危機下，傅柯便能說明當代與古代所發生的深刻歷史呼應，因為當代歐洲與古代希臘都同樣面對「工夫道德」如何成立的問題。然他進一步強調，研究古代的主要出發點在於認清當代的問題，而不在問題的解決辦法本身：古代並非提供解決之道的「黃金時代」。[31] 藉由古代希臘與基督教的區分，傅柯試圖闡明另一種道德哲學的可能。

　　同時，傅柯式的道德系譜學必須解釋，古代的「工夫道德」產生了何種問題，導致其後來被「法規道德」所取代。為了突顯古代與基督教時期的斷層，他較忽略希臘與羅馬的修養哲學在工夫論方面的差異。在他看來，所謂「生存美學」（即美學取向的工夫論）在古希臘時期最為突出，但到了羅馬時期（尤其是在斯多葛學派中），美學的要素逐漸被一種含有宇宙論成分的普遍理性所取代（宇宙論取向的工夫論）。阿多因而認為，傅柯在《自我的關注》中關於斯多葛派的討論，過於強調修養論的美學因素，而忽略了斯多葛學派對普遍理性的著重，造成了古代道德哲學的扭曲。[32]不過，阿多也承認，現代人

---

31 DE IV（No. 326），p. 386（英256）.

32 Pierre Hadot, "Réflexions sur la notion de 'culture de soi'," in *Michel Foucault philosophe,* Rencontre Internationale, Paris, 9, 10, 11 janvier 1988（Paris: Éditions du Seuil, 1989），p. 267.

很難接受修養工夫與宇宙論或自然哲學的聯繫，即不接受理性的普遍性（universalité）與宇宙（univers/cosmos），以及道德與自然是連貫的。在這點上，斯多葛派與康德的道德哲學恰好對立。當然，康德在《實踐理性批判》及《道德底形上學》也涉及古代的工夫論，甚至讚美斯多葛派的道德哲學。但是，工夫論對康德的道德理論而言，顯然是次要的，其核心是道德法則的普遍性該如何建立的問題。因此，儘管康德的道德哲學也反映著工夫論在歐洲道德哲學史中的衰落和「消失」，然在自然法則與道德法則對立的理論架構之下，對古代工夫論的讚美便是無理論根基的懷舊情懷與個人愛好。從阿多對傅柯的批評可知，古代的義務論除了自我、社會、政治三大領域外，也包含傅柯避而不談的宇宙論和自然哲學。然他認為，強調工夫與自然的關係只會使得重建當代修養哲學的困難加倍。

　　與傅柯相比，阿多對工夫道德在歐洲的歷程反省缺乏對「我們現代性」的問題意識，因此他呼籲古代修養哲學的當代復興，難免墮入無力的懷古心態。傅柯則不然。藉由工夫道德（以生存美學為核心）與普遍道德（以普遍法則為核心）的區分，他使古希臘與當代產生了跨時代的呼應關係。同時，關於工夫道德的衰落及普遍道德的升起也提供明確的分析架構，而將普遍法則的發展分成三大階段：其一為斯多葛派的「自然法則」，其二為基督教的「神聖法則」，其三為康德式的「理性法則」。義務論從生存美學轉向理性法則時，「工夫」的重要性逐漸「消失」。時至今日，此歷史趨勢反轉為普遍道德的缺陷，因為抽象的道德規範徹底脫離了日常實踐的必要。面臨普遍道德的困境時，傅柯主張再創工夫道德的歷史時刻已到。在

這樣的條件下，古希臘的「生存美學」具有獨特的參考價值。

《快感的使用》對古希臘修養論的探討相當簡略，也充滿了難以解讀的隱晦書寫。從《知識的意志》（1976）到《性史》卷2、卷3（1984）期間的發展與轉變，早已成為傅柯研究的重要焦點。從他在法蘭西學院的系列演講來看，由權力問題至修養問題的轉向，並非偶然之舉。連貫此兩者的乃是關於「治理性」、「治理的藝術」（l'art de gouvernement）、「自我的治理」等議題的反思。1978年的法蘭西學院講座首次提及「治理性」的概念及所謂「治理性的歷史」，進而討論國家、主權、治理之藝術等。33由傅柯演講主題的轉變來看，「治理」問題的連續性頗為明顯，貫穿從主權及生命政治到「自我與他人的治理」的發展。《快感的使用》也多次提到「自我的治理」及「治理的藝術」。

「治理的藝術」一詞意味著「政治」和「美學」的關係。說明古希臘修養模式中的義務論時，傅柯以「政治美學的選擇」來探究其意涵。34在他討論「治理性」的同年（1978），他也探討自由主義自18世紀到二次大戰後德國、法國、美國的新自由主義之發展。35由此來看，「生存美學」並不是籠統的、浪

33　DE III（No. 239），pp. 635-657. 從Didier Eribon的敘述可知，傅柯的母親常對其訓勉道：「重要的是對自身的治理。」（L'important est de se gouverner soi-même.）參閱Didier Eribon, *Michel Foucault*（Paris: Flammarion, 1991），p. 21。

34　DE IV（no. 326），398（英267）.

35　參閱 Colin Gordon, "Governmental Rationality: An Introduction," in Graham Burchell, Colin Gordon, Peter Miller（eds.），*The Foucault-Effect: Studies in Governmentality*（Chicago: University of Chicago Press, 1991），pp. 14-46。

漫的生活藝術，而是指獨特的、融合政治學、美學與倫理學的
自由觀。因此，「生存美學」一詞隱含著傅柯對「社群主義」
（或新亞里斯多德主義）與「自由主義」論戰的回應。他批評
那種以康德式普遍道德為核心的自由主義，但並不主張社群對
個人的優先性，亦非痛惜傳統價值的衰落。他構思以新修養論
為核心的自由觀。問題在於，傅柯所謂「倫理主體」（sujet
éthique），[36]能否取代「法律／權利主體」（sujet de droit），
而成為當代政治思想的核心概念？「倫理主體」的概念真能挑
戰現代政治思想對主體的定位？《快感的使用》的其他章節也
涉及這類的問題。然傅柯在訪談中承認，回答這些問題很困
難。[37]無論如何，可以確定的是，「工夫論」在傅柯對道德普遍
主義的批判中具有高度的重要性。

三、工夫論

　　「工夫論」（ascétique）、「工夫」（ascèse），或「工夫
主義」（ascétisme）（英語ascetics、ascesis、asceticism，德語
Asketik、Askese、Asketismus）在日常的語意下常與基督教（尤
其是天主教苦行或所謂「禁欲主義」）連結在一起。因此傅柯
特別指出：

　　　　棄絕快感的工夫主義已名聲敗壞。但工夫是另一種東

36　UP, p. 73（英62／中169）.
37　DE IV（No. 356），p. 722（英294）.

　　西：是為了轉化自身而進行自我在自身上的工作，或是為
了顯現那一種幸好永遠達不到的自我。[38]

　　傅柯將宗教的「苦行」理解為「工夫形式」（forme
d'ascèse）的一種，而將古希臘的「工夫形式」視為「生命（或
「生活」）技藝」（technê tou biou〔τέχνη τοῦ βίου〕）、「自
我藝術」（l'art de soi）[39]或「自我科技」（technologies de
soi）。[40]他藉由希臘文techne的雙重意涵（即藝術和技術或技
巧），來擴大工夫論的範圍，使之連生活藝術（生存美學），
甚至「生命科技」也包括在內（傅柯時常以藝術〔art〕、技術
〔technique〕和科技〔technologie〕為同義詞）。

　　就傅柯而言，「工夫」意味著「在自我之上工作的原則」
（le principe d'un travail sur soi）。[41]無論是古希臘、羅馬的、基
督教的或是現代的（以波特萊爾為範式[42]）工夫，傅柯都視之為
自我轉化的工作。然而，一旦把「工夫」理解為自我轉化的工
作，現今的許多活動，如健身、運動、減肥、整容，甚至社會

---

38 DE IV（No. 293），p. 165（英137）.希臘文 ἄσκησις（askêsis）的本義為「習
　練」（exercice）（包含精神與身體的修習鍛鍊），因此本書將ascétisme譯
　成「工夫主義」、ascèse譯成「工夫」。根據中國傳統儒、道、佛各自的語
　言體系，修養可粗略分成「修身」、「修煉」、「修行」三種。因此，使
　用askêsis與工夫兩概念來建構歐洲與中國修養傳統之間的橋梁相當合適。

39 UP, p. 90（英77／中181）.

40 UP, p. 17（英11／中129）.

41 UP, p. 74（英62／中169）.

42 就傅柯關於波特萊爾式的新工夫論可參閱DE IV（No. 351），頁562-578，
　尤其是頁570-571。

運動的參與也可算「工夫」嗎？或說，各種學習的努力在什麼
情況下可成為「工夫」呢？修養工夫與生活藝術的差異為何？
在傅柯著作中恐怕找不到這些問題的明確答案。不過，從他對
古希臘、羅馬工夫論和基督教工夫論的分辨，以及「哲學工
夫」和「基督工夫」的對比，可以看出一些蛛絲馬跡。

　　《快感的使用》說明本體論的構想如何影響到具體的工夫
實踐。相關討論由古代道德與基督教道德的對比出發。就傅柯
而言，「基督教肉體倫理學」（l'éthique chrétienne de la chair）
意味著特殊的自我關係，相關的工夫實踐包含自我辨認（辨認
「欲念」〔concupiscence〕的陰險及最隱密的運動）、言語表
達、告解（懺悔）、自責、對誘惑的鬥爭、自我的棄絕、精神
鬥爭等。[43]在本體論方面，「肉體」蘊含著肉體與精神的絕對二
分；基於此前提，工夫論傾向於苦修及禁欲。與此不同，古代
「性活動的倫理學」（l'éthique des aphrodisia〔Ἀφροδίσια〕）
雖然也將自我與自我的關係視為肉體與精神（或精神低層與高
層部分）的等級關係，但傅柯強調，兩者的關係毋寧是一種
「頡頏關係」[44]而不是滅絕關係。換言之，在蘇格拉底式的工夫
論中，德行基於「自我主宰」，[45]但只意味著欲望的「支配」
（domination），而非欲望的「壓抑」（suppression）。[46]

　　「自我對自我的主宰」傅柯也把它稱之為「自我藝術」，
以突顯「自我藝術」與基督教式的「自我辨認」產生對比。值

43　UP, p. 74（英63／中169）.

44　UP, p. 77（英65／中171）.

45　UP, pp. 75-76（英64-65／中169-170）.

46　UP, p. 81（英69／中175）.

得注意的是，自我藝術在古希臘是具有「軍事」意味的藝術。
自我與自我的「頡頏關係」是一種「戰鬥關係」（relation de
combat），是自我與自我不斷奮鬥、競賽、鬥爭的「尚武態
度」（attitude polémique）：

> 要進行的戰鬥、要贏的勝利以及人們要冒險經受的失
> 敗，都是發生在自我與自我之間的一系列程序和事件。47

以自我與自我的戰鬥關係為核心的修養論，在本體論上必
須說明低層自我與高層自我之間的「等級關係」（rapport
hiérarchique），48並且解釋工夫實踐的動機及原因。再者，必須
指出工夫的不同程度或境界（此乃涉及修養過程的目的），以
界定「勝利」的狀態。傅柯說：

> 這種勝利有時以消滅或驅除欲望為特徵。但更經常被認
> 定為設立自我對自我的一種堅固而穩定的支配狀態；在此
> 狀態中，欲望與快感的活力並未消失，不過有節制的主體
> 能足夠完備地主宰它，以致從不被它的爆發力所左右。關
> 於蘇格拉底能夠抵制阿西比亞德（Alcibiade）的誘惑的著
> 名考驗，並不能表明他已「淨化」了對男孩的所有欲望，
> 只表明他隨時隨地都有抵制的能力。這樣的考驗將會遭到

47　UP, p. 79（英67／中173）. 傅柯在此不僅表達古典希臘的自我觀。根據德勒
　　茲（Deleuze, *Pourparlers*, p. 140），在傅柯身上也可以發現戰士的尚武態
　　度，以及「被主宰的極度暴力」（extrême violence maîtriser）。
48　UP, p. 79（英67／中173）.

基督教的譴責，因為它證實了欲望仍然存在，而這對基督
教徒來說是不道德的〔……〕。49

　　傅柯強調，古代自我修養的目的在於自我對自我的主宰
（不是基督教式的自我淨化）。此「主宰」代表最高的「自
由」，以及最深的「真理」。就古代歐洲修養史而言，蘇格拉
底的確是最重要的範式，而由阿西比亞德在《饗宴篇》有關蘇
格拉底的言論，可知蘇格拉底在生活的種種情況下如何實現
「自我主宰」的原理。但關於蘇格拉底究竟經過何種工夫才達
到此境界，古典希臘的文獻並未提供詳細的解說。相較之下，
羅馬時期的資料便豐富許多。羅馬時期工夫論的各種方法（如
鍛鍊、沉思、思想考驗、良心檢查、對表象的主宰）成為教育
的素材及「精神指導」的基本內容（傅柯在《自我的關注》討
論古羅馬時期的相關工夫實踐）。

　　值得注意的是，《快感的使用》討論「控制」的章節對能
自我主宰的「理性人」並未提出任何顯著的批評。50但從其他資
料來看，傅柯新修養論的範式與其說是蘇格拉底式的，不如說
是波特萊爾式的。奠基歐洲「哲學工夫」之範式的蘇格拉底雖
吸引了晚年的傅柯，但他更讚美波特萊爾那種以「自我創造」
為核心的創意工夫。因此，傅柯的修養論便擺盪於蘇格拉底的
古代與波特萊爾的現代之間。他試著貫通蘇格拉底式與波特萊

49　UP, p. 81（英69／中174）. 另可參閱UP, p. 265（英241／中325-326）.
50　伯梅的解釋反而由理性的批判出發。參閱 Gernot Böhme, *Der Typ Sokrates*
　　（Frankfurt am Main: Suhrkamp, 1988）, p. 100。

爾式的修養工夫。此貫通在思想上的媒介乃是希臘文的「技藝」或「藝術」（technê〔τέχνη〕）。若要以「生存美學」來概括兩者實為勉強。由〈何謂啟蒙〉一文看來，傅柯個人偏向於後宗教的、美學化的現代工夫論（包含現代美學對感官、身體、情感的肯定）。因此，探討工夫論在當代生活的意義時，他特別關切「浪蕩子工夫主義」（l'ascétisme du dandy）或「同性戀工夫」的可能性。在此，傅柯斷然拒絕回歸古希臘文化脈絡下的修養模式，而透過各種現代的啟蒙運動、解放運動及社會運動來發明新的修養模式，以實現新的生活方式。[51]

　　韋伯的宗教社會學研究，論及基督新教的「入世工夫」（innerweltliche Askese）與「資本主義精神」的關係。傅柯也提到自己的研究和韋伯具有相應之處。[52]兩者都將「工夫」、「工作」及工作倫理連接起來。韋伯對「工夫」（Askese）的討論離不開基督教排除欲望和快感的「禁欲工夫」。傅柯反而展開了一種後性解放的「創意工夫」，確實為歷史悠久的修養論展開了一個別開生面的現代出路。如果將他對工夫論的探討理解為批判和轉化韋伯的（連接資本主義精神的發展與修養史的）問題意識，則能明白《快感的使用》所隱含的當代意涵。由此觀之，《快感的使用》在哲學方面呼應著1980年代所出現的「資本主義新精神」（相關討論請見本書第六章）。是以，《快感的使用》之所以是「當代問題性的系譜學」或「當下的歷史」（histoire du présent）的原因也更容易釐清。

51　詳細討論請見第五、七、十章。

52　DE IV（No. 356），p. 709（英282）.

四、目的論

　　傅柯以「自我主宰」說明古代修養的目的。從《快感的使用》有關「目的論」的討論可知，「治理自己的欲望和快感」涉及「自由與真理」的問題。「主宰的習練」（l'exercice de la maîtrise）要達成「節制」（希臘文σωφροσύνη〔sôphrosynê〕、法文tempérance）的狀態。過「節制的生活」包含理性和自由的生活。[53]他所謂「本體論」分辨了不同修養模式對「人之存在等級結構」（structure hiérarchique de l'être humain）[54]的設想。傅柯認為，本體論的核心問題在古希臘、羅馬時期是「性活動」，而在基督教是「肉體」。「性活動」和「肉體」以不同的方式構思理性優先於欲望的等級結構。在此背景下，傅柯是這樣解釋古希臘哲學中的「節制」的：

　　〔……〕節制意味著「理性」（logos〔λόγος〕）在人的存在中被置於主權地位，並能征服欲望、調節行為。在無節制的人身上，欲望的動力篡奪高位而行使專制，而在有節制的人（sophron〔σώφρων〕）身上，理性按照人的存在結構發揮指揮和規定作用。蘇格拉底說：「因為理性是明智，也肩負著監察整個靈魂的職責，難道理性不應該指揮嗎？」由此，他定義有節制的人是這樣一種人：在他身上，靈魂的各個部分的關係都是友好而和諧的，而且指揮

53　UP, p. 91, 103（英78, 89／中182, 191）.
54　UP, p. 102（英88-89／中191）.

的那部分與服從的那部分一致承認要讓理性指揮，而不爭
奪理性的權威。[55]

　　修養的「目的」在於實現本體論架構下的可能性。或說，
修養哲學的本體論構想人的存在結構，而目的論描繪人的理想
境界。境界與「真理」相關，因為成為節制的人是進入真理的
過程，蘊含著傅柯所謂「人與真理的關係」（rapport au vrai）。
傅柯的相關說明再次將古希臘與基督教的修養模式對立起來：

　　　顯然，與真理的關係構成節制的基本成分。無論是以人
　　之存在的等級結構的形式，或以審慎的實踐，或以靈魂對
　　自身本質的承認的形式而出現。與真理的關係對節制地使
　　用快感及對主宰快感的暴烈是必要的。但必須注意的是，
　　與真理的關係從來不是一種自我對自我的辨認，或對欲望
　　的某種詮釋學。[56]

　　「自我對自我的辨認」（déchiffrement de soi par soi）及
「欲望的詮釋學」（herméneutique du désir）在《快感的使用》
中都是屬於「基督教的精神性」，也都與「生存美學」形成對
比。為了進一步說明基督教式的宗教修養與古希臘式的美學修
養之間的差異，傅柯強調兩者的真理觀也明顯不同。由以上的
引文來看，修養哲學中的「真理」意味著本體論與目的論的關

55　UP, p. 100（英86-87／中189）.
56　UP, p. 102（英88-89／中191）.

係。然而，不同工夫實踐包含不同形式的「人與真理的關係」。基督教的修養本體為「肉體」，目的為達成「純淨」的境界，而「人與真理的關係」便採取「欲望詮釋學」的形式來落實從肉體到純淨的進程。就傅柯而言，「詮釋學」讓基督教工夫論脈絡下的「人與真理的關係」偏向認識的活動。在古希臘的哲學工夫中，「人與真理的關係」便是使個人成為有節制的主體，並且過節制生活的結構性條件。[57] 古希臘修養論的本體為「性活動」，目的為「自我主宰」（節制），而「人與真理的關係」則在於調解性活動與精神的技藝。

在任何修養過程中，人們都不得不置身於某種本體論的存在結構。因此，「知汝自身」所指的「自知」意味著對自我真狀的知覺以實現德行和主宰欲望。[58]這就是古代修養模式中主體與真理之間的特殊關係。但基督教修養體系中對人本體結構的認知有所不同，因此其中主體與真理的關係也不同（修養的目的不是欲望和快感的主宰，而是透過自我辨認及欲望的詮釋來保存或恢復本原的純真）。[59]

傅柯所謂「性史」是「修養史」的部分，而「修養史」屬於「真理史」（histoire de la vérité）的範圍。[60] 他對自己思想發展的「三條軸線」（知識、權力、主體）給出以下的說明：

---

57 UP, p. 103（英89／中191）.

58 傅柯避免「人性」或「本性」（nature humaine）的詞彙，寧使用「人之存在的等級結構」；此讓人聯想他對任何「人類學的普遍概念」（universaux anthropologiques）的質疑。參閱DE IV（No. 345），p. 634（英462）。

59 UP, p. 91（英78／中182）.

60 UP, p. 14（英8／中126）.

　　　　我的問題始終是主體與真理的關係問題：即主體如何進
　　入某種特定的真理遊戲（jeu de vérité）。61

　　「真理遊戲」並非意指相對論的主張。傅柯雖強調真理的
歷史性，但並不懷疑特定的真理在特定的時代具有難以違背的
有效性，並且是各種實踐和行為的必要條件。就修養史而言，
「真理遊戲」意味著，在不同修養模式中，「人」的本體結構
所設想的真理決定此模式內部的生命經驗。以傅柯的用語來
說，真理涉及「可能經驗的歷史先天」（l'apriori historique
d'une expérience possible），62而且本體結構的建立與修養目的
（境界）的出現後，區分修養工夫的不同階段及施行方式才能
產生。因此，修養史研究不得不釐清不同修養模式如何處理真
理和主體的關係。真理與主體的關係也涉及不同的修養模式如
何認定實現真理所要達成的理想境界（如哲人、賢人、聖人、
聖徒等）。
　　探討節制與真理的關係後，說明「真理」與「自由」的關
係便更為容易。如上所述，一個無節制的人無法把理性安置於
主宰自身的地位，因此無法體會真理，反而讓欲望占居高位，
進而陷入欲望的專制。就古希臘哲學家而言，理性化的生活狀
態同時也被視為自由的狀態。無節制的人是不自由的，被困在

61　DE IV（No. 356），p. 717（英289）.關於「真理遊戲」一詞亦可參閱DE IV
　　（No. 356），p. 725（英297）.
62　DE IV（No. 345），p. 632（英460）.「歷史的先天」（apriori historique）此
　　對康德哲學而言非常弔詭的概念已是傅柯《詞與物》的核心概念。

「自我對自我的奴役」（l'esclavage de soi par soi）中。[63]自由狀
態是奴役狀態的對比：

> 這種自由不僅是非奴役的狀態，不僅是一種解困狀態
> （affranchissment），讓個體獨立於一切內在或外在局限。
> 從其整體和肯定的形式來看，它是一種人們在施行於他人
> 的權力中，在自己身上所施行的權力。[64]

那麼，追求個人自由的自我修養，如何與社會及政治的集
體自由連結呢？傅柯說明如下：

> 〔……〕領導他人的人必須有能力施行對自身的完美權
> 威。〔……〕為了避免過度和暴力行為，也為了避免產生
> （對他人的）專制權威和（自己欲望）對靈魂的專制。施
> 行政治權力要能夠對自我施權，以作為政治權力內部調理
> 的原則。節制作為對自我施行主權的面向〔……〕，是准
> 許一個人對他人施行主宰的一種不可或缺的德行。最尊貴
> 的人是自身的國王（basilikos〔βασιλικός〕, basileuōn
> heautou〔βασιλεύων ἑαυτοῦ〕）。[65]

串聯「我」、「家」、「國」（古希臘修養論所涉及的三

63　UP, p. 92（英79／中183）.

64　UP, p. 93（英80／中183）.

65　UP, p. 94（英80-81／中184）.

大領域）的核心觀念是「治理」，而「自我的治理」則是任何「治理」的基礎。「在施加於他人的權力中施加於我自身的權力」[66]意味著，一個人如果不能治理自我，也不能且不應該治理他人。換言之，一個（透過自我修養而能治理自己的）自由人不會奴役他人，反而「知道在施加於自我的主宰中如何為他人的自由留有餘地」。[67]這句話蘊含著美學修養（生存美學）的道德內涵，蘊含著另一種道德普遍性的可能（不是以「法則」〔法律，loi〕或「法規」〔code〕為核心的普遍道德），傅柯在《自我的關注》中稱之為「生存美學之無法則的普遍性」（l'universalité sans loi d'une esthétique de l'existence）。[68]

五、修養哲學的四元架構

傅柯讚美古希臘道德修養是「某種作為權力遊戲之自由的反省藝術」。[69]同時，他並沒有忽略，古希臘時期實行「自由的風格化」（stylisation de la liberté）以及傾向生活藝術的自我修養仍是少數男性市民的特權（奴隸和婦女被排除在外）。相關

---

66 UP, p. 94（英80／中184）： "un pouvoir qu'on exerce sur soi- même dans le pouvoir qu'on exerce sur les autres." 德勒茲對傅柯晚年思想的討論特別著重這句話，尤其強調其中的"dans"（在……之中），並以「域內」（le dedans）和「域外」（le dehors）的概念來加以解釋。參閱Deleuze, *Foucault*, p. 107（英100／中178）。

67 UP, p. 276（英252／中333-334）： "savoir comment on peut faire place à la liberté de l'autre dans la maîtrise qu'on exerce sur soi-même."

68 SS, p. 215（英185／中500）.

69 UP, p. 277（英253／中334）： "l'art réfléchi d'une liberté perçue comme jeu de pouvoir."

的問題甚多。為了能深入思考這些問題，不得不釐清《快感的使用》中的四元架構，以闡明傅柯修養哲學的理論基礎。此「本體論」、「義務論」、「工夫論」、「目的論」四元架構可總結如下：「本體論」是指如何構思自我與自身的關係，或說兩種自我之間的關係。相關的構思決定「工夫論」的運行及自我轉化過程的方向。「義務論」是指自我修養與社會、政治、宇宙的關係，並提供某種生活秩序的道德合法化。「目的論」則是指自我對自我以及對他者下工夫時，期望達到的理想狀態。換句話說，通常本體論設想現實自我與理想自我之間的等級結構，義務論要闡明自我與他者關係中的道德標準，目的論負責說明不同境界的高低落差，而工夫論便是要將此目的實現於日常生活之中。

　　根據傅柯的研究，可以把歐洲修養史分成三大階段：古代（希臘、羅馬）、基督教、現代。基於此，他分析三種修養模式的特殊性，以及三者之間的歷史關係。《快感的使用》的焦點在於古代和基督教修養觀的對比，但也包含許多關於現代階段的暗示。古代與基督教修養模式的差異可總結如下：

　　其一，古代本體結構以「性活動」與「理性」的等級為核心。欲望和快感被承認為人性中自然而不可忽略的力量，與理性的力量進行自我內部的鬥爭。在基督教時期，本體結構則是由罪惡的「肉體」與絕對超越的「上帝」之間的落差構成的。其二，古代的（至少是古希臘的）義務論以生存美學為焦點。其所蘊含的「工夫道德」與基督教中所發展出的「普遍道德」（要求服從法規）具有原則上的不同。其三，在工夫論方面，古代偏向以主宰欲望和快感為主的自我風格化或自我創造。基

督教反而追求欲望的滅絕，並重視「欲望的詮釋學」，以及自我淨化的宗教工夫。其四，古代自我修養的目的在於「完美的自我主宰」；其所蘊含的理想人格能主宰自己的欲望，是實現自由且明瞭真理的有節制的人（蘇格拉底作為理想人格的典範）。基督教的聖者不然，他追求欲望的棄絕，因為對欲望的執著違背上帝的意願。

　　傅柯如何看待修養哲學的現代處境？對此《性史》只有間接的表述，但課程和晚年的訪談提供相當清楚的資料。就他而言，現代修養論中，古代的「美學修養」與基督教的「精神修養」相互交錯，甚至是相互抗衡的。前者的現代呈現為波特萊爾式的「自我創造」，後者則以佛洛伊德式的「自我發現」為代表（傅柯認為心理分析繼承了基督教自我辨認的傳統）。基督教及心理分析為《性史》卷3的共同批判對象。其實，在傅柯晚期思想中，古代與現代修養論的關係是他一再探索的難題。因此很難判斷傅柯究竟是偏向以蘇格拉底或是以波特萊爾為典範的工夫論。如果說，兩者之間的弔詭關係是由《快感的使用》所呈現但卻無法解決的「問題性」，那麼，傅柯研究歐洲修養史的內在動力就顯得更加明確。

第二部
創意工夫

第四章

自我發現與自我創造

一、古代歐洲哲學中的精神修養

　　歐洲18、19世紀的哲學以建立理論體系為核心取向，而20世紀的重要發展軸線則是對體系的反駁。在此過程中，哲學與形上學以及宗教區分愈益明確。並且形上學的哲學出現兩種相互對立的發展傾向：哲學的「科學化」與哲學的「生活化」。「科學化」或「形式化」是指實證主義、知識論、邏輯學、方法論、語言哲學、分析哲學的推動，即是思辨線索的再度進展；「生活化」的傾向則在生命哲學、現象學、存在主義和馬克思主義（尤其是新馬克思主義）中呈現。後者涉及對日常行為、具體實踐、身體、物質文化、生活美學等問題的關注，因此特別著重哲學與生活方式的關係。

　　本章有關「自我修養」的討論從兩本深具影響力的著作出發：阿多（Pierre Hadot）的《精神習練與古代哲學》（*Exercices spirituels et philosophie antique*）和傅柯的《性史》，尤其是《性史》的卷2《快感的使用》。雖然阿多對古代希臘、羅馬的研究直接影響了傅柯投入古代哲學的研究轉向，

然兩者的修養哲學明顯不同。筆者認為，兩者代表歐洲修養史研究的不同進路：阿多著重「自我發現」，傅柯著重「自我創造」。換言之，阿多代表一種以「精神」為中心的修養模式，而傅柯的修養模式則圍繞著「創造性」。本章分析阿多和傅柯修養論之差異，並藉此對傅柯所謂「生存美學」及其對創造性的崇拜提出質疑。

「接近古代的哲學著作時，始終必須想起『精神進展的觀念』（l'idée de progrès spirituel）。」[1]阿多強調，古代西方哲學與現代哲學不同，前者並不是以理論及哲學家的思想體系為主。現代哲學的目標在於建構有體系的抽象話語，而且不斷追求理論上的突破，古代哲學則重視「精神進展」。兩者的差異顯而易見。根據阿多的研究，古代哲學甚至任何名符其實的「哲學活動」（activité philosophique），首先意味著對「生活方式」的抉擇。順此脈絡，哲學的話語只不過是生活方式的延伸，哲學家對生活的抉擇將決定他的話語發展。

當然，理論和實踐的關係是現代哲學，尤其是倫理學必須面對的問題，但針對馬克思主義以社會革命為目標的「實踐」，阿多所謂「生活的抉擇」是指個人的革命。因此，其「實踐」不指單一的「實踐」，而是複數的「實踐」（pratiques, practices）。「實踐」把現實的日常生活和理想的生活方式連接起來。相較於「實踐」而言，「工夫」（askêsis）或「習練」（exercice），更是蘊含著要求自我轉化的修養活動。就阿多所探討的古代西方哲學而言，「生活之徹底轉變」

1　Hadot, *Exercices spirituels et philosophie antique*, p. 206（英59）.

（changement total de vie）或「整個存在的轉折」（conversion de tout l'étre），[2]必然具有向「上」、精神化的趨勢。[3]因此，阿多所謂的「精神習練」（exercices spirituels）是指自我提升的過程，因此「精神進展」的目標是有「智慧」的狀態或「賢哲」的境界。[4]他進而強調兩種「精神習練的實踐」，[5]即基督教的工夫主義和古代的哲學工夫之間的差異，然其更重視的是「古代之精神性」和「基督教之精神性」的連貫性。[6]傅柯則反將「基督工夫」與「哲學工夫」對立起來。阿多所提倡的修養模式基於傳統形上學的主體範式，主張「激情」（passion）與「精神」的等級秩序。一旦設定兩者之間的價值等級，修養工夫便具有向上提升的趨勢。這樣的模式可稱之為「向上修養」的模式或精神修養。

　　儘管各個學派所修的工夫有所不同，但共同點在於透過工夫實踐來確保「向智慧之理想狀態的精神進展」（progrés spirituel vers l'état idéal de la sagesse）。[7]在一般人的日常生活中，激情以及各種非理性的欲望通常受到重視，而向智慧之理想狀態的追求反被忽略，因而「生活〔或譯生命〕（命）之徹

2　Hadot, *Qu'est-ce que la philosophie antique?*（Paris: Gallimard, 1995）, p. 18.

3　因為古希臘文ἄσκησις（askêsis）的主要意義是「習練」（包括日常生活中的習練、精神的訓練和軀體的鍛鍊），所以阿多用法文的exercice來解釋askêsis（參閱Hadot, *Qu'est-ce que la philosophie antique?*, pp. 289, 291）。參見本書頁86註腳38。

4　Hadot, *Qu'est-ce que la philosophie antique?*, pp. 19, 334-352.

5　Hadot, *Exercices spirituels et philosophie antique*, pp. 14-15（英82）.

6　Hadot, *Qu'est-ce que la philosophie antique?*, p. 23.

7　Hadot, *Exercices spirituels et philosophie antique*, p. 206（英59）.

底轉變」與一般的日常生活容易產生對峙。哲學家乃顛倒「正常」生活中的基本秩序而把一般人的日常生活視為不正常、無自覺或不明真實的狀態。由此而產生「哲學家在人類世界中的特異性」（l'étrangeté du philosophe dans le monde humain）。[8] 雖然哲學家所追求的生活方式以超越現實生存的理想為標準，然根據阿多的詮釋，古代哲學並非把日常的生活與超越的智慧對立起來，分別為兩種日常生活。阿多以看似矛盾的說法解釋此情況：哲學家在日常生活中，追求徹底脫離日常的陌生化生活。換言之，哲學家追求有覺知的、精神化的日常生活，以能夠在日常生活當中超越日常狀態，並且把無覺知的、底層的、被各種激情所誤導的生活方式視為病態。當阿多主張哲學不應化約為抽象理論的教學或文獻的註解，而寧可視之為一種工夫或「生活藝術」[9]時，他實將哲學理解為一種「治療方法」：

> 對於所有的哲學學派而言，造成人受苦、紊亂、無知的最主要原因是激情：無節制的欲望及過度的擔憂。憂慮的主宰阻礙人們生活的真正能力。哲學因此首先顯現為一種對激情的治療。〔……〕每個學派都有屬於他們自己的治療方法，但其治療也都與個人的眼光及存在之深刻轉化相關聯。這些精神習練是以實現這種轉化為目標的。[10]

8　Hadot, *Exercices spirituels et philosophie antique*, p. 205（英 58）.

9　Ibid., p. 16（英 83）.

10　Ibid., pp. 16-17（英 83）.

由此看來，精神習練是指自我轉化的過程，而其目標則是一種實際上難以達到的真正「健康」、「正常」，甚至「自然」的狀態；此狀態就是「智慧」，也是「激情治療」的終極目的。拿斯多葛學派的用語來說，「智慧」是指一種能夠完全順著「普遍理性」的生活方式。因此，以哲學為生活方式也具有複雜的理論內涵，其中尤為重要的是「精神」（理性、覺醒精神、覺知、意識）的優先性。就阿多而言，古代哲學的修養工夫蘊含著以轉化個人日常生活方式為目標的「自我醒覺」（prise de conscience de soi）過程。哲學家重視生活，但他的日常生活並非一般的日常生活，而是謹言慎行，以期將日常生活嚴格地精神化、理性化。

精神習練有哪些較具體的內容？他指出：

然而，所有這些學派，尤其要實踐一些習練，目的在於向智慧之理想狀態的精神進展，或各種理性的習練（exercises de la raison），對靈魂而言，它們類似於運動員的鍛鍊或醫學療法的實踐。一般說來，這些習練主要包括自我控制與沉思。自我控制基本上是對自身的關注：在斯多葛學派是一種高度戒慎，在伊比鳩魯學派則是對不必要欲望的棄絕。它總是意味著一種意志的努力、對道德自由及自我改善之可能性的信念；一種透過自我檢視的實踐和精神指導所精煉出的敏銳道德意識；普魯塔克特地作了精確描述的各種實踐習練（exercises pratiques），如：控制自身的憤怒、好奇心、言辭、貪財之心，從最簡易的事情開

始習練以逐漸養成穩固的生活習慣。11

更具體來說，上述的工夫實踐包含「對當下的專注」、「對話」及「對死亡的沉思」等習練。無論是斯多葛學派還是伊比鳩魯學派，古代哲學中的「當下」（présent），都基於對一般生活享受及欲望滿足的否定和超脫。過著充滿覺知的生活接近於充分的自我控制，而哲學工夫的目的則是讓學者在每一片刻都完全覺知到自己及自己的行為。12這樣的當下並非意指過去與未來之交界線，不是抽象的、數理意義下的無限小片刻，而是指活生生的當下（présent vécu），此當下具有「厚度」（épaisseur）。13就阿多而言，當下意味特殊的時間經驗，而在古代哲學中尤其是斯多葛學派及伊比鳩魯學派對此體會特別深刻。14另外，當下也意味著「醒覺」，亦即發現「真我」，並超脫含有私欲的異化狀態。若要實現「當下」，就必須透過反省的工夫，尤其是「良心的省察」（examen de conscience）。15「醒覺」首先要體會「自我的雙重性」，體會兩種自我之間的落差，即現實的被激情所奴隸的我，與理想的、和「普遍理

---

11 Hadot, *Exercices spirituels et philosophie antique*, p. 206（英 59）.

12 Hadot, *Qu'est-ce que la philosophie antique?*, p. 295.

13 Ibid.

14 在歌德（Johann Wolfgang Goethe）和尼采的著作中，阿多也找到了相應的資料。參閱Pierre Hadot, *N'oublie pas de vivre: Goethe et la tradition des exercises spirituels*（Paris: Albin Michel, 2008）。

15 法文容易能夠表達「醒覺」與「良心檢視」的連接關係，因為conscience含知覺（意識）和「良心」之義；英文則有consciousness和conscience的區分。

性」（raison universelle）為一體之我（賢哲）的不同。可見「當下」有「存在」與「道德」的兩種意涵。一方面要過更真實、更自由、更平靜、更幸福的生活，同時，此生活方式也要符合嚴格的道德標準。

如何判斷精神進展之程度？自我反省或阿多所謂「自我專注」（concentration sur soi）有多種方法，如對話、夢之分析、寫信、寫日記、寫筆記、沉思等等。就阿多而言，蘇格拉底式的對話為一種實踐自我反省或良心檢視的精神習練。經由與他者的對話，使對方產生自我與自身的對話；而對話中對真理的追求，則直接牽涉到所謂「知汝自身」的問題。阿多認為「知汝自身」首先要求人們知道自己不是賢哲（se connaître comme non-sage），[16]亦即知道自己不是sophos〔σοφός〕（哲人、智者），而是philo-sophos〔φιλό-σοφος〕（智慧的愛好者或追求智慧的人）。在此精神進展中，人人不得不認清自己目前所處的狀態及程度。每個學派對精神進展的程度各有判斷標準，因此阿多通常強調：作為生活方式的哲學及其相關的生活抉擇，是與特定學派分不開的。這種生活選擇不是個人能獨自實現的事情。阿多說：

　　任何哲學或哲學家都離不開團體或社群，一言以蔽之，離不開哲學學派。而精確來說，任何哲學學派首先對應著某種生活方式的選擇、某種生活的選擇、某種生存的抉擇：要求個人徹底轉變生活、扭轉整個存在（conversion de

---

16　Hadot, *Exercices spirituels et philosophie antique*, p. 31（英90）.

tout l'être），並最後相應於對某種存在及生活方式的欲求。這種抉擇同時也包含某種世界觀，哲學話語的任務乃是將此生存的抉擇與世界的表象予以理性地揭露及證明。理論哲學的話語乃源於此原初的生存抉擇並重新返回於此，因為促使師徒真正依照他們原初的選擇過生活，或說貫徹某種生活理想，此乃賴於理論哲學話語的邏輯性及說服性之效力，以及其對交談者所起的作用。17

在這樣的情況之下，對話式的工夫才有可能，反之，則無法進行「知汝自身」的判斷，無法知道自己在存在上和道德上的真正狀態。除了與他者對話外（包括與所謂精神導師〔directeur spirituel〕及朋友通信在內），阿多也指出「與自己對話」（dialogue avec soi）的重要性。通常寫日記或筆記可產生謹言慎行的作用，尤其是斯多葛學派盡量每天寫日記，對自我的生活經營做評估，而且記下自己的過錯。在此過程中，「沉思」（méditation）的目的在於默記而掌握某種學派的基本教義及生活規則。18因此，學者在日常生活的任何情況中，能夠立刻記起某些非常簡單而且清楚的主要原則。透過這類的習練，學者才有希望活在「當下」。

「當下」在古代哲學中具有「神秘」的含義，因為牽涉到個人和宇宙、片刻和永恆融為一體的觀念。因此，「當下」除「自我專注」之外也涉及所謂「自我擴展」（expansion du

---

17　Hadot, *Qu'est-ce que la philosophie antique?*, p. 18.

18　參閱Hadot, *Exercices spirituels et philosophie antique*, p. 270（英59）。

moi）或「自我在宇宙中的擴張」（dilatation du moi dans le cosmos）。「自我專注」和「自我擴展」之辯證與精神習練中的「死亡習練」（exercice de la mort）相關。精神習練是「自我發現」的過程，但此自我發現並非自我中心的活動。相反地，自我發現雖然要透過對日常生活的謹慎關注，但同時此習練也蘊含某種超越自我的傾向，因為「真我」與不偏私的且客觀的理性（le Raison impartiale et objective）[19]合為一體，達成內心與宇宙的融合。雖然斯多葛學派和伊比鳩魯學派的宇宙論及其「物理學」顯然不同（前者為整體論，後者為原子論），[20]兩學派對「自然」的研究卻都有其「倫理的目的性」。作為精神習練的「自然科學」要讓人體認自己的限制和無常。人生最明顯的限制是死亡，而針對死亡，古代哲學特別突出精神與激情之間的等級（蘇格拉底戲劇性的死亡成為了哲學家面對死亡的模範）。「死亡的習練（exercice de la mort）是修習斷絕自身個體及欲望的工夫，以便用普遍及客觀的角度觀看事情。」[21]精神習練的出發點是擺脫有關於肉體和感官的、偏私的、帶有激情的角度。阿多以羅馬「哲學皇帝」馬可・奧勒留（Marcus Aurelius）[22]為例。奧勒留強調：應該把每一天視為最後一天；他還認為：如果一個人不斷地面對死亡，他絕不會有任何底層

19　Hadot, *Qu'est-ce que la philosophie antique?*, p. 302.

20　Ibid., p. 201.

21　Hadot, *Exercices spirituels et philosophie antique*, p. 50（英 95）.

22　參閱 Pierre Hadot, *La citadelle intérieure, Introduction aux* Pensées *de Marc Aurèle*（Paris: Fayard, 1992）。

的想法或過度的欲望。23「當下」的實現在於真正幸福的每一天，甚至每一片刻，都是完整的。因此塞內卡（Seneca）強調，片刻的智慧等於永恆的智慧。理想的生活方式的每一片刻就是如此的完美，而賢哲在每一片刻都能實現自己的生命，在每一片刻也都能自由自在地面對死亡，以達到精神習練最高的境界，即「精神平靜」：

> 幸福便是全然的幸福，如同一個圓圈，不論小或大。一齣舞蹈或戲劇，一旦中斷即不完整，而道德行動與此兩者不同，它在每一片刻皆是全然的完美。這樣，一個當下片刻便等於生命全部。對此也可以說：我實現了我的生命，我已經擁有所有我能期待從生命中得到的。所以我可以死去。24

二、從修養到美學

依據阿多對「精神習練」的討論，修養工夫是古代歐洲哲學的主要內容。基督教也並非例外，因其在3、4世紀大量吸收和轉化了希臘、羅馬哲學的修養哲學。然在17、18世紀，哲學逐漸脫離宗教的範圍，不願再當「宗教的僕人」。自笛卡兒以來，現代哲學走上了思辨化、體系化的道路，從而喪失了古代哲學的修養內涵。面對這樣的現代處境，阿多志於返回古代哲

23　Hadot, *Qu'est-ce que la philosophie antique?*, p. 296.

24　Ibid., p. 297.

學作為生活方式的意義，以對治現代生活之病。傅柯曾經深受阿多的啟發，但他對古代修養哲學的研究與阿多截然不同。傅柯大體上避免「精神習練」一詞，而以「生存美學」、「生命技藝」等詞彙取代之。

阿多藉由「精神進展」將修養與精神聯繫起來。傅柯反而強調以創造性的開發來串聯修養與身體。阿多的修養論基於傳統的形上學架構，尤其是精神（靈魂、理性、意識）的優越地位，或說精神與身體（包含形體和激情）之間的等級秩序。各種宗教皆需要類似的等級結構來說明某種昇華的目的。此主張與現代歐洲哲學中的重要因素容易形成對比，即「去等級化」的趨勢。「去等級化」是指對基督教和形上學的批判、對身體和美學化的肯定，而且涉及政治（民主）、知識（科學、技術）、經濟（資本主義）、社會（男女平等）等各方面的發展。針對個人層面，筆者將此趨勢總結為「創造化」。一旦由此看歐洲文化史，則可發現，「創造性」具有極其複雜的歷史背景，指的是「創造性」自中世紀末以來逐漸世俗化的過程。在此過程中，「人」超脫「模仿者」的角色（模仿被創造的世界）而成為「創造者」。這是傅柯革新修養哲學的重要歷史文化背景。

傅柯把希臘、羅馬的「工夫論」與「波特萊爾式的現代性」（modernité baudelairienne）[25] 聯繫起來。他看似討論古代的「生活技藝」，事實上則開始思考當代生活的美學化與「科技」的關係問題。藉由「創造性」與「科技」的聯繫，傅柯脫

25　DE IV（No. 339），p. 570（英311）.

離阿多對古代哲學的懷古心態，而觸及藝術／技術／科技的發展如何滲透到「主體」的形成和運作。此研究方向引起了許多疑問。傅柯晚期思想是否放棄了批判性的「權力分析」，而美化了古代的菁英文化？是否在西方個人主義的自我崇拜上推波助瀾？從詮釋學的角度，傅柯處理古典文獻是否過於片面？透過他對古代自我修養的探索，真能發展符合當代的生活藝術之哲學？在這些疑問中，「創造性」與「生存美學」的複雜關係被忽略。無論是在美學、科學、政治或經濟的領域，「創新」和「創造性」不僅變成了普遍的生活目的，也似乎成為「自由」最具體的呈現。[26] 在這樣的情況下，傅柯乃透過對古代希臘、羅馬的自我修養，以革新現代的主體範式。此革新也可以理解為從現代自我觀到後現代自我觀的轉化：現代自我觀以理性為核心、並追求自我的「理性化」；而後現代的自我觀，則是以創造及追求自我的「創造化」為核心（「理性化」與「創造化」間的複雜關係在此略而不談）。

　　傅柯避免使用阿多詮釋古希臘、羅馬哲學的兩個關鍵詞：「精神習練」及「賢哲」（sage）。在阿多看來，精神習練同時伴隨自我往內在本質（真我）的追尋，以及往外在宇宙的擴展。兩者的關係是辯證的，因為自我的專注與自我

---

26 "Through these meetings I have understood that most of us share the same very general views concerning the meaning and the goal of our intellectual work, the usefulness of interdisciplinary research, and the necessity of excavating our own culture in order to open a free space for innovation and creativity," Luther H. Martin, Huck Gutman, Patrick H. Hutton（eds.）, *Technologies of the Self: A Seminar with Michel Foucault*（Amherst: Massachusetts UP, 1988）, p. 163.

的擴展是兩種「相對而互補的動向」（mouvements opposés et complémentaires）。[27]精神的進展包含精神的宇宙化，以及宇宙的精神化。換句話說，賢哲能夠調解兩者而體悟精神深處與宇宙（普遍理性、大自然）實為一體的兩面。賢哲在任何情況之下都能保持同一性，保持內在的平靜（tranquillité intérieure）及內在的自由（liberté intérieure）。[28] 面對社會環境的各種衝擊，賢哲的「內在堡壘」（citadelle intérieure）顯得堅定不移。

　　傅柯對古希臘、羅馬修養哲學的討論，明確擺脫了阿多一再強調的精神和宇宙的關係以及賢哲的理念。如果說「精神」是指內在的主體，而「賢哲」是指理想的真我，傅柯為何避免這些概念則不難理解。傅柯修養論立基於「自我創造」與「自我發現」、「主體化」與「主體」的分辨之上。傅柯的修養典範也不是覺心不動的賢哲，而是詭譎多變的藝術創作者。

　　傅柯《性史》卷2、卷3的文筆特別含蓄，讓讀者認為，此書主要在整理古代思想的資料而缺乏明確的見解。但若讀過傅柯相關的訪談錄和對話後，再回頭細讀這兩本書，便較能看出其中的結構安排，以及他隱晦的書寫方式。此外，傅柯亦使用此方式來掩飾他解讀古代希臘、羅馬修養論的一些困難。例如，在一場訪談中傅柯說道：

　　　所謂當代自我崇拜的宗旨在於發現真我，並且將真我與遮蔽它或異化它的因素區分開來，這乃依靠心理知識或心

27　Hadot, *Qu'est-ce que la philosophie antique?*, p. 291.

28　Ibid., pp. 338-339.

理分析工作來辨認自己的真理。此外，我不僅不將古代的自我修養〔或譯「古代的自我文化」（la culture antique de soi）〕與所謂當代的自我崇拜等同視之，反而認為它們是截然對立的。所發生的，正是古典自我修養的逆轉。此逆轉在基督教中產生，來源是必須棄絕「自我」的觀念（因為對「自我」的執著使人與上帝的意志對立），而這種觀念取代了將自我如同藝術品那樣加以建構和創造的觀念。29

傅柯把「自我發現」與「自我創造」（或自我建構）的對比放在廣泛的歷史脈絡下來說明，強調古代自我修養與基督教及當代「自我辨認」（déchiffrement de soi）的差別。除「自我辨認」之外，他也使用「自我的詮釋學」及「欲望的詮釋學」來指明他所批判的發展。30將基督教的告解工夫與心理分析放在同樣的歷史脈絡中看待，已經是《性史》卷1（《知識的意志》）中的思考進路。消除或解放欲望這兩種看似對立的態度之間具有重要的共同點，即是對「欲望」的重視或說「欲望人」（l'homme de désir）的前提。雖然寫《知識的意志》與《性史》卷2、卷3之間，傅柯思想經過了轉向，然三卷的共同意向在於撰寫「欲望人的歷史」。傅柯試圖藉由「欲望人的系譜學」31來走出「欲望人」的當代陷阱。他批評「性特質部署」（dispositif de sexualité）以展開另一種生活的可能，即「另一種

---

29 DE IV（No. 344），p. 624（英271）；DE IV（No. 326），p. 402.

30 可參閱UP, pp. 11-12（英5-6／中125-126）。

31 UP, p. 18（英12／中130）.

身體和快感的經濟」（autre économie des corps et des plaisirs）[32]。《知識的意志》僅是提出初步構想，而卷2、卷3便以「生存美學」、「生活藝術」、「自我藝術」、「自我技術」等概念來加以闡明。

根據傅柯，「發現真我」的模式有兩種。兩者都是從分辨真我與遮蔽或異化真我的因素開始。基督教把真我的異化歸結於欲望或激情本身，因此辨認及根除欲望成為基督教工夫論的主要內容。以心理分析為代表的欲望模式則在理論上肯定欲望，並認為真我就是欲望本身，因此把真我的異化歸結於社會規範和道德教條對欲望的壓抑。於是發現真我與性欲的解放有著聯繫。當然，傅柯基本上肯定性解放運動，但《性史》的確也試圖走出「欲望人」的話語，突破性壓抑與性解放的刻板對比。他研究古代修養哲學的動機在於會通古今，繼而透過對古代修養的檢討來構想另一種與「我們現代性」相應的新修養模式。

阿多也注意到古代工夫與基督工夫之間的差異，就是「工夫」（askêsis）由「習練」到「苦行」（或「禁欲」）的發展。兩者都屬於傅柯所謂「自我發現」或阿多所謂「激情治療」的模式。傅柯強調兩者之間的斷層，從「自我發現」及「欲望人」的問題化切入對「自我創造」的討論，進而探尋古代與當代自我觀之間的呼應關係。他如何處理古代與當代的差異？首先，兩者的關係曖昧難辨：一方面他在訪談裡指出古代的修養論只有某種參考作用，其復興或任何的回歸都是不可能的；另

32　VS, p. 211（英159／中119）.

一方面，從他在《性史》卷2、卷3中常用的關鍵詞，如「生存美學」、「生活藝術」、「自我技藝」等，又可看出他對古代生活方式的高度認同。傅柯一方面要進行嚴謹的學術研究，但同時又把寫作的過程視為一種「哲學習練」（exercice philosophique）或「自我習練」（exercice de soi）。[33]這兩方面之間的張力，在《性史》中不由自主地表達出來。傅柯強調，古代的自我修養將「自我」視同藝術品般加以創造的對象。但他所討論的古代資料能否支持如此激進的見解？

　　傅柯眼中的古代「自我創造」有哪些內容？古代自我修養如何避免「欲望人」的思想架構？對他而言，「欲望是否有罪」是區分古代哲學與早期基督教的關鍵問題。羅馬時期的修養論是古希臘和基督教之間的過渡階段。傅柯也承認，「欲望」在斯多葛學派時已開始被斥責，但他的主要判準在於「欲望」及「性活動」本身是否被看成是罪惡或原罪。[34]因此，「自我創造」與「自我發現」的區別是指兩種對性活動的「問題化」。阿多以「激情治療」為古代修養的主要內容。「激情」被看成疾病，而哲學家的作用類似於醫生（其專業為哲學治療），並且各種學派的基本教義則代表不同的治病方法。但對傅柯而言，把「激情」或「欲望」看成病態已接近「罪惡」甚至「原罪」之說，因此他避免將「工夫」視為「治療」的方法。[35]由此看來，在他的修養論中，「工夫」基本上屬於「自我

33　UP, p. 15（英9／中128）.

34　UP, p. 58（英48／中158）；SS, pp. 273-274（英239-240／中548-549）.

35　UP, p. 112（英98／中203-204）.

創造」，「治療」反而屬於「自我發現」的領域。

　　古代對欲望和性活動的質疑並不是從病理學或罪惡切入，而是以「是否善用的問題」（question de bon usage）為中心。[36]然要了解古代的自我修養與「創造性」的關係並不容易，因為「使用快感的藝術」[37]首要觸及的飲食男女方面的「節制」（tempérance）和「過度」（excès）問題。傅柯指出：

> 在基督教關於肉體的教義中，快感之過度力量的原則落在了人之自然本性有史以來的墮落〔原罪〕及缺陷上。對於古典希臘的思想來說，此力量自然地傾向於過度，因而道德的問題在於知道如何面對此力量、如何主宰及恰當地節制它。因為性活動是處在一種被自然所安排、然卻易被濫用的力量遊戲之下，所以它乃接近於飲食及由飲食所引出的一些道德問題。[38]

　　基督教工夫論的出發點或「本體」（傅柯也稱之為「倫理實體」）[39]是「肉體」（chair），而古希臘工夫論則以「性活動」（aphrodisia〔Ἀφροδίσια〕）為核心。「性活動」、「肉體」及現代的「性特質」（sexualité）有所不同。[40]「肉體」與「性欲」都歸類為欲望中心論，但在「性活動」中，欲望僅是

36　UP, p. 62（英52／中161）．

37　UP, p. 70（英59／中167）．

38　UP, pp. 60-61（英50／中160）．

39　UP, p. 33（英26／中141）．

40　UP, p. 50（英41／中152）．

三種相互關聯的要素之一。[41]若要表明傅柯所謂「自我藝術」的主旨，最恰當的說法可能是「力量的遊戲」（jeu des forces）。在基督工夫（苦工夫、禁欲）中，靈魂與肉體的關係不是「遊戲」般的，反而是處於毀滅性的緊張戰爭中。儘管在古希臘哲學中「靈魂」與包含欲望和快感的「身體」具有上下的等級關係，但遊戲的比喻[42]也蘊含著「身體」被肯定為理所當然的、不可磨滅的參與者。

三、自我創造與現代性

尼采對古典希臘的解釋特別強調競賽和競爭的重要性，以反駁18、19世紀德國學者對古希臘文化的過度美化和理想化。另外，班雅明探討波特萊爾著作中的英雄式現代性及「浪蕩子主義」（dandysme）時，也涉及「擊劍者」（Fechter）和「遊戲者」（賭徒；Spieler）的形象，來指出波特萊爾如何融合藝術及尚武的隱喻。[43]傅柯的「生存美學」也非常重視「遊戲」的概念。在他著作中，「真理遊戲」一詞包含知識與權力的複雜關係，生存美學也脫離不了「力量〔能量〕遊戲」中「權力關

41　UP, p. 52（英42／中153）. 三要素為「行動」（acte）、「快感」（plaisir）和「欲望」（désir）。根據傅柯的另一種說法，性行為可分辨為以上三要點：古希臘性行為的「公式」以「行動」為主，而基督教和現代的公式以「欲望」為主，中國的房中術則以「快感」為主。 參閱DE IV（No. 326），p. 400（英268-269）。

42　UP, pp. 77-80（英65-69／中171-174）. SS, pp. 84-85（英67-68／中402-404）.

43　參閱Walter Benjamin, *Charles Baudelaire: Ein Lyriker im Zeitalter des Hochkapitalismus*, in *Gesammelte Schriften* I.2, pp. 570-573, 632-637。

係」（rapports de pouvoir）、「戰略關係」（rapports stratégiques）和「頡頏關係」（rapports agonistiques）。

從傅柯的思想發展來看，以自我創造和能量主體為中心的修養論並非特例，[44]因此他晚期的思想和之前的研究焦點（即知識與權力）之間仍有密切聯繫。相關的問題頗為龐雜，在此無法詳細展開，但必須提點的是：傅柯從權力關係問題及社會批判出發，並由此切入修養工夫與倫理的關係。阿多相信：古代工夫論對「現代人」（l'homme moderne）也能提供某種未過時的「倫理模型」；他認為，傅柯所提出的自我修養過於美學化，且類似「浪蕩子主義的新型態」。[45]在阿多看來，兩種修養論不能混為一談：一方面是具有宗教或宇宙論內涵的道德修養，另一方面是偏向美學享樂的自我實現。從「精神習練」的修養模式來看，傅柯所謂「自我技術」能否稱得上「工夫」仍值得商榷。他從阿多對古代精神習練的研究獲得啟發，對古代修養論深感共鳴，但同時也促使了修養的美學轉化。阿多或許是一位有真知灼見的保守主義者，在哲學領域中能反映出各種精神傳統的現代化潛能。傅柯反而是另一種發展的重要領航者，因為他促使古代的修養哲學與當代生活的「美學化」出現會通的可能。

平心而論，傅柯所開闢的研究領域的確有巨大的發展空間，因為生存美學不僅涉及身體、性及創意的解放，更是隱含

44　參閱DE IV（No. 358），pp. 735-752（英382-390）。傅柯在此藉由《性史》的某些觀點，將當代同性戀及S/M的地下文化看成為創意生活的模範。

45　Hadot, "Réflexions sur la notion de 'culture de soi'," p. 267.

著對「現代性」的深刻內在批判。在〈何謂啟蒙？〉中，傅柯特別說明了修養與批判的關係。「工夫」與「波特萊爾式現代性」的奇特呼應該如何展開，可說是傅柯晚期思想所面對的重要問題。回答的起點是自我發現與自我創造的分辨。為此，傅柯式的「創意工夫」與阿多所謂「精神習練」產生了鮮明對比。阿多相信，古代的修養哲學對「現代人」仍然具有現實意義，但在他著作中的「現代人」只是一個相當模糊的形象，其中幾乎看不出傅柯所謂「現代性的態度」。[46]在阿多看來，「精神性」和「現代性」沒有必然的關係。但對傅柯而言，「創造性」是「現代性」的核心理念，而「創意工夫」則意味著「現代性的態度」或「界限態度」[47]的習練和培養。他首先把現代性視為生命態度而不是一個歷史時段，因而閃過「現代」與「後現代」的關係問題。由此看來，「後現代」只不過是現代態度的內部轉折。波特萊爾認為，「現代性」與歷史哲學所推崇的「進步」無關。[48]他的「創新」沒有歷史上的終極目的，更是在「當下」活著的強度。傅柯指出，根據波特萊爾所言之現代性是「一種將當下『英雄化』的意志」（volonté d' "héroïser" le présent），或者說「重新抓住某種永恆，不是超於當下片刻之外或隱於其後，而是在當下片刻之內的永恆。」[49]傅柯是這樣總結波特萊爾的新修養論的：

46　DE IV（No. 339），568（英309）.

47　DE IV（No. 339），574（英315）.

48　Benjamin, *Charles Baudelaire*, p. 687.

49　DE IV（No. 339），569（英310）.

自願的現代性態度與一種不可或缺的工夫主義
（ascétisme）相連結。現代的存在方式，不是要接受在流
逝片刻中的自我，而是將自己視為一個複雜嚴屬的形塑
（élaboration complexe et dure）對象：按照當時的語彙，波
特萊爾稱之為浪蕩子主義。我不再重複那些早已為人熟知
的篇章：關於大自然是「粗野、世俗、污穢不堪」的篇
章；關於人與其自身之間不可避免之抗爭的篇章；以及有
些篇章關於「雅致的教義」將比最恐怖的宗教更為專制的
紀律強加在「其雄心勃勃和謙卑的信徒」身上；及最後談
及浪蕩子（dandy）的工夫主義，要使他的身體、行為舉
止、感覺與激情、生存皆變為藝術品。現代人對波特萊爾
而言，不是尋求發現自己、自己的秘密、自己被隱蔽的真
理，而是尋求發明自己。此現代性不解放自己的存在本
身，而強迫人執行形塑自己的任務。50

傅柯又說：「波特萊爾式的現代性是一種工夫，而其中對
現實的極度關注與既尊敬又違犯現實的自由實踐是相抗衡
的。」51反思以上的引文可發現，傅柯與阿多論及當下及日常生
活在結構上有些相似，但在內容上卻相差甚遠。「精神習練」
中的「當下」基於兩種日常生活的區分，因此追求「智慧」必
須先與一般日常生活產生斷層。這樣的斷層是真正實現「當
下」及精神昇華的起點。傅柯所謂「工夫」也包含與日常生活

50　DE IV（No. 339），pp. 570-571（英311-312）.

51　DE IV（No. 339），p. 570（英311）.

的斷層，以及對現實的「違犯」，但傅柯稱此斷層為「啟蒙」或「對我們歷史存在的持續批判」（critique permanente de notre être historique）。[52]透過這種批判，自我才能建造自身而成為「自律主體」（sujet autonome）。「創意工夫」的原則是「一個對我們自身所處的自律性之持續批判和創造的原則」。[53]然而，此「自律性」不是「內心的自由」，而是從一再投入參與現實的社會和政治生活而淬鍊出來的自由。

　　傅柯連接修養論與生存美學的創舉，不能簡單批評為個人的享樂主義。他從現代（或前衛）藝術所推崇的「界限態度」理解「美學」和「藝術」，進而連接創意工夫與當代生活。如果說「自我發現」是指發現真我而回復本性的修養過程，「自我創造」則指自我對自身的製造和建構。簡言之，自我創造追求現實自我的突破以促進前所未有的創新。就傅柯而言，界限態度與社會的諸種實踐不可分，所以自我創造也可包含社會的批判及社會運動的參與。這樣的可能顯然超出阿多修養論的古典想像，而使傅柯別開生面的修養論得以顯現出獨特的「新外王」潛能。

　　若要進一步分析自我發現和自我創造的分辨，尤其需要探索主體和主體化的區分這一主題。此區分涉及20世紀歐洲哲學的焦點之一，即對「主體」、「內在性」、「心理學」的批判。德勒茲清楚地看到此主題在傅柯思想發展中的重要性。他指出：「傅柯總是不斷對內部性（l'intériorité）進行徹底的批

52　DE IV（No. 339），p. 571（英312）.
53　DE IV（No. 339），p. 573（英314）.

判。」[54]對阿多「精神習練」的探討也面臨此問題，但原為古希臘、羅馬文獻專家的阿多對當代哲學的困境則缺乏深刻體會。就歐洲的修養史來說，「創意工夫」的來源是對「精神習練」（尤其是基督教工夫論）及其形上學背景的強烈批判。創造力的開發基於突破精神性與理性對身體、欲望、激情等的約束。由此看來，當代歐美思想關於身體、欲望、性解放等的話語，有助於開發創造性。傅柯強調古代的修養觀不可能原封不動地直接套用在今日的生活處境中，但他同時又以跨古今的「生活技藝」掩蓋此差異。一般認為，古代甚至整個歐洲的藝術傳統，一直到19世紀，可視為以「模擬」（mimêsis〔μίμησις〕）為中心的藝術，而非有知覺地肯定人的創造性，更沒有發展出人可能追求自我創造的概念。因此，傅柯所謂自我創造反映著一個基本事實，即人的創造性逐漸被肯定及普遍化的事實，此乃成為人類進入「創造化」動脈的一環：「人」從「被創造者」的地位，透過對少數「藝術天才」的肯定，而終被普遍肯定為「創造者」。

很難否認，將古代希臘、羅馬的「生存美學」與波特萊爾式的自我創造連接起來，促使了修養哲學別開生面的發展。但同時，傅柯以古代與基督教的對照為中心的分析，模糊了古代與現代「生活藝術」的不同。就歐洲修養史而言，較恰當的構想，或許是讓以波特萊爾之現代性為核心的新修養模式圍繞著「自我創造」，而承認古代和基督教的修養模式是集中在「自我發現」上，儘管是兩種不同的「自我發現」。在阿多對古希

---

54 Deleuze, *Foucault*, p. 103（英96／中173）.

臘、羅馬的討論中，可找到支持此見解的依據。

　　然而，對傅柯式「自我創造」更徹底的質疑是針對「創造性」與「自我」的關係本身。波特萊爾式工夫主義是否可能比任何宗教的苦工夫更為專制？此一說法，引發了一個問題——除了傅柯在《知識的意志》所批評的「性特質專制」外，是否還有一種「創造性的專制」？在《知識的意志》中，傅柯對於將性解放視為個人自由的核心進行了批評，因為「性特質」已變成一種「部署」（dispositif）。換言之，思考「創造性的部署」（Dispositiv der Kreativität）意味著將創造性視為一種「權力」的運轉模式、一種「權力」與「知識」的新結合。55

　　「性特質」已被資本主義社會所吸納，因此傅柯認為，只有在某些較極端的性實踐中，性解放還未失去與現代性之界限態度的聯繫。但傅柯並未意識到，當創造性的開發成為普遍目的之際，創造性本身是否將變為「部署」？傅柯之論自我創造，大體上仍局限於性的問題，而忽略了創造性的崇拜已成為當代經濟、科技、科學和藝術發展無以違抗的要求。若是如此，「創意工夫」豈非培養新資本主義精神所需要的生活態度？要對阿多的修養論提出意見並不難，因為對他提出質疑，等於是在重複現代思想對精神性及內在性的反思。反之，若不願停滯在現成的道德判斷上，對傅柯修養論的批評並非容易，因為涉及「創造性」這一現代生活的核心價值應如何批判的難題。

---

55 參閱Fabian Heubel, *Das Dispositiv der Kreativität*（Darmstadt: Wissenschaftliche Buchgesellschaft, 2002）。

第五章

由傅柯看尼采
工夫主義與美學的批判意義

一、真理與藝術

「美學」是現代哲學的關鍵向度。美學不受限於藝術理論或藝術評論，更是現代主體哲學的構成要素，是連結科學與藝術的獨特場域。[1]美學一方面是一種「科學」，對感性與知性、身體與精神的關係進行嚴謹的學術研究，同時又意味著思想和生活方式不斷的改造和創新。哲學的美學化使得將生命形塑為藝術品的「工夫」也可當作哲學的構成部分。這種藝術品要透過徹底的「個體化」（Individuation）來彰顯真理內涵。[2]

面對傳統形上學的衰落，現代哲學給出兩種回應。一是哲學的學院化，即透過認識論、道德理論和美學理論上的「客觀化」，追求以自然科學（尤其是數學和物理學）為標準的科學

---

1 參閱Menke, *Kraft. Ein Grundbegriff ästhetischer Anthropologie*, pp. 8-9。

2 參閱何乏筆，〈如何批判文化工業？——阿多諾的藝術作品論與美學修養的可能〉，《中山人文學報》，第19期，2004，頁17-35。

化知識。此路線以康德為代表。二是透過哲學的美學化來包容
生命的不確定性和幽闇面，放棄對永恆真理之堅持，反而讓哲
學置身於特定的歷史情境，並給出來自個體生命經驗的批判性
診斷。此路線以尼采為代表。康德雖然也著重一種回應時代問
題的哲學觀（參閱康德〈答「何謂啟蒙？」之問題〉一文），
但先驗哲學的基礎顯然在於認識論，而以確定不得逾越的界限
來拯救形而上的真理。尼采更強調批判診斷對哲學的關鍵意
義，乃至於讓表象、形式、感性、身體等美學要素成為哲學的
核心。同時他也意識到，在哲學的美學化過程中，具有形上本
源的「真理意志」仍然發揮一些作用。在《快樂的科學》中他
指出，對真理的意志或對科學的信仰都基於同樣的「形上學信
仰」：

> 我們今天這些知者，這些無神〔上帝〕者和反形上學
> 者，我們的火仍然是取自於那千年前的古老信仰所點燃的
> 火堆，取之於基督徒的信仰，亦即柏拉圖的信仰，信仰上
> 帝（Gott）是真理而真理是神性的（göttlich）〔……〕但
> 是且慢，如果這恰恰變得越來越不可信，如果除了錯誤、
> 盲目和謊言沒有任何其他神聖事物，如果上帝本身已顯現
> 為我們最久遠的謊言呢？3

對真理意志（Wille zur Wahrheit）的徹底質疑意味著這樣一
個問題：真理意志是否是一種「敵視生命的破壞原則」或「隱

3　Nietzsche, *Die fröhliche Wissenschaft*（KSA 3），p. 577（No. 344）.

藏的死亡意志」？[4]美學作為肯定生命的創生原則由此湧現，而尼采以「假象的崇拜」為「真理意志」的對反面：

> 噢，那些希臘人其實懂得生活：為了生活得勇敢地停留在表面、褶子和皮膚之上，崇拜假象，相信形式、聲音、言辭、整座假象的奧林帕斯山！然而這些希臘人的膚淺卻來自深度！而我們這些將要登上當今思想那最高險峻之巔的精神勇者，佇立該處、環顧四周、俯視一切之後，不是也正好要返回於此？在此，我們不正是希臘人嗎？形式、聲音、言辭的崇拜者？因此我們是否也是…藝術家？[5]

在《道德系譜學》中尼采由此出發來討論「工夫理想」（asketisches Ideal）。他以工夫理想為信仰真理之形上起源。[6]一旦「工夫」的價值被否定，真理的價值也跟著徹底受質疑。在尋找「工夫理想的自然對立物」時，尼采再次觸及藝術：

> 在藝術中，謊言將自身神聖化，並對欺騙的意志得到了良心的支持，因此藝術比科學更徹底地反對諸工夫理想：柏拉圖這位歐洲有史以來最偉大的藝術敵人，憑本能感受到這一點。柏拉圖反對荷馬：這是完整的、真正的對決——一方是極好意的「彼岸者」，生命的偉大污蔑者；

4　Nietzsche, *Die fröhliche Wissenschaft*（KSA 3）, pp. 569-570（No. 340）.

5　Ibid., p. 352（No. 4）.

6　Nietzsche, *Zur Genealogie der Moral*（KSA 5）, p. 400（III, 24）.

　　另一方是生命的不自覺崇信者（unfreiwiliger Vergöttlicher），是「黃金的自然」（goldene Natur）。[7]

　　真理與假象的對比是尼采理解工夫與藝術之關係的主要線索。傅柯深受尼采問題意識的影響，但卻給出了截然不同的解決方案。尼采的確是以美學的方式擺脫形上學的重要先驅者。若比較尼采與傅柯，就可發現傅柯並非停留在形上學與美學的對峙僵局中，反而在三方面開展了既出於尼采又有別於尼采的思考：在歷史中流變的真理概念、以力量關係為核心的權力概念，以及後基督教的工夫論。如果能從傅柯所開展的角度重新解讀尼采，或許能避免一再陷入虛無主義與反虛無主義的惡性循環。

　　尼采仍然是一位形上學家，因為他仍然停滯在「存在」與「流變」、真理與假象、形上學與藝術的對立矛盾（而非「弔詭」）架構之中，所以難以想像流變的真理或真理的歷史。尼采所呼籲的世界觀是「反形上學的」，同時又是「藝術的」：[8] 藝術是肯定生命的最大引誘者和最大鼓動者。藝術乃是「抵抗所有否定生命之意志的唯一優越力量，是反基督教、反佛教、

7　Ibid., pp. 402-403（III, 25）.

8　Nietzsche, *Der Wille zur Macht. Versuch einer Umwertung aller Werte*, selected and edited by Peter Gast with the collaboration of Elisabeth Förster-Nietzsche（Stuttgart: Kröner, 1996）, p. 682（No. 1048）.
　　眾所周知，《權力意志》並非尼采本人的著作，而是遺稿選集。此書現在很少被學者引用，而被尼采全集中的遺稿取代，但因為目前遺稿尚未有完整的英文或中文翻譯，筆者在此仍保留《權力意志》作為參考資料。

反虛無的最佳辦法」。9此處，哲學的美學化意味著對形上學和宗教的批判。對真理的意志不再是理所當然的動力，而被對假象的意志，或說對流變、生長、構成和創造的意志所取代。從尼采的觀點，無論是對真理或假象的意志，兩面向仍然保持深刻的連接。他在兩極端之間徘徊，而無法將兩極端的對立和碰撞轉化為另類的哲學可能。然在二戰後的法語思想中，尼采的研究者既受了尼采的啟發，同時又要開闢一種非法西斯的生命美學，因而放棄了真理與假象、存在與流變的對立。美學的哲學在告別對永恆真理之追求的同時，並不需要全然放棄真理的概念。生命美學對流變生成、形式、物質、身體、感性等的肯定，並非等於尼采所謂假象、幻象和謊言的崇拜。然值得留意的是，就傅柯而言，哲學與美學的連接點是「越界」。所處的當前真理機制對生命之可能的否定和約束，構成了另類思考的動力。思想要創意地跨越現有生活方式的界限，並採取無止境的越界態度。將自己的生命視為藝術品來加以創造，需要不斷地走在生成流變之界限上的創意工夫。

　　傅柯自覺地連接了生存美學與工夫論。在尼采處，此關聯因為工夫主義與基督教的關係渾沌不明而被綑綁。尼采無法連接美學與工夫，但卻已試圖透過對基督教的批判來重新「將工夫論自然化」，即以強化生命的「工夫論」（Asketik），來取

9　Nietzsche, *Der Wille zur Macht*, p. 577（No. 853）. 在此可補充的是，形上學與藝術的對立是尼采晚期的傾向。在《悲劇的誕生》（1872）中尼采曾將藝術視為人類真正的形上活動，並運用「藝術家形上學」或「美學形上學」等說法。

代否定生命的「工夫主義」（禁欲主義）。[10]換言之，傅柯透過界限態度的概念，來連接生存美學與工夫實踐的方式，這顯然是順著法國尼采主義的發展，但同時又把「能量主體」所蘊含的工夫論限定在創意工夫的越界態度之內——這的確是傅柯生存美學的核心因素，但並非當代美學修養的唯一可能。[11]

二、哲學工夫與宗教工夫

修養哲學的美學化，將使修養的工夫向度能夠脫離對「精神進展」的單向偏執，而更加看重修養的物質和身體層面。就歐洲修養史來說，傅柯連接生存美學與工夫實踐的方式具有革命性的意義。將之與尼采比較有助於理解傅柯的突破。在尼采及韋伯（參閱第六章）的著作中，「工夫」的概念離不開基督教的脈絡，但兩者也同時開顯工夫論的後基督教發展。韋伯串聯「基督工夫」（christliche Askese）與資本主義精神，進而將基督新教理解為現代資本主義精神的重要發展動力。基督工夫被世俗化為「理性的生活經營」（rationale Lebensführung），由此延伸出特殊的工作倫理。藉由工夫、理性化與資本主義的關聯，韋伯也成就了西方工夫論的現代化，因為在他的討論中，基督工夫不僅是現代生活方式的關鍵要素，工夫的問題更反映出現代主體性範式的革命性轉折。為了這種轉折，尼采對基督

10　參閱Nietzsche, *Der Wille zur Macht*, p. 615（No. 915）。

11　有關主體性與越界之關係的討論筆者深受楊凱麟的啟發。參見楊凱麟，〈當代哲學的傅柯難題〉，收入《分裂分析傅柯：越界、褶曲與布置》（南京：南京大學出版社，2011），頁1-20。

教的批判奠定了思想的條件。

尼采與基督教的戰鬥，是19世紀歐洲哲學的重大事件。然而，尼采與基督教的關係非常複雜。他一方面將自己風格化為「反基督」，另又在晚年的部分信函中簽上「被釘在十字架上者」（Der Gekreuzigte）之名。《道德系譜學》有關「工夫理想」（asketisches Ideal）的討論，顯然深受基督教禁欲工夫的影響（例如：基督教傳統中的工夫主義被解釋為「工夫教士」之權力意志的策略）。尼采也展開基督工夫與哲學工夫的對比。此對比在晚期傅柯的思想中獲得進一步的發展：非宗教工夫的突顯便是奠基在哲學工夫與現代美學的交接上。尼采提出哲學工夫與精神性的關聯，這在傅柯的《主體詮釋學》中是古代自我關注之相關討論的出發點。不過，傅柯在《快感的使用》一書及許多訪談中以哲學工夫與生存美學的關係取代了這部分。就尼采而言，工夫與藝術大體上處於彼此陌生甚至敵對的狀態（儘管《查拉圖斯特拉如是說》對連接兩者提出了一些看法）。然而，《查拉圖斯特拉如是說》已透露出尼采與基督教之間激烈戰鬥的跡象，此戰鬥構成了尼采後續著作的核心問題。基督工夫更是成為他要斬草除根的對象。因此，尼采與傅柯的重要差別在於，尼采未曾深刻思考過工夫論可脫離宗教而發生美學轉化。

修養論的關鍵問題之一在於「自我主宰」與「自我擺脫」、「主體化」與「去主體化」的弔詭關係。傅柯早期的著作一再駁斥主體的同一性。不過，晚期傅柯卻經常正面使用「自我主宰」的說法來探索古代的工夫實踐。相似的張力也顯現在尼采的著作中。特別值得注意的是，尼采和傅柯皆已走出

以理性的自我主宰或自我控制為中心的主體範式。在精神的「向上修養」（嚮往精神和理性而要擺脫身體和感性）之外，身體的「向下修養」則被展開。於是，擺脫自我意味著突破理性的強制規範，以及主體認同的自我封閉。由此觀之，「美學修養」旨在貫穿精神與身體、「向上修養」與「向下修養」，以實現兩者之間來回往復的弔詭溝通。

　　依傅柯的觀點，「工夫」與「美學」並非對立而是可以相輔相成的，因為「創意工夫」呼應著「生存美學」。對尼采而言，此轉向則超乎其想像。從《曙光》到《快樂的科學》，以及從《超善惡》到《道德系譜學》是尼采思想的兩個重要寫作階段。不難發現，兩者之間具有明顯分野，而《查拉圖斯特拉如是說》代表著其中的轉捩點。在撰寫此書之前，尼采表達出很多有關生活藝術的構想。在此書之後，他的思考更具嚴謹和苦悶的意味，對基督教的駁斥也更加激烈。以尼采的語言來說，前階段是他寫作任務的「肯定部分」，其後是指此任務的「否定半段」或說與現有價值的「偉大戰爭」。[12]對基督教的批判迫使他更深入地面對基督教傳統下的「工夫主義」。在此過程中，他開始區分哲學工夫與基督工夫。傅柯晚期思想積極推展這樣的區分。尼采在19世紀80年代的思想演變特別值得關注，由此可知傅柯對尼采的突破是什麼，以及尼采的局限又在何處。

---

12 Nietzsche, *Ecce Homo*（KSA 6）, p. 350: "Nachdem der jasagende Theil meiner Aufgabe gelöst war, kam die neinsagende, neinthuende Hälfte derselben an die Reihe: die Umwerthung der bisherigen Werthe selbst, der grosse Krieg...".

　　尼采在1886年到1888年之間出版了一系列嚴厲批判基督教的著作，尤其是《超善惡》、《道德系譜學》、《偶像的黃昏》及《反基督》四者。就此四本書的發展而言，前兩本仍然以相當學術的方式進行論證。在另外兩本中其情緒爆發激烈，基督教被視為「生命的敵人」。從工夫論的角度最值得注意的是，尼采有關哲學工夫與基督工夫之關係的複雜討論。一方面，他分析基督教為何成了生命的敵人，或說壓制甚至毀滅自然生命，如何成為基督工夫中具備普遍性的方法。在《道德系譜學》中，尼采將諸多精神病狀與傳統工夫實踐的「嚴苛鍛鍊」聯繫起來。但另一方面，他有關工夫實踐的討論，並不限於對基督工夫的批判，而試著思考哲學與基督工夫之間錯綜複雜的關係。雖然尼采對基督教傾向於否定生命予以反駁，但在他眼裡，基督教的「工夫主義」卻也蘊含著肯定生命的傾向。在《道德系譜學》中，尼采對哲學與工夫的積極關係提出令人驚訝的說明，似乎對自我主宰給出了正面的解釋。他首先對哲學家提出界定，認為哲學家有兩個主要特點：其一是對感性的「過敏」甚至排斥，其二是對工夫理想的偏好。在尼采看來，如果缺乏這兩者，哲學家就只是「所謂的」哲學家。對於哲學與工夫理想的關係，他進一步說道：

　　　　毋庸爭議，不論哲學家存在何處（以印度和英國這兩種截然相對的哲學天賦為例），只要地球上有哲學家，就隨處都有哲學家對感性的獨特神經過敏和仇視〔……〕；與此同時，還存在著哲學家對全部工夫理想的獨特偏好和心悅誠服，對此不應做任何隱瞞。如前所述，這兩點是屬於

哲學家的典型。如果一個哲學家沒有這兩點，那麼，我們
可以肯定地說，他僅是「所謂的」哲學家。〔……〕工夫
理想包含著很多通往獨立性的橋梁，所以，哲學家是以滿
心的喜悅和莫大的掌聲來聆聽所有那些勇於做出決斷者的
故事——有一天他們對一切非自由說不，並且走進某種茫
茫荒漠之中：無論他們是否僅是強壯的驢子，即是堅強精
神（starker Geist）的對立。那麼，對一位哲學家來說，工
夫的理想意味著什麼呢？我的回答或許早已為人們所猜
到：哲學家因為在此看到最高尚和最大膽之精神性的最佳
條件而微笑。他並非因此而否定「此在」（Dasein）本身，
而是更加肯定他的此在，而且僅僅是他自己的此在；肯定
以下的惡念不再遙遠：讓世界毀滅吧，而讓哲學、哲學
家、讓我永遠存在吧！（pereat mundus, fiat philosophia, fiat
philosophus, fiam!）[13]

　　「茫茫荒漠」使人想起早期基督教的苦行僧。尼采自己也
曾經在瑞士山上隱居，在那裡找到了他的「荒漠」，他個人的
「最高尚和最大膽之精神性的最佳條件」。於是，工夫理想顯
然不等於生命的否定，而意味著對「自己」生命的肯定。尼采
對工夫主義提出了獨特的解釋，甚至視之為哲學的生存條件：

　　　　我們業已看到，特定的工夫主義（Ascetismus），一種最
　　　剛強而又喜樂的自我克制，便屬於最高尚精神性的最佳條

13　Nietzsche, *Zur Genealogie der Moral*（KSA 5），pp. 350-351（III, 7）.

件，同時也是它的最自然的結果。因此，如果說哲學家們
一直帶著某種偏見去看待工夫的理想，這本來就不奇怪。
甚至，認真負責的歷史回顧將會證明，工夫理想與哲學之
間的聯繫是更為密切和嚴謹的。人們或許可以說，哲學正
是牽著此一理想的襟帶才開始在地球上蹣跚學步。14

　　對哲學家而言，工夫實踐涉及自由的探索以及冒險的生活
態度。哲學工夫與宗教工夫的差別在於肯定或否定人的創造
性。由尼采的解釋可以理解兩種工夫形態的歷史背景，另一方
面又能跨出歷史的局限。他說：

　　哲學精神為了成為可能，總是先假裝和打扮為以前業已
　確定的靜思冥想之人（contemplativer Mensch）的模樣，扮
　成教師、巫師、預言家，或廣義的宗教人（religiöser
　Mensch）：長期以來，哲學家以工夫理想為呈現形式、生
　存前提──哲學家為了能夠成為哲學家而不得不演出工夫
　的理想；哲學家為了能演出這一理想，而不得不信仰工夫
　主義。哲學家的遁世態度否定世俗、敵視生命、不信感
　官、去除感性，而這種態度一直保持到今天，因而被認定
　為哲學家的基本風範。這種態度不過是哲學賴以產生和存
　在之窘境的結果，因為若沒有工夫的外表和假裝，若沒有
　工夫的自我誤解，哲學在這個地球上就根本不可能長期存
　在下去。具體來說，工夫的教師（der asketische Priester）

14　Ibid., pp. 356-357（III, 9）.

一直到最近還是陰暗冥晦的毛蟲外殼，而哲學只能在這外殼之下生存和蠕動……這真的改變了嗎？。15

據此，工夫理想僅是哲學家的表面形式：為了讓哲學成為可能，哲學家不得不假扮教士、巫師、預言家等角色。然在歷史長達千年的演出中，人們（甚至哲學家自己）都誤以為否定世俗、敵視生命、去除感性等，就是哲學家的真實姿態。尼采所提出的價值反轉，則呼籲了要以「生命的肯定」取代「生命的否定」，並推動哲學的正名活動：哲學終於要從反生命的工夫理想解放出來，要撤下歷來的面具，停止粉飾宗教人的角色。哲學家曾經以假借工夫理想的方式確保了自身的生存，但現代的哲學家卻要勇於撤下面具，走出歷史悠久的騙局。

這是充滿魅力的呼籲，但尼采對哲學與工夫理想的討論卻陷入以下矛盾。一方面，他肯定地指出，為了達到最高的精神性，工夫主義所要求的自我主宰是必要的：工夫與「自由精神」是不可分的，所以「基進的哲學家」要擺脫職業、婦女、兒童、社會、祖國、信仰等負面影響。16但另一方面，尼采賦予哲學及哲學家深層的轉化，讓哲學從精神的優先性解放出來，以充分實現「價值重估」（Umwertung der Werte）的批判作用，並且徹底走出鄙視「生命」與「身體」的態度。因此，一旦哲學與美學的現代關係建立起來，宗教工夫就成為必須排除

15　Nietzsche, *Zur Genealogie der Moral*（KSA 5），p. 360（III, 10）.

16　Nietzsche, *Sämtliche Briefe*, critical edition in 8 vols, Giorgio Colli and Mazzino Montinari（eds.），（München: DTV/de Gruyter 2003），Vol. 7, p. 282.

的歷史殘餘。然尼采對工夫的體會和理解究竟無法避開工夫與宗教的糾纏，這阻礙了修養與美學的串聯。

三、戰士的美學

　　傅柯的工夫論繼了尼采的相關探索，但修養模式的進一步美學化導致了宗教色彩的淡化。他對波特萊爾所謂「浪蕩子工夫主義」的討論連接工夫與美學，同時走出古代哲學的形上學框架以及基督教的靈修傳統，不再將修養工夫限制在向上昇華的「精神進展」。工夫的美學化開展了「向下修養」的廣大領域，使得「工夫主義」積極向身體、感覺、行為舉止、激情和物質文化敞開──美學修養的概念乃意味著「上」（精神）與「下」（身體）不再處於具有規範意義的等級秩序之下，反而進入齊等的互相轉化關係。然傅柯並不認為「工夫」因為美學化而變得較為輕鬆。在〈何謂啟蒙？〉中他指出，波特萊爾式的工夫主義意味著極為嚴格的造型過程，而將生活風格的創造與發明奠基於特殊的「紀律」上。因此，追求雅致品味的美學修養可能比宗教的工夫主義還更為「專制」。波特萊爾連接了藝術創作與工夫實踐，但在尼采看來，工夫主義大體上脫離不了基督教傳統下的禁欲苦行，難以調節其與身體化的藝術創作。

　　儘管尼采並未自覺地走向工夫實踐的美學化，但在許多著作中可以發現相應的潛在趨勢。換言之，美學修養的工夫實踐已無法接受將向上昇華單向度地看成修養過程的唯一方向，亦無法接受將精神優先性作為本體條件。尼采對工夫主義的討論

仍然依賴基督教的歷史遺產，但同時，《查拉圖斯特拉如是說》所描寫的自我轉化顯然是從對身體的肯定出發。工夫實踐不再以對身體的克制甚至欲望的滅絕為中心，反而藉由身體來展開「自由」的可能。由此可知，尼采已為「創意工夫」的概念做了鋪陳工作。

　　就工夫論與精神性的連接而言，尼采不僅延續了古代哲學與基督教的工夫論傳統，也開始了工夫理想在價值方面的反轉。他對「自由」的嚮往，只有在擺脫精神優先性之後才成為可能。反駁基督教及所謂生命的否定後，工夫與精神性才能產生新的、美學化的關係。尼采並未明確串聯美學與工夫以取代宗教的工夫論，但他所描繪的哲學工夫卻隱含著向精神層面與身體層面的雙向開放。修養工夫的運作方式則發生了重要的轉折，因為要同時照顧到「精神化」與「身體化」的動態交錯。這種雙重習練的萌生，因突破了精神修養的單行道而朝美學化的修養模式跨進了一大步。像波特萊爾一樣，尼采將「風格化」視作極為嚴格的任務：

　　　　賦予自己的性格一種「風格」，實在是偉大而稀有的藝術！習練這種藝術的人能綜觀自己自然本性所包含的力量與弱點，而將之納入一種藝術的規劃，直到一切都顯現藝術性和理性，甚至連弱點也令人讚嘆。在這兒增添了一堆第二自然，那兒又減少了某些第一自然：無論何種情形，都需長久的習練及日常的工作。在這兒無法減少的醜陋被隱匿起來，在那兒又被解讀為崇高。許多模糊恍惚、抗拒構形之處，被保存並運用為遠景：它讓我們對無限的遙遠

有所嚮往。最後，當這作品完成時，無論在細微處或巨大處，同樣的強制性皆顯現在具有支配及教養的品味中：這品味是好是壞不是很重要，只要是一種品味就足夠了！——在這種強制之下，亦即在自己法則的約束與完美性之下，頑強的、富有支配欲的人格氣質才能享受精緻的快樂。他們強大意志的激情看到所有這些風格化、被征服且服務於人的自然，即會感到輕鬆。這樣的人寧願建設宮殿或設計花園也不願解放自然。反之，柔弱而無法自制的性格卻憎恨風格的束縛〔……〕。17

　　自己的風格化並不是一件輕鬆愉快的、優美的、浪漫的、溫和的過程，而是意味著自我治理的藝術（或說自我的「修治」）。治理的過程包含對自然生命的強制和征服。美學的習練如同宗教的工夫主義一般，奠基在長期和日常的工作上。經過這種風格化之後，特定的「品味」方能顯現。值得留意的是，尼采對美學修養的描寫吸納了基督教工夫主義的戰鬥態度。由此可知，尼采意義下的美學習練吸納了戰士的英雄主義，涉及「自我創造」與「武技」的交錯（傅柯的朋友保羅・維恩〔Paul Veyne〕也曾經以戰士或武士來描寫他）。

　　雖然在此風格化的過程中，自我治理的主體化要求扮演了不可或缺的角色，但同時此要求顯然發生了重要轉化，而逐漸擺脫了精神與身體之間的本體等級。無疑，此一轉化使得修養論陷入嚴重的倫理學困境，因為傳統修養論的倫理學內涵是奠

17　Nietzsche, *Die fröhliche Wissenschaft*（KSA 3），pp. 530-531（No. 290）.

基於精神修養的形上學預設。美學修養遂與道德修養產生對立，容易被駁斥為「非道德的美學主義」。簡言之，尼采的生命美學意味著善惡之外的英雄氣概，以既冰冷又激情的態度號召對創造與破壞的生命遊戲的參與。

以自我為藝術創作的材料並非單純地融合藝術與生活，它不僅是指每個人將要成為自己「生活的詩人」[18]的美好理想，也意指將自己的生命看成基進實驗的場域：

> 生命沒有讓我失望，絕沒有！年復一年，我覺得生命愈益真實、愈益值得貪戀、愈益神秘，──這始於一個偉大的解放者，即是一個想法：生命可以是認識者的實驗，並非義務、禍患和欺騙！──認識對他人也許意味著別的什麼，比如安息的床席，或達到安息的道路，或娛樂，或消遣，──對我，認識則是一個既充滿危險又充滿勝利的世界。在這裡，英雄的情感也有其用武之地。「生命作為認識的媒介」──心裡有了這一原則，人就不僅勇敢，而且也活得開心、笑得開心！而善於歡笑和生活的人，難道不首先是善於戰鬥和勝利的人嗎？[19]

自古希臘哲學以來，工夫與戰鬥息息相關。自我在自身上所進行的工作通常被看成精神自我與身體自我之間的戰鬥。在基督教脈絡下，主體內部的戰鬥不再僅僅意指自我的高層能量

18　Nietzsche, *Die fröhliche Wissenschaft*（KSA 3），538（No. 299）.
19　Ibid. , pp. 552-553（No. 324）.

與低層能量間的頡頏關係，而更是被激化為自我中神聖部分與罪惡部分間的毀滅性決戰。因此，對基督教工夫主義的一般理解，離不開禁欲式的自我棄絕。

由尼采的角度來看，自我與自我的戰爭在古代哲學工夫或基督工夫中的運作模式都含有「虛無主義」的傾向，因為二者都奠基在「否定生命」的形上學話語之上。然而，尼采深刻地意識到，在現代的主體範式中，人類的創造性被虛無主義的否定態度所阻礙了。在他的著作中，對宗教的反駁不僅成為充滿怨恨的攻擊，同時也反映出宗教批判背後的歷史脈動，即是開發人類創造性潛能的大趨勢。從17世紀以來，宗教的批判與美學的崛起互為表裡：無論在社會、經濟還是政治方面，「美學」逐漸成為一種「權力」或「威力」（Macht），一種在深層結構上影響現代生活方式的力量。由此觀之，尼采所謂的「權力意志」也意味著美學權力的理論化工作，即思考美學為何且如何能走出狹隘的藝術和審美領域，並藉由「生命美學」的發展滲透到日常生活之中。生命美學反映著以美學取代宗教的現代趨勢。換言之，「美學」的出發點在於反駁傳統形上學和基督教對身體和生命的鄙視。然而，尼采對價值的重估也避免了將美學局限為唯物的感性論，而確保美學同時能涉及精神與身體／物質。進一步講，美學觸及了精神與身體的弔詭關係，因而能擺脫傳統形上學和基督教所主張的等級秩序，亦即一方面擺脫精神的優先性，而另一方面又不主張身體或物質的優先性。如此，美學對生命的精神面與物質面將能保持雙重的開放性和肯認。這種美學的核心不是藝術形式、審美經驗或感性知覺，而是生命的「確定」與「不確定」、「不化」與「化」、

「存在」與「流變」。20

　　就生命美學的發展來說，尼采的例子是一個重要的警惕，因為從尼采主義的複雜效應可以了解到：美學不再只是美麗的裝飾，反而積極投入當代生活方式的創造。本體論的美學轉化因而逾越了傳統形上學和宗教對人類創造性的限制，以開發人類創意的潛能。不過，由尼采的學說來看，開發人類創造力的背後，乃是增強人類的破壞力。在肯定生命的主張下，創造與破壞必然交織難分。尼采所呼喚的美學化生命頗具魅力，同時也極為殘酷。尼采對納粹主義美學的影響並非偶然：暴力的美化、犧牲的英雄化、戰鬥態度的鼓吹，確是尼采生命哲學的組成部分。

四、鬪士的美學

　　戰士美學是德意志軍國主義的組成部分，在納粹時期也發揮了廣大的影響。尼采的寫作經常出現戰鬥精神的表達，但他並不是戰士美學的盲目推崇者。他也深刻反省了相關的危險。雖然關於「美學」的思考不得不面對尼采與戰士美學的複雜關係，但尼采式的生命美學在主體觀方面並未受限於傳統工夫主義的戰鬥態度，即不受限於精神自我對身體自我的戰鬥關係。他敏銳地洞察到現代化所產生的各種危險和自我毀滅傾向，也因此不乏對戰鬥態度的深刻批評。此批評特別能呈現出他對美

20　參閱何乏筆，〈能量本體論的美學解讀：從德語的張載研究談起〉，《中國文哲研究通訊》，卷17，第2期（2007），頁29-41。

學修養的獨特見解。尼采透過對基督工夫的反駁，走出了以自我克制和紀律為基礎的倫理學：

我們以為來讓（lassen）

「不要做這個！克制你自己！擺脫你自己！」這些道德讓我反感──反之，我所欣賞的諸道德（Moralen）是能鼓舞我，使我專心致力、心無旁騖地重複做某件事情，連在睡夢中還夢著它：將它做好，盡量依我獨有的能力將它做好！凡是這樣生活的人，不屬於這個生命的一切會陸續疏離遠退。他毫無怨言地看著今天這個離他而去，明天那個不告而別，猶如輕風拂動樹梢時悄悄飄落的黃葉：或者他根本無暇顧及這一切的離去，因為他的目光緊盯著自己的目的，永遠前瞻，不旁騖，不回顧，不居下。「我們所為應該規定我們所讓：我們以為來讓。」我喜歡這樣，這就是我的主張。但我並非要刻意追求我的貧化，而是不喜歡否定性的德行，不喜歡具有否定及自我棄絕之特質的一切德行。21

　　如前文所述，尼采在《道德的系譜學》思考哲學與工夫的關係時，提及哲學家對於感性的過敏和排斥，但同時，他對「最高的、最勇敢的精神性」的追求，已脫離了基督教工夫主義對生命（身體）的否定。在上述引文中，修養對自我主宰的要求，或說修養的「修治」面已發生改變，而修養的「養生」

---

21 Nietzsche, *Die fröhliche Wissenschaft*（KSA 3），pp. 542-543（No. 304）.

面則受到重視和肯定。尼采所欣賞的德行是肯定生命、培養生命的。而且，相關德行使人以自然的方式達成「寡欲」，因為欲望以非強制的方式被減少和調理。換言之，就尼采而言，「工夫」基本上意味著控制生命的「禁欲」態度，但他的著作也明確提出了一種「肯定的工夫」（positive Askese）或說養生的工夫。傅柯有關美學與工夫的討論則能推進此傾向。這種工夫雖然不排除「苦修」，但顯然已徹底擺脫「禁欲主義」的狹窄範圍。尼采已明確放棄將自我的「貧化」（Verarmung）視為修養的成就，而且不再將「欲望主體」（sujet de désir）的否定或棄絕看成具有倫理學價值的。「工夫」乃走出自我控制（或傅柯所謂自我主宰）的單一要求，擺脫以精神主體為堡壘的觀念。放下控制欲之後，生命便朝向偶然性開放。

自我控制

　　道德教師們總是囑咐人要將自己置於自身的掌握中（sich in seine Gewalt zu bekommen），因此在人身上引起了奇特的疾病：所有的衝動與愛好，使他不斷地感到刺激，如同某種發癢。不管是從內部還是外部，所有引誘和驅動他的事物使得被刺激的人一直以為他的自我控制陷入危機：於是他懷疑自己的本能，不再相信任何自由飛翔，而改為採用一種戒備的姿態挺立在那裡，武裝起來與自己對抗。他懷著不信任的敏銳眼光，指派自己成為自我城堡的永恆守護者。是啊，他可能因此而偉大！可是別人無法忍受他，而他自己也難以忍受自己，他變得如此的貧化，從靈魂中而來的最美好的偶然被割斷了！同時被割斷的還有所有其

他教導的可能！因為，如果人們要向非屬我們自己的事物
學習，有時必須失去自身。22

　　不畏懼生成流變的修養可能嗎？這種修養意味著放下主體
對同一性的單向追求，讓非同一性的「非屬我們自己的事物」
發生轉化作用。美學修養的活力來自主體化與去主體化的雙重
運作：相應的主體範式既不偏重自我主宰的強制性傾向，又不
偏重主體在生成流變中的消失，因而讓主體能不斷地「回歸」
自身：

　　孤寂的人
　　我厭惡順從或領導。
　　服從？不要！也不要——統治！
　　若不畏懼自己，
　　則不能使任何人畏懼：
　　唯有使他人畏懼者才能領導他人。
　　我仍然厭惡領導我自己！
　　而願做林間和海中的動物，
　　一時失去自我，
　　於悠然渾沌中冥想，
　　終究從遠方呼喚自己歸家，
　　吸引自己回到自己。23

22　Nietzsche, *Die fröhliche Wissenschaft*（KSA 3）, p. 543（No. 305）.

23　Der Einsame. Verhasst ist mir das folgen und das führen. / Gehorchen? Nein! Und

　　這首詩的境界甚高，內容與讚揚戰士精神截然不同。尼采精細地描繪去主體化與主體化的相互轉化：主體不再是自己堡壘的頑固守護者，也不偏向自我消滅。尼采肯定自我能失去自己，此態度蘊含著對主體性範式的新思考，此思考顯然不同於傅柯在20世紀60年代所主張的「無主體經驗」。在尼采的思想中，反資產階級的深層衝動，使他將市民的「工作倫理」與貴族的德行對立起來（就貴族而言，工作屬於奴隸的、「引起內疚」的職務）。其中「戰爭與閒情」（bellum et otium）、戰士與閒士的美學構成兩個極端的可能。

　　〈孤寂的人〉一詩將貴族式的閒情逸致推到後貴族的情境，同時又對休閒娛樂保持批判態度，因為那僅是匆忙工作的反面。在現代工業發達的時代，工作的匆促繁忙瀰漫著奇怪的「無精神性」，但「任何教養或高尚品味」皆需要閒情、寧靜、緩慢、儀式和迂迴的基本條件：24人們無法逼迫出真正的教養文化，反而必須「讓」它自來自生。連「哲學」也逃不掉工作的時間壓力，而產生不應與「哲學家」混為一談的「哲學工作者」（如康德或黑格爾）。25尼采指出：

---

aber nein — regieren! / Wer sich nicht schrecklich ist, / macht Niemand Schrecken: / Und nur wer Schrecken macht, kann Andre führen. / Verhasst ist mir's schon selber mich zu führen! / Ich liebe es, gleich Wald-und Meeresthieren, / Mich für ein gutes Weilchen zu verlieren, / In holder Irrniss grüblerisch zu hocken, / Von ferne her mich endlich heimzulocken, / Mich selber zu mir selber — zu verführen.（Nietzsche, *Die fröhliche Wissenschaft*〔KSA 3〕, p. 360,（No. 33）.

24　參閱Nietzsche, *Die fröhliche Wissenschaft*（KSA 3）, p. 556（No. 329）。

25　Nietzsche, *Jenseits von Gut und Böse*（KSA 5）, p. 144（No. 211）.

　　思考已失去其尊嚴的所有形式，作為一種儀式或莊嚴姿態的思考被人們嘲笑，人們已無法忍受有古時風範的智者。我們思考得太快了，半途上、行走中，在處理各種事物時均可思考，哪怕是思考極嚴肅的事情。我們需要很少的準備，甚至很少的寧靜：如同在我們的頭腦裡有一部不停運轉的機器，在最不利的情況下仍能順利工作。26

　　尼采所謂真正的哲學家要能同時是戰士與閒士。他以「鐵錘」進行哲學，將「認識」視為對價值的干戈創造，但另一方面又要遠離無尊嚴的、不願為「自來自生」的思想提供條件的工作方式。

　　從《悲劇的誕生》開始，個體化原則與衝破個體化限制之間的張力貫串了尼采的著作，因而萌生了主體化與去主體化關係的尼采版本。兩者不可超越、不可化解的糾纏構成了「越界」的概念。在自我層面上，「越界」是理解創造性的關鍵主題：創造性的開發基於界限的逾越。界限的存在被主體的當前狀態所規定，主體在越界的過程中朝向新的主體狀態而演變。主體化乃是「自我擺脫」無止境的創造過程，而推動此過程的力量，來自「當下」的批判分析與「當下」的突破改革之間的動態關係。傅柯傾向於：將去主體化納入到越界的動力之中，並將波特萊爾式的浪蕩子工夫主義放入越界美學的框架來推進。然而，在尼采那裡，對貴族文化的懷舊心情，使得閒士成為戰士的互補和平衡角色，因而閒士的孤獨忘我似乎能保持某

---

26 Nietzsche, *Die fröhliche Wissenschaft*（KSA 3），p. 378（No. 6）.

種獨立性。但不能否認的是，尼采也傾向於將「自我擺脫」化約為「越界」的動力，以讓主體更徹底地成為哲學生命的實驗劇場。

第六章

內在超越重探
韋伯與工夫倫理的美學化

一、走出「禁欲主義」

本章將韋伯（Max Weber）所謂「基督工夫」放在現代歐洲修養哲學的脈絡來思考，試圖藉此深化跨文化修養論的構想。主要的理論背景是尼采在《道德的系譜學》中對工夫主義及「工夫理念」（asketische Ideale）的反思，以及傅柯在《快感的使用》及《主體詮釋學》中區分「哲學工夫」與「基督工夫」的方式。由此角度，韋伯〈新教倫理與資本主義精神〉一文的核心問題在於內在性與超越性的關係。

一般將Askese譯成「禁欲」。筆者透過「工夫」的翻譯來突顯哲學的含義。由歐洲哲學和神學的傳統來看，「禁欲」的翻譯顯得過於狹窄和片面，僅能涵蓋基督教傳統，尤其是天主教苦修傳統中的部分內容。如上文所述，無論尼采還是傅柯，兩者的「工夫論」都明顯超出「禁欲主義」的範圍，而回到askêsis的古老意涵，即是德文的Übung或法文的exercise所指的習

練或修習活動。以傅柯的用語來說，ascèse是指自我與自我的特殊關係（rapport de soi à soi）或「自我對自我的工作」（travail de soi sur soi）。這些說法與韋伯所謂「入世工夫」有所相應。本章一方面試圖透過對韋伯宗教社會學的反省來擴大修養哲學的理論視野，同時也希望從新的問題意識思考韋伯的比較文化框架。在此脈絡下，基督新教對工夫的理解以及有關內在性與超越性的觀點，乃是韋伯解釋儒家的切入點。他對儒家的理解與「基督工夫」一說緊密相連。

　　韋伯的宗教社會學是規模龐大的比較研究，涉及基督教（主要是新教）、儒家、道家、印度教、佛教及猶太教（關於早期基督教及回教的部分，他已蒐集了許多資料，但未寫成書）。韋伯的宗教社會學可算是「東方主義」的產物，因為比較的前提為西方與東方在本質上的差異，而比較的作用在於確認西方對東方的優越地位。面對「東方」與「現代西方」在科學、藝術、政治、經濟等領域的落差時，韋伯以「理性化」為判斷東方的標準。讓讀者驚訝的是，其中幾乎看不到韋伯在其他著作中對西方理性化的質疑及悲觀態度。

　　《宗教社會學論文集》的主軸是東、西文化的強烈對比。然而，理解韋伯的比較研究對理解〈新教倫理與資本主義精神〉很有幫助。他認為，資本主義是「現代生活中決定命運最關鍵的力量」。理性化的假設便說明了此「力量」之所以興起的理由，而關於基督教的研究則將理性化的生活態度回溯到基督教的工夫主義。《宗教社會學論文集》有關儒家、道家、印度教、佛教及猶太教的部分，都以「世界宗教之經濟倫理」為衡量標題，可見宗教與經濟的關係是韋伯比較宗教的研究焦

點。此研究的批判對象是馬克思主義對資本主義發展之唯物論解釋。依馬克思主義的一般看法，資本主義的發展與世俗化的大潮流實乃一體兩面。韋伯反而連接經濟學與宗教社會學，突顯了宗教對資本主義發展的正面影響。但同時，韋伯並非忽略世俗化的力量（即他所謂「世界之除魅」），認為以「理性的生活經營」為核心的資本主義生活方式，到了20世紀基本上已擺脫了自己的宗教來源。

　　宗教與經濟的關係也規定了韋伯探討超越性與內在性的方式。[1]就韋伯而言，基督新教的獨特處在於構成超越與內在、超世的上帝與入世的人為、超越目的與入世工作之間的強烈張力。〈新教倫理與資本主義精神〉確定新教作為內在、超越關係的「理想型」，以及分析各種世界宗教的主要判準。《宗教社會學論文集》有關〈儒教與道教〉的結論突顯儒家與新教的對立，並將問題的焦點看成是理解內在性與超越性關係的不同模式。因此，下一節先粗略整理韋伯「基督工夫」相關的主要觀點；第三節討論儒家與新教的對比；第四節再對韋伯的「工夫論」進行反思。

二、資本主義精神與入世工夫

　　何謂「基督工夫」？在〈新教倫理與資本主義精神〉中，韋伯說明如下：

1　此處所謂「內在性」（Immanenz）有兩義，即「內心」的（innerlich）內在性與「入世」的（innerweltlich）內在性。

　　無疑，基督工夫包含著很多不同方面，既表現在外表上也表現在其內在含義上。但是早在中世紀，甚至在古代的某些形式中，工夫在其西方的最高形式裡，有著明確的理性性質。相對於東方修道制度而言（這不是指其總體，僅是指其普遍類型），西方修道士對生活經營的巨大歷史意義正基於此。在聖‧班尼狄克的教規裡（Regel des heiligen Benedikt），在克呂尼教徒（Cluniazenser）、西妥教徒（Zisterzienser），以及最集中地在耶穌會教士身上，修道士的生活經營已從對世界的無計畫逃避和技巧精湛的自我折磨中解放出來。它發展為一套理性生活經營的系統方法，而目的是克服「自然狀態」（status naturae），並使人擺脫非理性衝動的權力、擺脫對世界和自然（Welt und Natur）的依賴，使人屈從於有計畫的意願之最高統治權，使他的行動隸屬於經常的自我控制及倫理長遠後果的考慮。於是修道士（從客觀來說）的教育成了為上帝天國服務的工人，同時從主觀上看，也確保了他的靈魂救贖。這種積極的自我支配構成了聖‧依納爵的「諸習練〔靈修〕」（exercitia des heiligen Ignatius）的目的，以及所有理性的修道士德行的最高形式，也是清教最重要實踐之生活理想。〔……〕清教工夫（puritanische Askese）如同所有「理性」的工夫（rationale Askese）一樣，力求使人的「恆常動機」（尤其是清教使他熟練的那些）能勝過「感性衝動」並能持續發揮作用——亦即力求使人養成這種「形式心理學」（formal-psychologisch）意義下的「人格」（Persönlichkeit）。與某些流行的觀點相反，能夠經營一種

清醒的、有意識的、明智的生活是這種工夫的目的：最迫
切的任務是摧毀衝動性之生活享樂的無拘束狀態，而工夫
最重要的手段是讓信徒的生活經營有秩序。所有這些要點
在天主教修道制度的規則和喀爾文宗者（Calvinisten）的生
活經營原則中都同樣受到特別的強調。〔……〕但另一方
面，喀爾文教工夫與中世紀工夫的對立之處，也是顯而易
見的：就是「福音勸告」（consilia evangelica）的消失，因
而工夫被調整為純粹的入世工夫。2

〈新教倫理與資本主義精神〉特別關注的是「基督工夫」
朝向「入世工夫」的發展。根據韋伯的觀點，後者是資本主義
精神的核心。「入世工夫」充滿著內在世界與超越上帝之間的
張力。「工夫」在宗教改革之前的基督教中基本上是「出世
的」（außerweltlich）或「超世的」（überweltlich）。然而，
〈新教倫理與資本主義精神〉一文中分析了基督教工夫論的歷
史發展：從天主教的「出世工夫」到基督新教的「入世工
夫」，再到既入世又世俗化的「理性生活經營」。韋伯說：

---

2 Max Weber, *Gesammelte Aufsätze zur Religionssoziologie I*（*Tübingen: Mohr,*
1988）（宗教社會學論文集；以下簡稱 RS），pp. 116-118（中一72-73）。
韋伯此書包含 Die protestantische Ethik und der Geist des Kapitalismus（新教
倫理與資本主義精神）及Konfuzianismus und Taoismus（儒教與道教）兩部
分。前者中譯本為《新教倫理與資本主義精神》，馬克思・韋伯著，于曉
等譯，顧忠華審定，台北：左岸文化，2001；以下簡稱「中一」。後者中
譯本為《中國的宗教：儒教與道教》，韋伯著，簡惠美譯，台北：遠流出
版公司，1996；以下簡稱「中二」。本章中的引文內容，部分經過筆者的
修改或更動，提供中譯本頁碼僅供讀者參考，特此說明。

　　儘管最初逃避世界、與世隔絕的基督工夫早已宣布棄絕
世界，但它卻同時藉由修道院和教會已經支配這個世界
（但總的說來，它還沒有影響到世界的日常生活及其自然
的性質）。現在，開始把自己的生活方法滲透到日常生活
之中，把它塑造成一種在世界內，但不屬於世界的，也不
是為了世界的理性生活。3

韋伯又說：

　　以「職業理念」為基礎的理性生活經營，這是現代資本
主義精神，乃至整個現代文化的構成要素之一，而這一要
素正是從基督工夫的精神中誕生──這是本文力圖論證的
觀點。4

　　為了釐清現代資本主義及現代文化的精神動力，韋伯將市
民（資產階級）的生活風格和商業倫理回溯到「基督教的工夫
論」，再回到中世紀「修道院工夫」（klösterliche Askese）的獨
特發展。5在此發展過程中，基督工夫經過徹底世俗化的轉變。
韋伯說：

　　清教徒（Puritaner）曾渴望成為「職業人」（Berufsmensch）；

3　Weber, RS, p. 163（中一96）.

4　Ibid., p. 202（中一114）.

5　Ibid., p. 195（中一110）.

而我們卻必須當「職業人」。當工夫走出修道院的斗室而開始支配世內的倫理（innerweltliche Sittlichkeit）之際，就對形成現代經濟秩序之宇宙巨輪的過程發揮了應有的作用。而這種經濟秩序現在卻深受機器生產的技術和經濟條件的制約。今天這些條件規定著降生於這一運作機器中之每個人的生活風格，而且不僅僅是那些直接參與經濟獲利的人的生活，也許，這種不可抵擋的強制，將規定而且一直規定著人類命運，直到燒光最後一噸煤的時刻。巴克斯特（Baxter）認為，對聖人來說，身外之物只應是「披在他們肩上的一件隨時可甩掉的輕飄飄的斗篷」。然而命運卻注定了讓這斗篷變成一個鋼鐵般堅固的牢籠。自從工夫著手重新塑造世界，並企圖在世界之內發揮影響，物質財富對人類的生存就開始獲得了前所未有不斷增長且不屈不撓的權力。今天，工夫的精神已逃出這鐵籠（有誰知道這是不是最終的結局？），而大獲全勝的資本主義依賴於機械的基礎，不再需要這種精神的支柱了。6

「大獲全勝的資本主義」已成為全面影響日常生活的「一種前所未有的控制力量」，使得生活變為鐵籠裡的職業生活，沒有任何跳脫的餘地。韋伯認為，資本主義到了20世紀初已失去了它的「精神」（即是職業生活的宗教和倫理基礎），而成為了機械化的、不可抗拒的生產系統。但他也強調，資本主義的形成需要「工作」（勞動）煥發光輝而成為保證「彼岸報

6　Ibid., pp. 203-204（中一114）.

償」（jenseitige Prämien）[7] 的「天職」（Beruf）。換言之，探
討現代資本主義如何發展「職業人」的觀念時，韋伯劃分了三
種歷史階段：其一，「出世的修道士工夫」（außerweltliche
Mönchsaskese）；其二，「入世的職業工夫」（innerweltliche
Berufsaskese）；其三，後工夫的職業態度。三者共同蘊含著一
種以工作紀律及自我控制為核心的生活態度。這三階段構成
「理性生活經營」的普遍化歷程。透過兩大轉變，修道士的生
活態度先化成市民菁英的生活態度，進而再化成資本主義鐵籠
的一般生活態度。由此看來，基督工夫弔詭地成為資本主義的
來源之一，尤其是以「入世工夫」為核心的「新教理性主
義」，在西方資本主義發展中發揮了關鍵作用。

在此脈絡下，韋伯如何分析「入世工夫」中的內在與超越
關係呢？他的比較宗教研究特別關注各個宗教所支持的「生活
經營」，進而分析不同生活經營的模式對經濟倫理和工作態度
的影響。在韋伯對於不同宗教生活經營的討論中，可歸納出三
個層面：其一為教義基礎、其二為生活方法（追求拯救的作
法）、其三為終極目的。從修養論的角度來說，韋伯分別討論
不同生活經營的模式在本體論、工夫論及目的論三向度的異
同。在方法論方面值得注意的是，他藉了喀爾文宗
（Calvinismus）思考新教的教義基礎，因為在新教的諸多教派
中，喀爾文宗代表最極端、「如鋼鐵般意志」的立場（從極端
立場切入是韋伯經常運用的方法）。

在本體論或「教義基礎」上，韋伯特別強調「預定論」的

7　Ibid., p. 201（中—248）.

重要性。根據此神學話語，基督受死以行救贖，不是為群體世人，只是為了上帝所特選而將被救贖的人。誰被上帝選召，誰被棄絕，與個人所作所為無關，反而全由上帝預先規定。總結此觀點，韋伯指出：

> 我們所知道的僅是：只有部分的人能得救，其餘則被罰入地獄。假定人的善行或罪行也能影響這個命運，則無異於認為，上帝的那些絕對自由的、永恆確立的決定將因人類的影響而能改變：這是不可思議的。《新約》中所描述的那個天界裡的聖父〔……〕成為一個逃脫任何人類理解的超越本體（transzendentes Wesen），而且他不可思議的諸「聖喻」（unerforschliche Ratschlüsse）規定了每個人的命運，並且永恆規定了宇宙的所有微小細節。既然「聖喻」不可改變，那麼得到上帝恩寵的人就永遠不會失去這一恩寵，而上帝拒絕賜予恩寵的人，也永遠不可能獲得這一恩寵。8

就內在與超越的關係問題而言，這段指明上帝絕對超越的地位，蘊含著創造物與創造者之間無法彌合的裂痕。由此看來，超越性與內在性之間的張力首先涉及上帝與創造物之間的本體論等級。9在此神學話語中，創造物的、內在的世界是指創造物的劣根性與原罪狀態。然而，超越之上帝與內在世界的唯

8　Ibid., p. 93（中—61-62）.

9　Ibid., p. 95（中—63）.

一連線在於人類無法影響的、預先規定的「恩寵選擇」
（Gnadenwahl）。韋伯認為，此看起來任意甚至荒謬的設想帶
動了基督教的理性化。理由在於，人原則上無法影響上帝的抉
擇，因此所有以巫術的手段來追求拯救的做法都被視為迷信和
罪行。[10]韋伯說：

> 在世界的「除魅」及摒除巫術作為達到拯救的手法
> （Ausschaltung der Magie als Heilsmittel）方面，天主教的虔
> 誠從來沒有像清教的（及在清教之前猶太人的）宗教性那
> 樣徹底。對天主教徒來說，教會的赦罪儀式是對自身的不
> 完善的一種補償。教士是實施這種「變體奇蹟」（Wunder
> der Wandlung）的魔術師，他手裡握有通向永生的鑰匙。人
> 在悲傷和懺悟之時，就可以向他求助。他帶來贖罪的機
> 會、恩寵的希望和恕罪的確定，以此使人們從恐慌的張力
> （ungeheure Spannung）中解脫出來。而受嚴酷的命運支配
> 的喀爾文教徒，卻注定要經受這種張力的不容任何緩解的
> 狀態。〔……〕喀爾文宗的上帝要求他的信徒不做個別的
> 善行，而是結成系統的聖行（Werkheiligkeit）。〔……〕
> 這樣，普通人的倫理實踐就不再是無計畫的、非系統的，
> 而是營造整個生活經營的有效方法。〔……〕因為只有徹
> 底改變體現在每一時刻、每一行動中的全部生活的意義，
> 才能確證恩寵的效果，把人從「自然狀態」轉變為「恩寵
> 狀態」。「聖人」的生活完全朝向一個超越的目的：至福

10　Ibid., p. 95（中一63）.

（Seligkeit），但也正是因為這個原因，生活的此岸過程被
徹底理性化，同時又完全受制於在地球上增添上帝之榮耀
這個目的。〔……〕只有一種被恆常的反省所指引的生
活，能克服自然狀態：笛卡兒的「我思故我在」從此倫理
角度重新解釋後，被同時代的清教徒接了過來。這種理性
化乃使得新教的虔誠有其獨特的工夫傾向，也能解釋清教
與天主教內在親近，又有獨特對立的關係。11

　　預定論所設立的緊張狀態，以及「自然狀態」與「恩寵狀
態」之間的張力，使得新教能夠把宗教徹底「理性化」，且排
除巫術的成分（韋伯認為路德教在這方面並未如喀爾文教及清
教來得徹底）。「入世工夫」則促使日常生活的徹底理性化。
根據韋伯之論點，此理性化的過程意味著「基督工夫」在16、
17世紀發生了巨大的轉變，因為新教讓「工夫」從具非理性取
向的「自我折磨」中解放出來，而將以積極的、系統的「自我
控制」取代之（在反宗教改革運動中，耶穌會的發展最能代表
天主教內部的理性化傾向）。12這種入世工夫的特點在於「超越
的目的」，即是以貫串整個生活的「反省」來克服自然狀態
（衝動、感性、情緒等）、確保恩寵狀態並獲得拯救。弔詭的
是：這樣的超越目的卻讓理性化的工夫滲入了日常生活的一舉
一動。換句話說，預定論不僅避免了宿命論的危機，更激發了
工作倫理的強烈動機。

11　Ibid., pp. 114-116（中一71-72）.
12　Ibid., p. 116（中一72）.

　　就新教而言，入世工夫的主要內容為工作或職業。然而，「確證」（Bewährung）是連接預定論與工作態度、本體論與工夫論的主要概念。在說明新教「積極工夫」（aktive Askese）與資本主義企業倫理的關係時，韋伯特別強調了喀爾文教中內在和超越之間的張力，即理性化的、入世的動力與信徒嚮往來世（彼岸世界）的「確證需求」之間的緊張關係。[13]人基本上無法知道能否達到恩寵狀態，但在日常生活中則可發現某些「被選擇的徵兆」（Zeichen der Bewährung）。藉由這些徵兆，信徒能夠培養得救的、堅定不移的信念，並獲得救贖的保障，藉此以判斷自己是否成為選民，還是淪入地獄。在此弔詭之下，「善行」（gute Werke）提供了不可或缺的徵兆。[14]工作是最能消弭宗教疑慮的善行，而工作上的成就則給人帶來恩寵的確定性。

　　總體來說，韋伯認為新教將基督工夫的生活方法「滲透到日常生活之中」，把它塑造成一種「在世界（塵世）內但不屬世界的、也不是為了世界的理性生活」。新教雖然在本體上保持「棄絕世界」（Weltablehnung, 或譯「棄世」）的態度，但此態度不等於「逃避世界」（Weltflucht）。因此，「在世界內」是指以工作為主的入世工夫，但工作的目的不是財富，更不是任何的生活享受（「不是為了此世」）。工作的終極目的「不屬於世界」，而是透過工作來超越世界，以確證自身的恩寵狀態。所以，韋伯強調：新教的資本主義精神與獲得財富的欲望沒有直接的關係（此欲望反而屬於新教所強烈駁斥的「創造物

---

13 Ibid., p. 144（中一85）.

14 Ibid., pp. 110-111（中一69-70）.

崇拜」），反而基於保持「工夫」的內在超越性。

三、儒家倫理中的美學秩序

新教倫理與資本主義精神的討論方式，規定了韋伯研究世界宗教中的經濟倫理的進路。因此，分析「中國的宗教」時，他從以下的問題出發：中國為何未發展出現代資本主義？更精確地說，「儒家」為何未產生資本主義精神，即一種既有超越取向，但又入世的理性主義？

韋伯宗教社會學如何界定儒家？Konfuzianismus一詞在中譯本都被譯為「儒教」，以突顯儒家的宗教性。但事實上，韋伯質疑儒家是否為宗教？而且他的討論也包含著「儒家」的不同層面，如個人層面、家庭層面及政治層面。就韋伯而言，儒者及「中國文人（或士人）」（Literaten）的生活取向並沒有明顯的宗教性，而更是一種人生哲學。在家庭或氏族的層面上，儒家的影響表現在孝道及祖先崇拜上，但即使如此，其宗教性依然相當薄弱。儒家的宗教性倒是在政治方面最為明顯，因而形成「國家的宗教」。由韋伯的討論可歸納出哲學的「儒學」、政治化的「儒教」和民間「儒家」之間的差別。本章所謂「儒家」涵蓋這三種意義。

韋伯對儒家的解釋涉及中國歷史的許多面貌（如社會史、經濟史、制度史、文化史），但在分析不同生活經營模式的比較「類型學」（Typologie）中，新教與儒家在內在、超越問題上的對比，才是韋伯宗教社會學的理論基礎。韋伯強調，世界宗教研究的順序（從儒家及道教到印度教，再從佛教到猶太

教，即是由東到西的進路）不是基於地理上的考量，反而基於分析的內在結構。[15]就類型學而言，建構強烈對比來產生清晰明確的「理想型」（Idealtyp），是宗教社會學的主要方法。世界宗教研究之所以從儒家切入，是因為韋伯認為，新教與儒家在內在、超越問題上，各自代表兩種截然不同的類型。兩類型的對比，在內在、超越問題上清晰地呈現出來。為了說明這一點，韋伯比較了儒家與新教的「理性主義」（Rationalismus）。在新教方面他指出：

> 新教倫理使倫理與「世界」產生一種巨大的、激烈的張力，因此與儒家面對地上事物的天真態度形成最強烈對比。〔……〕任何一種以其理性的、倫理的要求而與世界相對立的宗教，都會發現其自身與世界的各種非理性同樣處於緊張關係。對於各個宗教而言，這些張力表現在各個相當不同的點上，張力的本質與強度也因而各有分別。對於個別的宗教，這大多要視其由諸形上的許諾（metaphysische Verheißungen）所界定的救贖之道而定。必須注意的是：宗教上對於世界的貶斥程度，並不與其實踐上拒絕世界事物的程度相符合。

對儒家的分析，韋伯總結如下：

> 我們已看到，儒家（在意圖上）是個理性的倫理，它將

15　Ibid., p. 267.

與世界的張力降至絕對的最低點——無論是對世界採取宗教性的貶抑、還是實際上的拒斥，都減至最低的程度。〔……〕就像真正的古希臘人一樣，儒者完全缺乏倫理的超越根柢，缺乏與超世上帝所託使命與創造物的世界之間的張力，缺乏向超越目的的追求，也缺乏根本的惡的觀念。16

　　這兩段引文能初步說明新教與儒家的修養論在本體論、工夫論及目的論三向度上的差異。首先，韋伯清楚地表示，他所關注的對比主要是「古今」的而不是「東西」的。他著眼於傳統儒家與現代基督教的關係。如果比較古中國與古希臘在內在、超越問題方面的關係，情況則大為不同。兩者根本不存在強烈的對比，因為「真正的希臘人」與古典儒家的世界觀是相近的（而且，韋伯對古希臘的看法與尼采、海德格、傅柯等哲學家的看法相較之下是溫和的，因為他們都以不同方式反對把基督教的超越性強加到古希臘哲學身上）。

　　韋伯的宗教類型學將宗教與世界（塵世）之間的張力分為不同的式樣與強度，以此為基本的分類標準。具體的「解救途徑」（Erlösungsweg）及生活方法則被本體的前提（「對世界貶斥的程度」）和目的的設定（「形上的許諾」）所規定。換言之，所謂「張力」（Spannung）不是由現實世界與救贖目的之間的張力所構成。若比較世界不同宗教的張力，新教（尤其是喀爾文教及清教）對於世界的張力強度最高，儒家對於世界的

---

16 Ibid., pp. 513-515（中二338-340）.

張力反而降至最低的狀態。根據韋伯，儒家就幾乎沒有超越性或嚴格意義下的形上學可言。在本體論上，新教與儒家對內在性的構思也截然不同：就內心的內在性而言，新教主張「原罪」（即是性惡論），儒家反而肯定人性本善。就入世的內在性而言，新教把上帝與創造物對立起來，因而徹底貶斥感性的世界，即「創造物的世界」（kreatürliche Welt）。儒家對「地上的事物」反而保持了一種「自然」而無拘束的態度。就超越目的而言，新教主張絕對自由的、超世的上帝，以及個人對救贖的追求。被視為儒家最高目的的「道」，反而僅指宇宙秩序與社會秩序的和諧狀態（即所謂「天人合一」）。此外個人要經過以「古老經書」為基礎的「哲學、文學教養」，以達成「自我完美」的境界，將自身構成「在各方面調和均衡的人格」。[17]韋伯認為，儒家完全缺乏超世上帝的觀念，因而根本未發展出對於「世界」的張力，[18]使得儒家（以及整個中國傳統）的「宗教」停留在「純粹巫術的宗教性」之中。儒家無法「消滅巫術」，[19]反而理性化了巫術，將之系統化為「天人合一觀」（Universismus），[20]同時又主張以「世界的肯定」與「世界的適應」為主的倫理學，也因此無法形成以創造者與被創造者的對立為基礎的「工夫倫理」（asketische Ethik）。[21]儒家倫理學在社會關係方面反而保護傳統權力、習俗、禮儀的「傳統主

17　Ibid., p. 514（中二339）.

18　Ibid., p. 516（中二341）.

19　Ibid., p. 479（中二293）.

20　Ibid., p. 453（中二256）.

21　Ibid., p. 471（中二282）.

義」。韋伯說：

> 當然，罪過是有的，不過在倫理的領域裡，是冒犯傳統
> 的權威：對父母、祖先、官職等級裡的上司等的冒犯，即
> 對傳承下來的習慣和禮儀的冒犯，以及最終，對固定社會
> 習俗的侵害（而且這種侵害引起巫術上的疑惑）。22

除了要超脫「無教養的野蠻」（Barbarei der Unbildung）
外，儒者在人格理想上並不追求任何「救贖」：

> 儒家的理想人物，即是君子的「優雅與尊嚴」，是表現
> 在履行一些傳統義務上。因此，自我完善的目的，也就是
> 首要的德行，在於能夠在所有的生活情境中維持合乎禮儀
> 的行為。達到此一目的的適切手段是警醒的理性自我控
> 制，以及壓制任何凡是可能動搖心境平衡的非理性激情。23

儒家在本體論上肯定「內在性」，不產生內在性與超越性
之間的張力，反而相信自我完美的過程在此時此地可以實現。
工夫的內容為各種教養方式，目的則為個人、社會及宇宙的和
諧狀態。顯而易見，韋伯試圖以基督教的語言體系（如上帝、
救贖、解救、罪惡等）來衡量儒家的宗教性。在此過程中韋伯
發現，儒家的生活經營中，似乎毫無解救、罪惡或「張力」可

22　Ibid., p. 515（中二340）.
23　Ibid., p. 514（中二339）.

言，因此給予儒家一種宗教與非宗教之間的位置。儒家保存了原始的、巫術的信仰，倫理學的主要表現其實是「美學」的（行為要合乎「禮儀」的形式）。

由此看來，新教與儒家的「強烈對比」在於：規定新教生活經營的類型是上帝的絕對超越性，而規定儒家的生活經營反而是內在性的絕對化。在18世紀啟蒙運動的眼光中，儒家的存在有助於啟蒙時期的宗教批判，因為儒家思想代表一種非宗教倫理學的可能。此後，歐美學者對儒家的評價（無論評價是肯定或否定）幾乎都牽涉到「內在性」（Immanenz）對儒家的關鍵意義。在韋伯的眼光中，儒家是指宗教及宗教倫理之範圍的極限。韋伯這樣描繪儒家在宗教與非宗教之間的位置：

> 相較於古羅馬，中國處於特殊的狀態。因為當這個國家不容置疑地將儒家與官方祭典，及民間對祖先崇拜的義務相合併之後，就產生了一套唯一被官方承認的學說。以此，中國就趨近於一個「教派的」國家（konfessioneller Staat），而與紀元前的西方古代帝國形成對比。〔……〕然而，正統的學說並不是一種教條的宗教，而是一種哲學和生活學。這樣的關係確實就好比西元2世紀時的羅馬皇帝獨尊斯多葛學派的倫理為唯一官方正統，並以接受此倫理為出任國家官職的先決條件。24

韋伯認為，儒家原則上不能「忍受」一種在「皇帝的魅力

---

24 Ibid., p. 500（中二319）.

〔卡理斯瑪〕」（kaiserliches Charisma）及信仰祖先崇拜外的宗教性。儒家的宗教性具有明顯的政治取向，因為「拒絕祖先崇拜就等於危害了孝道這一政治元德（politische Kardinaltugend der Pietät），並危害依憑於此的官職等級秩序的紀律，以及臣民的馴服」。25此外，儒者「生活取向」的宗教意味相對薄弱，反而更接近世俗的人生哲學和生活美學。由此看來，「禮」除了貫穿宗教與政治外還有濃厚的美學取向。26

　　韋伯討論儒者與新教徒的生活方式時，清楚地把前者的美學取向與後者的宗教取向對立起來：

> 儒者警醒的自我克制是要保持外在姿態與舉止上的尊嚴，要保持「面子」。這種自我克制是屬於美學的，而且根本上是消極的性質。沒有特定內容的「端正態度」本身則受到推崇與追求。清教徒同樣的警醒自我控制反而積極嚮往一種明確的善行，此外它還有內心的目標，即系統地主宰自身的（被視為墮落與罪惡的）內心本性。〔……〕這是因為那位超世且全知的上帝看重（人）內心的態度，相反地，儒者所適應的世界都只看重優雅的姿態。27

25　Ibid., p. 501（中二321）.

26　Ibid., p. 444（中二243）.韋伯討論「禮」的美學性質充滿著負面的評價，但後來西方漢學也出現了相關價值判斷的反轉，正面地強調儒家對「美學秩序」的重視。參見David L. Hall and Roger T. Ames, *Thinking Through Confucius*（Albany: State University of New York Press, 1987），pp. 131-138。

27　Ibid., p. 531（中二358-359）.

　　韋伯認為，儒家的世界觀不僅缺乏超越性，同時也缺乏內心性（Innerlichkeit）。對他而言，儒家的內在性完全是一種「入世的」內在性（innerweltliche Immanenz）。因此，韋伯能夠再次提及儒者與清教徒的強烈對比：儒者的生活方式基於一種美學的、以生活形式及外在世界為主的自我觀，清教徒的生活方式反而意味著宗教的、以內心世界為主的自我觀。欲進一步理解此論點的理論脈絡，則必須回到韋伯以上所提的兩種說法：其一為「真正的古希臘人」與儒者的比較，其二為「儒教理想人物的『優雅與尊嚴』」一語。兩者都涉及美學與倫理學的關係。

　　韋伯指出，儒者如真正的古希臘人般缺乏倫理的超越根柢，亦即超世的上帝與世間的創造物之間的張力，也缺乏任何朝向來世的救贖目的，以及任何根本之惡的觀念。此看法的理論基礎在於非宗教道德或所謂「異教道德」（pagan morality）的外在性與基督教道德的內在性（內心性）之間的對比。根據此說法，「異教」的道德（如古希臘的道德）只考慮行為的外在形式，看重行為是否合乎外在規則、他人對此行為的看法，以及行為所留下來的記憶。基督教的發展則意味著內心性的形成及道德的內在化。在韋伯的宗教社會學中，儒家倫理便是異教道德的例子，並指未經過道德之內在化的道德觀。

　　「優雅與尊嚴」是指德國文學家、哲學家席勒〈優雅與尊嚴〉（Über Anmut und Würde）一文。席勒此文為德國人文主義的代表作。其中所描繪的生活方式和理想人格是後基督教的，而試圖以美學與倫理的關係取代宗教與倫理的關係。因此，在韋伯的研究脈絡下，「優雅與尊嚴」或所謂「有人文教養的文

人」（humanistisch gebildeter Literat）或被看成「美學價值」的
「君子」[28]等等，不僅隱含著對中國文人（士人）的鄙夷，也反
映著資產階級所代表的理性主義（即技術和經濟的理性主義）
對文人文化的輕視。韋伯說，文藝復興的人文主義僅是對歐洲
的教育制度產生了長期的影響，但在政治上無深遠的後果。假
如16、17世紀以降，人文主義者如同中國文人般掌握政權，那
麼「我們的命運」（即西方人的命運）或許也將遭受「中國的
命運」。[29] 換言之，人文主義文人的理想主義如同儒家文人所
代表的，是對世界的「適應」；而資產階級代表的，則是對世
界的支配與征服。總結關於儒家與新教的對比分析，韋伯指
出：

> 儒家的理性主義是指對世界的理性適應，清教的理性主
> 義則指對世界的理性支配。清教徒與儒者都是「清醒
> 的」。但是清教徒理性的「清醒」乃建立在一種強力的激
> 情（Pathos）上，這是儒家所完全沒有的；同樣的激情也曾
> 鼓舞著西方的修道士。西洋的工夫（okzidentale Askese）對
> 世界的拒斥（Weltablehnung）緊密連結到其反面，亦即對
> 支配世界（Weltbeherrschung）的渴望。在一個超世之上帝
> 〔神〕的名下，工夫的要求被宣告給修道士，並且以變通
> 和緩的形式對世界〔俗世〕宣告。再也沒有比儒家的高貴
> 理想與「職業」的理念更衝突的了。「君子」是個美學價

28　Ibid., pp. 534-535（中二363）.

29　Weber, *Wirtschaft und Gesellschaft*, p. 828.

值，因此也就不是上帝的「器具」。但是真正的基督徒，
更形同出世或入世的苦行者（Asket），希望自己什麼也不
是，而只是上帝的一件器具，並在其中尋得自身的尊嚴。
既然這是他所期望的，那麼他就成為理性地轉化與支配這
個世界的有用工具。30

　　這段引文從工夫論跳到對世界的支配，而不假修飾地聯繫
西方的理性主義與帝國主義。由此看來，以內在與超越之間張
力為動力的資本主義精神，顯然也是韋伯所謂「帝國主義的資
本主義」31精神。他的著作充滿對現代西方理性的質疑和批判，
但有關世界宗教的比較研究（尤其是儒家的研究）則呈現出韋
伯的東方主義面貌：透過對比研究，他確定了西方理性主義的
優越性及正當性。

　　韋伯宗教社會學以資本主義問題及經濟倫理為主軸。毫無
疑問，最徹底挑戰此龐大理論架構的是東亞的經濟發展。東亞
的經濟奇蹟似乎構成對韋伯資本主義精神話語的最實際的反
駁。但事實上，此發展本身並未瓦解韋伯的理論基礎，因為他
所關注的問題是資本主義的誕生及相關的精神條件，而並非主
張在東亞無法學習和落實資本主義的運作模式：

　　在近代文化領域，技術上與經濟上皆已獲得充分發展的
資本主義，中國人大概相當有（可能比日本人更有）吸納

30　Weber, RS, pp. 534-535（中二363）.

31　Weber, *Wirtschaft und Gesellschaft*, p. 524.

的能力。這顯然不是中國人是否有適合資本主義要求之自然本性的問題。但是，較之於西方，中國所擁有的各種有利於資本主義成立的外在條件，並不足以資本主義的創造。[32]

儒家傳統或許為中國的現代化及經濟發展提供了資源，但相關討論通常僅強調工作倫理或企業倫理中的儒家精神，並且以韋伯論資本主義與新教的方式為標準。目的在於構思一種能對應新教精神的儒家精神。這兩種解讀在內在、超越問題上有所不同，但兩者同屬於資本主義的紀律模式。兩者有關現代化的想像受限於以紀律為主的現代化範式。無論「儒家工夫」與「新教工夫」在本體論和目的論上多麼不同，在工夫論方面兩者的自我觀都屬於主體性的紀律模式（disciplinary model of subjectivity）。儘管兩種工夫模式對人欲的態度不同，但兩者都強調，為了達到人生的「目的」，必須透過對人欲的主宰來實現。兩者都以著重紀律的規範性秩序為「理性化」的標準，因此難以脫離工夫與紀律的關係。

上述引文的主要問題不在於韋伯對東亞資本主義的觀點，而是對資本主義之發展潛能的無知。韋伯以為資本主義在1910年代已達到「全面發展」（Vollentwicklung），但顯然未能預期「資本主義精神」在20世紀下半葉的巨變。1960、70年代西方國家資本主義與反資本主義鬥爭引起的資本主義精神轉型，促使了舊往的「紀律工夫」到新型「創意工夫」的轉變（若要籠

32　Weber, RS, p. 535（中二363-364）.

統地區分「現代」與「後現代」兩種現代化範式，這乃意味著「工夫論」由現代過渡到後現代模式的轉變）。

　　本節討論韋伯對於儒家的解釋，以突顯韋伯所謂「基督工夫」的思想局限。難以否認的是，他把工夫與基督教的絕對超越性看成一體的兩面，造成筆者將Askese譯成「工夫」的瓶頸，因為在他對儒家的討論中明確指出，儒家式無條件肯定世界的倫理學中，並不存在Askese的可能性條件。[33] 換句話說，本章由更廣泛的詮釋角度探索韋伯宗教社會學中的「工夫論」，而以「工夫」作為比韋伯的分析框架更寬廣的跨文化範疇。韋伯將儒家式的美學修養排除於狹義的（苦）工夫之外，是因為他對「工夫」的了解以基督教為中心。他無法想像在基督式的宗教工夫外，還存有哲學工夫甚至美學工夫的可能（在連結宗教與工夫方面，韋伯與尼采的看法近似）。此外他相信，唯有基督工夫與資本主義精神才能發生緊密的互動。下節將連接韋伯的基督工夫與傅柯具有美學意涵的哲學工夫，來深入反思韋伯所謂的資本主義精神。

四、工夫倫理與創造性

　　儘管〈新教倫理與資本主義精神〉發表後引起許多熱烈爭論，該書卻也因此成為了一部經典著作。本節的相關反思，亦集中在工夫論與內在、超越問題的關係上。為了更深入探究，本節將討論深受「資本主義精神」影響的兩本著作：《資本主

33　Ibid., p. 515, 518（中二340、344）.

義的文化矛盾》及《資本主義的新精神》，[34]以分析1950年代以來所發生的變化。問題在於，韋伯在感嘆資本主義精神衰落及資本主義機械化的同時，為何完全未預想到「資本主義新精神」的可能？就韋伯而言，資本主義精神中的宗教超越性是不可或缺的要素，因而資本主義精神的世俗化便等同於衰落。然而，資本主義精神的美學化該被視為衰落或範式的轉移嗎？

面對資本主義在1960、70年代的危機，貝爾（Daniel Bell）在《資本主義的文化矛盾》中重新診斷資本主義的精神病況，而呼籲新教工夫的重建。雖然貝爾有關新教與資本主義的話語未超出韋伯的理論格局，但他已把當時「新社會運動」的文化挑戰融入到韋伯式的問題意識中。《資本主義的新精神》則從完全不同的角度探討同樣的挑戰，而以新社會運動為資本主義新精神的重要動力。據此，資本主義的「舊精神」是一種宗教精神，而其「新精神」反而是一種世俗化的美學精神。當然，資本主義精神的美學化是資本主義發展出現範式轉移的因素之一，尤其牽涉到主體生活經營的改變。就韋伯宗教社會學而言，資本主義新精神之說，不僅瓦解了宗教社會學關於內在、超越問題的基本設想，並且對「現代」的理性概念提出了「後現代」的挑戰。本節透過《資本主義的文化矛盾》與博爾坦斯基和希亞佩洛《資本主義的新精神》的對比，進一步反省了「資本主義精神」與「工夫倫理」的「後韋伯」關係。

---

34 Daniel Bell, *The Cultural Contradictions of Capitalism*（London: Heinemann, 1979）; Luc Boltanski and Ève Chiapello, *Le nouvel esprit du capitalisme*（Paris: Gallimard, 1999）.

　　《資本主義的文化矛盾》對所謂「文化現代主義」
（cultural modernism）提出了嚴厲的分析和批判。以韋伯的語言
來說，文化現代主義瓦解了入世的內在性與超越性之間的張
力。貝爾以世俗與神聖的對比取代了韋伯所謂的入世與超世。
他指出：「現代主義作為一種文化運動侵犯了宗教領地，並把
權威的中心從神聖移向世俗。」[35]根據貝爾的保守主義話語，神
聖與世俗的各自崩潰帶來了巨大的危機。因此《資本主義的文
化矛盾》以批判文化現代主義為主軸，同時憂心反思該如何重
建宗教精神的本體論等級：

> 假如沒有領域的區分，假如神聖被摧毀，那麼所剩下來
> 無他，只有欲望和自私的爛攤子，只有牽連人類的道德之
> 環的摧毀。我們能否（或是否應該）重建神聖之所以為神
> 聖與世俗之所以為世俗？[36]

　　貝爾強調，神聖與世俗當作為「兩種截然不同的領域」
（two radically different realms），[37]二者不僅是工作倫理的基
礎，也是整個社會秩序及社會連帶的必要條件。宗教意味著
「世界的劃分」（division of the world），是構成神聖世界與世
俗世界的二分法。在貝爾的理論架構中，「文化」（即是現代
文化）瓦解了神聖與世俗的二分，因而造成了宗教和社會的危

35　Ibid., p. 158.

36　Ibid., p. 171.

37　Ibid., p. 155.

機。因此，世俗化蘊含著從宗教到文化、從工作到娛樂、從苦
工夫到享樂放縱的轉變。貝爾說：

> 在以四海為家的現代人眼裡，文化取代了宗教和工作，
> 成為一種自我完成的手段，或對生命的辯解──一種美學
> 的辯解。38

貝爾和韋伯一樣認為，去除神聖與世俗、超世與入世之劃
分的世俗文化具有美學的而非宗教的性質：現代文化的美學性
質表現在享樂主義的生活方式及對創造性的無限追求。如上所
述，貝爾在《資本主義的文化矛盾》中大體接受了韋伯的理論
格局，但其所面對的歷史情境卻是韋伯所始料未及的，即是紀
律的生產模式（disciplinary productive model）被動搖的可能。
換言之，貝爾把宗教與文化對立起來，將宗教與有紀律的生活
經營連接起來，而將現代文化及相關反紀律的社會運動視為瓦
解資本主義不可或缺的工作倫理。他把文化運動化約為享樂主
義，而未預期反資本主義的實力會引發資本主義的創造性轉
化。

總體來說，當貝爾面對1960、70年代的文化運動時，他畢
竟是嚮往重建資本主義舊精神的，即重建其以新教工夫為核心
的宗教根源。39貝爾的主張，從「解放」運動的角度來看是「保

---

38 Ibid., p. 156.
39 「我們的祖先有過一個宗教的歸宿，這一歸宿給了他們根基，不管他們求
　　索徬徨到多遠。根基被斬斷的個人只能是一個無家可歸的文化漂泊者。」
　　Bell, *The Cultural Contradictions of Capitalism*, p. 119.

守」的，更重要的是，貝爾緬古懷舊之情也使他無法看清經濟模式的深層改變。貝爾由資本主義舊精神的角度批判文化及美學的「現代主義」，並且提出以宗教與文化、神聖與世俗之對比為核心的分析架構。然而，這個架構對反思韋伯宗教社會學仍有重要的參考價值，更何況，他的討論方式早已成為了保守主義者批評自由主義或左派自由主義的類型。

貝爾將兩種個人生活態度對立起來：一是與新教倫理相關的理性「生活經營」；一是超出道德規範的、提倡享樂、越界經驗及瘋狂的生活態度。[40]此矛盾在個人身上造成日常生活的分裂。貝爾說：

> 放棄清教教義和新教倫理的結果，當然使資本主義喪失道德或超驗的倫理。這不僅突顯了文化規範與社會結構規範的脫節，而且暴露出社會結構自身極其嚴重的內部矛盾。一方面，商業公司希望人們努力工作，投入職業生涯，不追求欲望的立即滿足——說穿了就是讓人成為「組織人」（organization man）。另一方面，公司的產品和廣告卻助長著享樂、狂喜、放鬆和縱欲的風氣。人們白天要「正派規矩」（straight），晚上卻要「放浪形骸」（swinger）。這是所謂自我滿足或自我實現。[41]

---

40 貝爾言及美國60年代小說家念念不忘的主題是「瘋狂」（Bell, *The Cultural Contradictions of Capitalism*, p. 137），並提及在傅柯的著作裡「瘋狂本身也被當作是真理的優越形式！」。（Bell, *The Cultural Contradictions of Capitalism*, p. 34）.

41 Bell, *The Cultural Contradictions of Capitalism*, pp. 71-72.

　　此情況是資本主義及資產階級社會即將衰落的徵兆嗎？依據貝爾的論點，自1950年代以來，西方資本主義的生活方式朝向享樂主義的發展，[42]呈現出資產階級社會的衰落趨勢。規範秩序的鬆綁及人欲的解放意味著工夫倫理的瓦解和頹廢危機的來臨。由此看來，貝爾所謂「資本主義的文化矛盾」是指資本主義社會的內部分裂，也就是紀律與享樂、生產與消費之間的分裂。並且，工作與享樂、忠誠與狂喜、節制與縱欲之間的強烈矛盾，不僅是個人的問題，也意味著「西方所有資產階級社會的歷史性文化危機」：[43]

　　各種文明的興衰史上都會出現一些轉化，即在崩潰之前，社會總要經歷一個個標誌著衰落的特定階段〔……〕。這些遞變的順序是從樸素到奢侈〔……〕，從工夫主義到享樂主義。[44]

　　同韋伯一樣，貝爾也強調工夫主義的基督教來源。然而，在新社會運動及消費社會的興盛時，貝爾還要說明現代享樂主義及世俗文化在思想史上的由來。貝爾認為，倘若在16、17世

42　「文化不再與如何工作，如何取得成就有關，它關心的是如何花錢、如何享樂。儘管新教道德觀的某些習語沿用下來，事實上50年代的美國文化已轉向享樂主義，它注重遊玩、娛樂、炫耀和快樂。〔……〕50、60年代，人們對性高潮的崇拜取代了對金錢的崇拜，成為美國生活中的普遍追求。」（Bell, *The Cultural Contradictions of Capitalism*, p. 70）.

43　Bell, *The Cultural Contradictions of Capitalism*, p. 84.

44　Ibid., pp. 80-81.

紀快速發展的新教各教派為資本主義精神的主要源頭，那麼，大概與此同時的「世俗的霍布斯主義」（secular Hobbesianism）及相關的「激進個人主義」，就是資本主義文化矛盾之負面因素的思想來源：「世俗的霍布斯主義養育現代主義的主要動機，即是追求無限經驗的貪欲。」[45] 現代主義的文化追求無限經驗，而且推崇跨越限制、衝破社會規範之舉，視其為刺激創造性的動力。貝爾將這種創造性稱為「擁抱惡魔」的創造性。[46]他認為，這種生活態度普遍化之後，成為了1960、70年代享樂主義及解放運動的文化底蘊。他說：

> 文化——尤其是我們目前稱之為現代主義的滾滾潮流——實際上接受了與惡魔的關係。現代主義文化不但不像宗教那樣設法去馴服惡魔，反而開始接受惡魔，激發惡魔，從中取樂，還把它（正確地）看作是某種創造性的源泉。[47]

在宗教與現代文化的對立下，宗教把世界劃分為神聖與世俗具有馴服欲望之「惡魔」的道德作用。瓦解神聖和世俗之分野的現代文化反而試圖「激發惡魔」。現代文化所追求的「美學經驗」不僅是指感性的享受，更意味著「創造的經驗」（creative experience）。貝爾說，惡魔的激發是「某種創造性的

45　Ibid., p. 81.

46　Ibid., p. XXIX.

47　Ibid., p. 157.

源泉」。換句話說，世俗化的過程（就基督教世界而言）造成上帝獨占的創造權崩解，而使人類創造力得到無限擴張的機會。在此過程中，美學從宗教中解放出來，「美學性的自律性」（autonomy of the aesthetic）因而成立。或者說，被創造的人從創造者那裡解放出來，而有意成為自己的創造者。貝爾認為，此發展顯現出一種危險的傲慢，從而引發了人類創造性如何規範的問題。在這一點上，貝爾反映出一種普遍憂慮，但令人質疑的一點是：回歸宗教是否為有效的解決辦法？

更重要的是，由資本主義自1980年代以來的發展觀之，貝爾連接宗教和工作倫理、美學和享樂主義的理論架構已無法維持下去。韋伯在〈新教倫理與資本主義精神〉中認為，發達的資本主義將宗教基礎的生活紀律置換為機械的功能理性。他因此感嘆，被科技和經濟所決定的現代生活，將變成「一個鋼鐵般堅固的牢籠」。1960年代的抗議運動則嘗試打破理性的鐵籠。面對功能理性（即批判理論所謂「工具理性」）的危機，貝爾提倡要回歸資本主義的宗教精神，重建基督新教的價值體系。

然而，打破鐵籠的危機是否也是契機？「資本主義的第二精神」[48]意味著創造性與工作的連接，以取代絕對超越性與工作的張力。難以否認的是，創造性的開發隱含著「自由」的很多新可能。就政治取向而言，《資本主義的文化矛盾》與《資本主義的新精神》屬於不同立場。粗略來講，在西方新馬克思主

48　Yann Moulier-Boutang, "Vers un renouveau de la critique sociale, Entretien avec Luc Boltanski et Eve Chiapello," in *Multitudes*, No. 3, Novembre 2000, 139.

義已開始衰退之際，前者提出了批判及化解危機的出路，後者則面臨著1980年代以來新自由主義的興盛以及所謂「資本主義的結構轉型」（la restructuration du capitalisme），並試圖更新資本主義的批判。為此，《資本主義的新精神》要先回答以下的問題：若在1970年代，資本主義的危機和衰落是常被討論的主題，為何資本主義在1980年之後反而能將危機化為蓬勃發展？為了回答此問題，博爾坦斯基和希亞佩洛投入了資本主義「新精神」的分析。

　　韋伯研究資本主義精神的目的在於釐清資本主義的發展動力在主體身上的根源。關於「精神」的探索，則從一個簡單的問題出發：當人人願意全力投入資本主義的工作系統時，其中是否有超越物質需求的動機？換言之，資本主義的正當性應是依靠著具有普遍內涵的「倫理態度」（êthos〔ἦθος〕），[49]而不可能全然以強迫的方式使人服從。韋伯認為，資本主義工作倫理所依靠的超越動機是對「宗教報酬」（religiöse Prämierung）的信仰，而弔詭的是，這種工作倫理所指的原初主體性範式並不是商人或企業家，而是「修道士」（Mönch）。不過，修道士為資本主義的舊精神提供了主體性範式。資本主義新精神的主體性範式為何？根據博爾坦斯基和希亞佩洛的研究，新資本主義工作倫理的超越動機在於「美學經驗」（即創造經驗時所體驗的自由和自律性）。這種工作倫理的主體性範式不再是修道士而是「藝術家」（尤其是藝術天才）。值得注意的是，從修

49　Weber, RS, p. 33（中26）；Boltanski/Chiapello, *Le nouvel esprit du capitalisme*, p. 47.

道士到藝術家的轉折並非意味著「工夫」的消失，但卻隱含著
工夫論的轉折。由此看來，〈新教倫理與資本主義精神〉與
《資本主義的新精神》的對比也是修道士與藝術家的對比。前
者所展開的「問題性」是現代理性（以及現代紀律）的系譜
學，後者所觸及的問題是現代創造性的系譜學。[50]

　　現代理性的系譜學從中世紀的修道院以及宗教改革談起。
同樣地，現代創造性的系譜學可以從文藝復興的藝術觀談起。
然《資本主義的新精神》並未採取韋伯的歷史角度，更是分析
1960年代以來的發展。博爾坦斯基和希亞佩洛區分了兩種批
判，以探討當時的抗議運動：「社會的批判」（critique
sociale）與「藝術的批判」（critique artiste）。此分辨構成了
《資本主義的新精神》的主軸。[51]根據馬克思主義的批判模式，
「社會的批判」針對的是資本主義的剝削結構及其所引起的社
會不平等；「藝術的批判」則主要針對理性與權力的掛鉤，以
及社會關係中的威權主義傾向，並提倡創造性的開發和個體自
由的實現。《資本主義的新精神》則認為由於「六八」抗議運
動接合了這兩種批判模式，方能啟動社會改革。

　　然而，新自由主義的興盛如何可能？就《資本主義的新精
神》而言，關鍵在於批判聯盟的分解：資本主義能吸收藝術批
判的價值（如創造性、自主性、自由）以發展資本主義的新精
神（即藝術或美學精神）；同時「社會批判」（critique

---

50 SP, pp. 138-151. 傅柯在《監視與懲罰》進行了現代紀律的系譜學，他也強
　　調，修道院為現代紀律的實驗室。

51 Moulier-Boutang, "Vers un renouveau de la critique sociale," 131; Boltanski/
　　Chiapello, *Le nouvel esprit du capitalisme*, pp. 83-86.

sociale）的力量亦被減弱且邊緣化。透過對1990年代企業管理學的話語分析，博爾坦斯基和希亞佩洛說明了以上觀點，然礙於篇幅，本章於此恕難對書中所提之詳細論證做深入檢討。對美學修養的反思而言，關鍵在於初步理解資本主義的「創造化」或「美學化」如何成為不可抵擋的發展趨勢，讓「創造性」變成普遍的目的和價值。

　　韋伯和貝爾的研究框架都無法思索資本主義的「宗教精神」如何可能化成「美學精神」，並也無法想像基督工夫如何可能在保持古典工夫論之特質的同時化成創意工夫。如何發展出非宗教的、以世俗的創造經驗為核心的修養哲學，乃是傅柯晚年思想所觸及的問題。《資本主義的新精神》提供了相關的社會、經濟學背景。韋伯的〈新教倫理與資本主義精神〉連結了資本主義的發展與工夫主義。此問題意識在結構上尚未過時，因為傅柯有關自我修養的討論乃著眼於工夫的「創造化」（世俗化、美學化），而這一討論可解讀為對韋伯宗教工夫研究的革新。

　　根據《資本主義的文化矛盾》的觀點，在1970年代的資本主義機制中，人欲的節制與人欲的開放（抱括「性解放」在內）之間的張力已成為日常生活的普遍現象。韋伯有關基督工夫的討論曾特別注意節制的作用，並稱之為「理性的生活經營」。其實，傳統的工夫論大體上都強調自我控制和紀律。傅柯對「自我技術」和「生存美學」的研究進路則明顯不同，因其特別注意以美學的越界態度為核心的創意工夫。此發展超出了韋伯和貝爾的思想框架。自此之後，資本主義精神與宗教的關係並非必然。韋伯宗教社會學的基本觀念（如入世與超世之

間的張力、理性化等）不僅難以解釋儒家式的資本主義精神，更無法回應資本主義新精神的興起。如果以「創造性」的美學問題取代「張力」的宗教問題，修養論下的內在超越問題會出現別開生面的理論視野。

第七章

哲學生命與工夫論的現代化

一、試論「同性戀工夫」

晚期傅柯在說明現代性與工夫論的關係時特別提及兩個例子：19世紀法國詩人波特萊爾所代表的「浪蕩子工夫主義」，以及20世紀的「同性戀工夫」（ascèse homosexuelle）。這兩種「界限經驗」成為了激烈爭論的焦點。本章由「同性戀工夫」一詞出發，反省「工夫」（ascèse）的現代化，進則探討傅柯對古代歐洲哲學與基督教的比較研究，尤其是哲學工夫與基督工夫的對比。無疑，傅柯實驗性地使用「工夫」的方式，乃從同性戀文化的經驗中獲得關鍵啟發。但同時，他也試圖將修養論的主題從「性」中獨立出來。因此，思考同性戀工夫，不僅有助於理解傅柯修養論的批判意涵，亦可藉此反思「工夫論」的現代化問題。

在法語中，使用ascèse一詞，容易引起許多負面的歷史聯想，如基督教以禁欲為目的的苦行傳統（在漢語的語境中，「工夫」一詞也可能引起相似的反應，例如讓人想起宋明儒學「存天理滅人欲」的道德嚴格主義）。然而，傅柯總是要擺脫

「工夫」無形的禁欲陰影，突顯其當代色彩。在一篇訪談中，他界定ascèse如下：

> 棄絕快感的工夫主義（ascétisme）已名聲敗壞，但工夫（ascèse）是另一種東西：是進行自我在自我身上的工作，為了轉化自身，或是為了顯現那一種我們絕不可能達到的自我。這不就是我們今天的問題嗎？工夫主義已經告辭了。我們的任務乃在於推動一種同性戀工夫，其將會使我們在我們自身上工作，並且發明（我不是說發現）一種尚不太可能的存在方式。[1]

為了闡明工夫論的批判潛力，必須暫時擱置禁欲主義的表淺聯想，融入傅柯對此概念的特殊使用。就此，哈普林（David

1　DE IV（No. 293），p. 165（英137）.「工夫」的翻譯基於上述的界定，以自我對自身的轉化工作為ascèse的核心意義。「工夫」尤其是在宋明儒學中的專用詞，具有深厚的哲學意涵，與一般意義的「功夫」不同（但學界的區分並非十分嚴格）。如前文所述，本書對「工夫」一詞的使用是自覺的選擇（而且在「同性戀工夫」一詞的使用中，確實被推到接近不合理的極限）。目的在於促進晚期傅柯與中國古典的修養論產生跨文化互動。無疑，此翻譯不是字面翻譯而是一種具有歷史文化厚度的哲學翻譯。因為ascèse或ascétisme的一般翻譯（禁欲、禁欲主義）就傅柯及古希臘、羅馬哲學而言明顯不妥，所以出現其他翻譯如修身實踐、修行、修為等（參閱佘碧平翻譯的《性經驗史》及《主體解釋學》）。語言的脈絡顯然和「工夫」相似，都涉及儒、道、佛的修養話語，但對筆者而言，若以哲學的精確性和豐富性來考慮，這些翻譯都不如「工夫」。可參考Edward F. McGushin對晚期傅柯ascèse（ἄσκησις〔*askêsis*〕）概念的詳細介紹：*Foucault's* Askêsis: *An Introduction to the Philosophical Life*（Evanston, Ill.: Northwestern University Press, 2007）。

Halperin）指出：「無論傅柯工夫概念聽起來多麼疑似天主教，他所描繪的現代例子卻都是全然世俗化的。」[2]傅柯不僅強調，工夫的基本意涵與宗教工夫有所區別，也反對將工夫化約為「精神習練」（exercises spirituels）。他避免正面使用「精神習練」的語彙，也不回應20世紀如何實踐精神習練的問題，反而將工夫視為貫串精神經驗與身體經驗的美學實踐。如此，他擺脫宗教式的、偏重精神修養的工夫論。在此情況下，部分傅柯研究者，尤其在面對某些性實踐如S/M（愉虐戀）或拳交時，「精神習練」一詞顯得不合適。可以確定的是，傅柯自覺地將身體及感性的強度經驗納入「修養」的領域。所浮現的新工夫論以創造性為核心。創造性具有精神向度，但卻無法化約為精神性。「創意工夫」的構想透過界限經驗而連結工夫與美學。在其中，自我要擺脫自己以轉化成「新自我」。對此，哈普林指出：

> 工夫（ascesis）的現代版本或許在主題上或在實質內容上與古代工夫有所對立，但兩者在結構上確有所相似。究竟連接現代與古代的工夫形式，乃是一種超越自我的自我修養技術（technique of cultivating a self that transcends the self），即修養一種激進非人格的自我（radically impersonal self）可當作自我轉化的媒介，因為他自身是虛無的（nothing in itself），因而便占有一種目前仍未成形的新自

2　David Halperin, *Saint-Foucault: Towards a Gay Hagiography*（New York: Oxford University Press, 1995）, p. 102.

　　我的位置。3

　　將「工夫」描寫為超越自我的修養技術，不僅意味著古今在結構上的相似，更具有跨文化的意義。就自我創造的觀念而言，「基進非人格自我」的說法，可算恰當的描寫。但值得注意的是，阿多意義下的古代精神習練與上述的現象不同，因為精神習練是指一種擺脫現有自我以發現真我的過程。哈普林將同性戀理解為精神習練時，並未意識到，傅柯與阿多在解釋古代工夫方面彰顯了不同的哲學範式。實際上，哈普林所提倡的現代工夫與阿多意義下的精神習練難以調和，反而接近傅柯將自我轉化視為自我創造的趨向：以自我越界的「界限態度」作為自我創造的內在動力。

　　米勒（James Miller）撰寫的傅柯傳透過界限經驗和越界的主題，連結了傅柯的理論與生活。4本章焦點不在討論米勒的論著，但要強調的是，這本書將傅柯的思想與生活視為一種「哲學的生命」。5哈普林強調，傅柯的生命是為連接批判分析與政治運動的「強而有力的典範」。6因此，討論生活與思想的關係，並不等於窺視傅柯私人生活。哈普林批評米勒說，他從

3　Halperin, *Saint-Foucault*, p. 104.

4　James Miller, *The Passion of Michel Foucault*（New York: Simon&Schuster, 1993）, p. 29. 有關此書所引起的的爭論可參閱Halperin, *Saint-Foucault*; Didier Eribon, *Michel Foucault et ses contemporains*（Paris: Fayard, 1994）; Didier Eribon, *Réflexion sur la question gay*（Paris: Fayard, 1999）。

5　Miller, *The Passion of Michel Foucault*, p. 9.

6　Halperin, *Saint-Foucault*, p. 14.

「個人病理學」而非從「抵抗技術」（techniques of resistance）[7]
的角度解釋傅柯的性實踐，將規範權力和正常化的邏輯強加到
他身上。而這正是傅柯一輩子所要反抗的。米勒所勾勒的「越
界敘述」（narrative of transgression）[8]確實使得性實踐的政治意
涵在窺探傅柯個人生活的精神病理學中消聲匿跡，並且進行基
督教式的主體詮釋學，即要在自我最隱密的欲望衝動中，辨認
「主體的真理」。

　　依米勒的研究角度，傅柯對工夫論的實驗性研究，容易被
視為偏差、變態、不正常甚至病態，進而被歸類為非理性。儘
管米勒對界限經驗的強調引起了學界的激烈反駁，但不應因此
而忽視界限概念和越界態度所包含的哲學問題：為何現代創造
性的發展動力與越界的邏輯不可分？刻板地將現代與後現代切
割開來，便在現代性的理性與後現代的理性批判之間造成簡單
對立。然而，有關現代性的思考，一旦從理性移轉到創造性
（而且將理性理解為創造性內部的結構化作用），過去被現代
理性所排除之物，就要看成現代性的組成部分。例如，薩德
（Marquis de Sade）著作中的「性過度」或納粹集中營的死亡工
業，都不應該排除在現代性之外。理性與反理性在現代性的創
造性轉化（或說「現代化」）中，文化與野蠻的辯證極端地衝
擊了人類的思想和感受能力。由創造性的系譜學來看，理性與
不理性（déraison）的關係一旦發生改變，兩者之間的界限開始
重整，創造活動亦可關注有哪些界限成為可逾越的，有哪些界

7　Ibid., p. 10.

8　Ibid., p. 164.

限經驗在現有的理性結構中成為可能。

　　傅柯在〈何謂啟蒙？〉中所描繪的「批判」是相應的一種雙重活動。一方面對現有的歷史界限進行考古學分析，另一方面則要跨越這些界限，尋找另類生活和思想的可能。這種「批判」的基本結構在傅柯的早期著作《古典時代瘋狂史》已開始出現了。或者說，晚期傅柯的批判概念試圖落實《古典時代瘋狂史》第一版序言所提及的可能：「瘋狂與理性之間的交換」。[9]傅柯強調，這種交換被現代理性所切斷，因此「批判」的意義不應該受限於反擊理性或讚揚某種「反現代性」，而在於進行理性結構與域外力量之間的溝通（包含非語言的溝通）。

　　在上述的背景下，同性戀工夫的觀念可當作深入反思修養與批判的另類機會。此處「工夫」不僅被視為無止境的自我轉化。自我在自身上工作的「自我關係」可擴充到社會關係，藉由友誼以及在友誼關係上所建立的社會網絡，甚至觸及社會運動的形成。於是傅柯強調，1970至80年代美國同性戀文化的重要成就，在於連接自我實踐、友誼與社會運動。一旦如此理解工夫實踐與生活方式的關係，主體的界限態度便超出界限經驗與性越界的聳動與刺激。傅柯早期在有關巴塔耶（George Bataille）的論文中，對綑綁越界與性禁止或禁忌已提出批評。相關反思展開了「欲望主體的系譜學」，並使得傅柯一方面擺脫了禁欲工夫的傳統模式，另一方面又鬆綁了「性」與解放的關係。他主張，對同性戀生活模式的追尋，應該脫離一1960年

9　DE I（No. 4），p. 159.

代「性解放運動的意識形態」。[10]一旦將焦點從欲望的解放轉移到「快感的使用」，工夫與性實踐的獨特連接，便能夠醞釀嶄新的身體文化。

傅柯有關「工夫」的另類思考，深受古希臘、羅馬哲學的啟發。在既是考古學的又是系譜學的雙重批判進路下，他對古希臘、羅馬文化的研究放棄了德國古典學的好古情懷，反而透過歷史對比的操作，先鬆動了基督教式「欲望主體」的必然性（考古學），再開闢出古希臘的當代活化（系譜學）。「當下」的界限經驗使考古學的歷史分析過渡到實踐的系譜學，並使現況的分析與現況的逾越相互激盪。由此可明白，傅柯有關古代自我修養和性活動的「學術」分析，與美國同性戀次文化也是相互連結的。在訪談錄中，他清楚表露越界概念的歧異性：他一方面要擺脫越界與禁止的關係，並將之追溯到欲望主體在早期基督教中的構成；另一方面，他所謂身體和快感的另類經濟，在強度化的追求上，又脫離不了越界的探險。換言之，性特質話語的考古學與欲望主體的系譜學相互補充：傅柯既批判性器官的崇拜，又批判欲望的心理內化。他的一些說詞如「快感的去性化」（desexualization of pleasure）或「身體的愛欲化」（eroticization of the body），[11]意味著快感與性器官的區分。生活藝術將賦予生命一種不必言語表達、永遠說不出是什麼的「色彩、形式或強度」：「生活藝術意味著殺死心理學，意味著與自身及他人要創造諸種無名的個體性、存在、關

10　DE IV（No. 293），p. 166（英138）.

11　DE IV（No. 358），p. 738（英384）.

係、特質。」12

　　由上述的討論可知，傅柯為何將S/M的實踐視為「實際創造快感的新可能」，但同時卻排除此實踐的「主體詮釋學」，或說心理學解釋（此解釋認為，在這種性行為中，無意識地欲求虐待他人或受虐的暴力傾向被釋放出來）。他認為，S/M的心理學解釋很「愚蠢」，而主張S/M意味著「策略關係的愛欲化」、「權力的愛欲化」，或以策略關係為快感泉源的「遊戲」：

　　　　策略遊戲如此當作身體快感的泉源很有趣。但我並不是說，這等於權力結構在愛欲關係之內的複製。這是權力結構透過策略遊戲而演出，同時，此遊戲能提供性快感或身體快感。13

　　S/M屬於〈何謂啟蒙？〉所謂「自由的策略性遊戲」。自由在權力關係內部的運作，意味著權力關係的反身性折曲。如此，連S/M也可成為一種哲學工夫，一種批判「我們所是」的方式：既「作為對於被給予我們之界限的歷史分析」，又「作為將可能越過這些界限的考驗」。14換言之，就傅柯而言，同性戀工夫是當代工夫實踐的重要例子。然這種充滿權力批判的工夫，在他的理論發展中又是如何形成？此問題必須從傅柯研究歐洲修養史的獨特方式來回答。他對「我們歷史先天」（notre

---

12 DE IV（No. 308），p. 256（英317）.

13 DE IV（No. 358），p. 743（英388）.

14 DE IV（No. 339），p. 577（英319）.

apriori historique）的批判分析，脫離不了他對基督教及歐洲古代哲學的另類思考。

二、生命技藝或主體詮釋：傅柯「工夫」概念的形成

　　在1970年代之前，傅柯僅以「上帝之死」、「人之死」（mort de l'homme）等模糊說法探討宗教。到了1970年代，他開始由「權力技術」的主題，切入基督教的研究。在此脈絡下，基督教的「牧師權力」受到重視，而且「告白」（懺悔、悔罪等）成了權力技術的分析對象。問題在於：對「現代主體」的誕生而言，貫串基督教所有自我技術的「主體詮釋學」是否扮演關鍵角色？《知識的意志》（《性史》卷1）藉由心理分析與基督教的關係，涉及「告白」的討論。之後，傅柯進一步透過歐洲古代哲學與基督教的對比，建構古代與當代哲學的呼應關係。藉由哲學與宗教的對比，他能走出基督教的陰影，並形成另類主體性的構想。他一方面連接基督教的「欲望主體」與主體詮釋學，將之界定為「在個體深處中辨認被隱藏的真理」；[15]另一方面則連接「能量主體」與古代的「生命技藝」。

---

15 Michel Foucault, "Christianity and Confession," in Foucault, *The Politics of Truth*, Sylvère Lotringer and Lysa Hochroth（eds.），（New York: Semiotext（e），1997），p. 200. 傅柯在1975年的法蘭西學院課程中，討論基督教的懺悔技術；在1978年的課程，他首次進行基督教與古希臘哲學的比較。他關於基督教最完整的討論，呈現在《性史》卷4《肉體的告白》（*Les aveux de la chair*）。另可參閱Foucault, "Le combat de la chasteté," DE IV（No. 312），pp. 295-308。

　　傅柯認為，若要對西方文明的「主體」進行系譜學研究，必須擺脫以權力技術或「支配技術」為中心的進路。同時他也坦承，《規訓與懲罰》中的權力分析，曾經也過於強調「支配技術」而忽略「自我技術」。在1970年代末期，傅柯開始更加注意這兩種技術的關係，並且以「治理性」的概念為兩者的橋梁。16此理論發展反映著權力研究的困境。然對自我技術的著重，如何從權力技術的分析開展出來？權力技術與自我技術的對比可能最早出現在《知識的意志》有關「性科學」與「愛欲的藝術」的區別之中。在1976年，傅柯尚未產生前往古代哲學的研究轉向，但「性科學」的分析已引發他對基督教告白技術的興趣。17值得注意的是，《知識的意志》仍然以權力技術理解基督教式的告白，視之為在「牧師權力」的範圍內所運作的個體化程序（個體化意味著，主體透過「屈從化」（assujetissement）的方式「被動地」受建構）。

　　換言之，傅柯在批判基督教使人「被主體化」的模式後，才開始重視「自律」的主體化。他的研究離開了早期現代（即他所謂「古典時代」）的範圍，從分析17、18世紀的權力技術如何造成規訓化的身體，回到基督教脈絡下的權力技術，進則強調「治理的藝術」及自我技術的面向。透過對基督教告白技術的探討，傅柯連接了《規訓與懲罰》所討論的身體規訓（包含修道院的苦行修養）與基督教的自我技術，進而藉由研究基督教的自我技術，逐漸開始從自我技術的問題意識解讀古希

16　Foucault, "Subjectivity and Truth," in *The Politics of Truth*, p. 181.

17　參閱LA，尤其是1975年2月19日課程。

臘、羅馬的哲學資源。在此過程中，《知識的意志》扮演橋梁的角色，因為從修道院的規訓方式，到基督教的告白技術，傅柯經過對欲望主體的反思，才更加明白現代所謂「性特質」（sexualité）的基督教背景，尤其意識到心理分析的語言治療與基督教告白儀式之間的連續性。對欲望主體和主體詮釋學的批判，乃是發覺古代「生存美學」的可能條件。如此，主體性的另類思考，亦即如何開展非基督教之主體範式的問題逐漸形成。

　　儘管傅柯有關古代哲學與基督教的對比相當粗略，但從中可看出一個核心問題：自由如何可能？在他看來，自由的可能與反抗權威的行為密切相關。如前文所提及，「批判」的雙重取向（考古學的取向與系譜學的取向），意味著既要投入歷史細節的分析，又要逾越當下現況，以開闢創造性的動能。雙重批判的無止境辯證，具體表達在傅柯對於「同性戀工夫」和同性戀文化的關切中。然容易被忽略的是，類似的研究進路也引導他對基督教的討論。傅柯是從反抗教會的威權傾向，來思考告白技術與工夫主義的關係問題。自《安全、領土、人口》的1978年法蘭西學院課程開始，他分析基督教的工夫主義如何透過「牧師權力」，開拓獨特的自我技術。此時，他仍未談到正面的工夫概念，但已明確指出工夫主義的批判潛力，並將之理解為一種「反行為」（contre-conduite）或一種反對「牧師制」（pastorat）的「運動」。工夫主義與反抗、造反和不服從的關聯因而浮現。此後，工夫實踐的批判意涵是傅柯一再關注的主題，而在1984年有關「犬儒工夫主義」的討論中得到最尖銳的

表達。18

　　牧師權力與工夫主義的區分，使得傅柯鬆綁工夫主義與基督教的關係，邁向正面的工夫概念而發展。他強調，基督教的主流在於突顯服從與告白的牧師制。他甚至質疑，基督教是否為一種「工夫的宗教」（religion ascétique）：

> 　　如果以牧師制為基督教在權力結構方面的特徵，基督教基本上是反工夫的（anti-ascétique）。工夫主義反而是某種策略的因素，某種反轉的面向，其中某些基督教神學的主題或宗教的經驗，被使用來反抗這些權力結構。工夫主義乃是某種激化的、倒置的服從，變為自私的自我主宰。假如有一種屬於工夫主義的過度，此過多恰好確保外在權力無法進入。19

　　傅柯認為，基督教的工夫主義仍然保存了古代哲學工夫的核心，即「自我對自我的工作」。對這種習練而言，他人的權威、在場或目視皆是不必要的：透過與自己界限的掙扎，工夫

18　《安全、領土、人口》課程的編輯Michel Sennellart指出，在傅柯思想的發展中「反行為」（contre-conduite）一詞的出現，代表了重要的突破，即從「屈從技術的分析」（l'analyse des techniques d'assujetissement）到「主體化實踐」（pratiques de subjectivation）的轉折（STP, 221）。有關「反行為」的討論集中在1978年3月1日的課程（參閱STP, pp. 195-232）。《安全、領土、人口》課程也出現兩個關鍵的概念，即「治理性」和「工夫」（自我對自我的習練）。在筆者看來，「晚期傅柯」應從1978年的此一理論突破起算。

19　STP, p. 211.

實踐者乃成為他自己工夫主義的領導者。[20]工夫主義反對牧師的權威，反對服從的要求，因而與牧師權力的機制無法相容。早期基督教工夫主義的「過度」傾向促進了相關規範的發展，因而形成了以服從原則為基礎的修道院制度。針對「工夫」的實踐在具有嚴格等級秩序的機構中被控管，許多工夫的運動呈現出對抗的行為。

　　傅柯有關基督教工夫主義之討論所涉及的工夫實踐，包含越界式的界限經驗（界限與過度的關係），以及對痛苦的探索。基本上，此傾向對古代工夫倫理學的節制理想而言是陌生的，但在傅柯對工夫的現代化中，卻扮演極其重要的角色。還須特別強調的是，牧師權力與工夫主義的關係，在結構上與心理學與同性戀工夫的關係雷同。對牧師權力和心理學的批判所針對的主體性都意味著，自我要辨認與表現自身所隱藏的真理。傅柯則進一步將此觀念回溯到牧師制，以深化對當下的批判，並使得實踐上的超越成為可能。在1980年代傅柯反覆指出，他一生所關注的議題在於以主體與真理的關係為核心的「真理的歷史」。所以，他的研究特別重視「真理的機制」如何影響自我與自我的關係，並區分主體性的兩種主要構成方式，即他律或自律的方式。

　　傅柯說：「我嘗試經由研究歷史中的主體構成（藉此我們形成現代的自我概念），以及主體的系譜學，從主體哲學中脫身。」[21]他認為，撰寫「主體的歷史」相當困難，因為以往史學

20　參閱STP, p. 209。

21　Foucault, "Subjectivity and Truth," p. 176.

家著眼於社會過程的研究，而哲學家主張主體沒有歷史，只看重非歷史的形上主體。傅柯晚期思想是否重新落入歐洲傳統的主體哲學？基於上述的討論來判斷，主體的系譜學研究是傅柯擺脫主體哲學的方式：自我技術的研究與傳統「主體哲學」的關鍵區別，在於放棄本質主義的主體。晚期傅柯批評主體形上學的切入點不是語言哲學而是自我技術。

就自我技術在歐洲的發展而言，西元3、4世紀基督教的興盛，可視為一關鍵時刻：

> 我想強調，這些〔自我〕實踐方面的轉化，即在基督教時代或基督教初始之時所發生的轉化，使得古代自我認識的義務變成修道院的戒律：「你要向你的精神導師懺悔你所有的思想」。我想，這種轉化對現代主體的系譜學相當重要。伴隨這種轉化，我們所謂自我的詮釋學就開始了。22

假如自我技術是所有文明都必備的因素，傅柯的研究卻集中在歐洲的歷史，而將自我技術從古代哲學到基督教的變化，視為主體歷史中的重要範式轉移。他認為，告白（aveu）蘊含著主體與真理的特殊關係，即主體（或自我）的詮釋學。相較於此，古代歐洲哲學的自我技術並不「詮釋」隱藏在自我深處的欲望。23就傅柯而言，現代主體的系譜學以「欲望人的系譜學」為主，因而主體的歷史與「欲望主體」的歷史息息相關。

22　Foucault, "Subjectivity and Truth," p. 183.
23　UP, pp. 11-12（英5／中125）.

他當然明瞭，古代哲學與基督教無法截然二分，因為古代哲學已預備了主體詮釋學的豐厚沃土。於是，與其說「主體詮釋學」與「生命技藝」的對比反映著歷史的事實，不如說是一種研究手法，目的在於突顯古代「能量主體」的當代啟示。

據此，古代的能量主體並沒有預設主體深處所隱藏的「欲望」。基督教的主體詮釋學才以欲望概念的興起為歷史條件。在基督教的脈絡下，「自我」成為要被發現或辨認的「隱幽文本」：

> 古代的諸自我科技（technologies of the self）並不與解釋的藝術相關聯，而是與記憶術或修辭學之類的藝術有關。自我觀察、自我解釋（self-interpretation）、自我詮釋（self-hermeneutics）在基督教之前並未涉入自我科技之中。〔……〕在基督教的自我科技中，問題在於發現深藏於自我中的某一物；自我就像我們必須辨認的一段文本或一本書〔……〕。24

在主體、自我技術與真理的關係上，如何區分古代哲學與基督教，是晚期傅柯一再探討的主題。他主張，古代哲學連接生命技藝與「說真話」，基督教式的「主體詮釋」則意味著內心的「語言化」。然而基督教的精神技術所要求的自我棄絕以主體的詮釋為基礎；反觀心理分析的學說，主體的詮釋便是促進自我解放的重要媒介。因此，當今的自我解放是駁斥欲望的

24　Foucault, "Subjectivity and Truth," pp. 197-198.

棄絕而提倡欲望的解放，但仍是以「欲望主體」為核心，並且奠基在自我對自身的詮釋工作之上。一旦討論的焦點放在內心的言語化上，便易於了解基督教與心理分析的連續性。傅柯從心理分析的告白模式，回到基督教脈絡下的懺悔，以回溯欲望被言語化的開端。就基督教來說，人們要透過言語化的功能，淨化自己的靈魂以接近上帝，同時要棄絕在自我內部存在的、代表魔鬼的欲望。[25]如此，主體詮釋學與基督教自我技術的禁欲傾向密不可分。

　　傅柯思考古代哲學與基督教的對比時，關於ascèse（工夫）、ascétique（工夫論）、ascétisme（工夫主義）的討論特別值得注意。他區分兩種工夫主義的方式：一種是以基督教的，尤其是以天主教的「禁欲」傾向為基礎，充滿著以自我棄絕達成救贖的弔詭；另一種方式則從希臘哲學中的ascèse（askêsis）出發，將之視為自我對自我的工作、自我在自身上的「習練」，亦即自我構成自己的技術。依此，傅柯在《主體詮釋學》課程中，圍繞著古代哲學與基督教在修養工夫上的差異，以突顯哲學工夫與生存美學的關係。

　　他認為，基督教的精神性重視生命的規則化：在修士的日常生活中，所有的細節都要順著規則來安排，因而生命偏向「規則的重複」。「服從」（obéissance）（服從上帝、服從精神導師、服從神父、服從規則）乃成為了基督工夫的基本要求。與此不同，古代的生命技藝是要達成「哲學生命」的境界。哲學生命並非意味著要遵循宗教的規則，而是要順隨美學

25　參閱Foucault, "Christianity and Confession," pp. 225-227。

的形式：

> 反觀哲學生命（la vie philosophique），即是哲學家所要
> 求和定義、且透過技藝而能達成的生命，並非要順應一種
> regula（規則），反而要順應一種forma（形式）。要賦予
> 生命的乃是某種生命風格或形式。譬如說，為了以建築師
> 的技藝來建構一間美好的寺廟，當然要順應某些規則，即
> 是某些必要的技術規則。但是，好的建築師充分使用他的
> 自由，而賦予寺廟一種形式，一種美的形式。同樣地，要
> 使生命成為作品的人，即要良好地運用technê tou biou
> 〔τέχνη τοῦ βίου，生命技藝〕的人，必須在腦海裡較不是
> 那種不斷地要求服從、要求應該屈服於細密交織規則性的
> 人。在羅馬人或希臘人的精神中，對規則的服從或服從本
> 身並無法構成美的作品。美的作品順應於某種特定形式的
> 理念（特定的風格、特定的生命形式）。無疑，因為如
> 此，在哲學家的工夫論（l'ascétique des philosophes）中，
> 我們絕對不會看到如同基督徒在生命中的每一天、每一刻
> 所要進行的一整串習練。26

　　特別令人注目的是「規則」與「形式」的對比。傅柯將形
式歸屬於美學的範圍，規則反而是指法學或宗教的領域。他認
為，以形式為中心的工夫只需要某些大致的方向或引導性的要
點。如此，主體能透過習練來構成屬於自己的生命形式，而且

26　HS, p. 406（英424／中440）.

使生命自由地形塑成作品。

在此基礎上，傅柯對哲學工夫與基督工夫的區別更明確了：

　　我認為，在基督工夫中，我們可以發現自我棄絕的運動，而在此運動中，自我在真話語中的客體化（objectivation）是最重要的面向。我認為，在剛才所談到的時期裡，異教工夫、哲學工夫、自我實踐的工夫是要成就自己，要當作生命技術或生活藝術的目的和對象。重要的是，讓自己透過某種實踐或自我對自我的習練，能成就真話語的主體化（subjectivation），而不追求自我在真話語中的客體化。27

　　換言之，哲學工夫的目的不是要以自我棄絕達成靈魂救贖，不要個體臣服於客觀法則，而是藉由真理與個體的連接，形塑自己的生活方式。從「自我棄絕」與「自我構成」的對比觀之，哲學工夫不會為了神聖的靈魂，犧牲自我的任何部分，反而要開創本來沒有的可能。由此觀之，基督工夫傾向於自我去除，哲學工夫則傾向於自我創造。兩種工夫的模式在主體與真理的關係方面必然展現不同的取向：哲學工夫要透過自我技術，使哲學的真理（或說某一哲學學派的真話語）藉由指導、學習和習練的過程，貫串主體的整個生活方式，並將之轉化為哲學生命。若能讓真話語滲透到主體性，乃可成為「陳述真話語的主體」。基督工夫反而要主體辨認和去除自己的欲望，進

27　HS, p. 317（英333／中346-347）.

而使自己徹底「屈服於法規」的絕對真理。相似的，傅柯在
《快感的使用》中反覆提及工夫與法則的對比，認為「法則」
（loi）或「法規」（code）的發展與基督教密切相關。此發展
反映在自我技術的領域中，因為基督教特別要求個體對法則的
「服從」。所以，基督教通常是指「他律的自我技術」，古代
哲學反而是指「自律的自我技術」。

　　為了說明古代的哲學工夫與基督工夫的差別，傅柯一再強
調「服從」對基督教甚為關鍵。例如說，就古代哲學與基督教
而言，「指導」的意義明顯不同。「指導」都涉及主體與真理
的關係，亦即真理透過他人（尤其是老師）的「指導」，而改
變主體的形成（即自我與自我的工作）。傅柯強調，「指導」
在古代屬於哲學的領域，無關宗教。兩者的差異不容忽略，儘
管指導及「良心省察」在古代哲學和基督教中，同樣都扮演重
要角色。

　　因此，古代哲學與基督教的指導方式屬於「極為不同的主
體化模式」，而且「西方人的主體化」基本上是基督教式的而
不是希臘、羅馬式的。[28]在哲學式的指導方面，傅柯提及三種特
徵。其一：指導是有限的，而且是工具性的（具有明確的目
的），對導師的服從是為了達成清楚的、外在的目的。其二：
古代的指導意味著專業的能力，即指導者的特定經驗或智慧，
以區別導師與導生。其三：指導是暫時的，因為成功的指導是
讓導生通達自我指導的能力，不再需要被指導。相較於古代，

28　參閱GV, pp. 219-246。值得注意的是：此處的「主體化」概念與兩年後在
　　《主體詮釋學》中的使用有所不同。

基督教的指導方式是無限的、長久的，而且沒有特定的目的：
服從即是目的。並且「服從關係」的形式結構本身即被賦予價
值。因而無論規則或命令多麼荒謬，服從還是有其貢獻。依
此，基督教的指導並非建立在專業能力上。服從的目的只不過
是「服從的存在方式」。服從同時是條件又是目的。[29]

傅柯認為，上述的服從包含屈服、能耐和謙卑三要素：
「屈服」是指「與他人之關係的一般形式」；「能耐」是指
「對外在世界的一般態度」；「謙卑」意味著自我關係。此情
形與古代的指導方式相違背。古代指導的目的在於擺脫導師的
權威，從而能自律自主地建立自我與自己及自我與他者的關
係。在此意義下，必須從「自我主宰」的要求，來理解「自我
關係」。指導的制度化形式也展現相似的差別：常見的古代形
式相對鬆散，如顧問、對談，書信來往或短篇文章的書寫。然
基督教的「服從機制」與告白的關係，在第3、4世紀的修道院
中開始被制度化，而到了13世紀，懺悔（告解聖事）成為每一
位基督徒不可迴避的義務。

三、基進另類的生命

在《說真話的勇氣：治理自我與治理他人》（以下簡稱
《說真話的勇氣》）中（1984年的法蘭西學院課程），傅柯藉
由犬儒主義（Cynisme）與基督教的對比，再次討論古代哲學與
基督教的關係。對基督教的研究不再涉及牧師權力或主體詮釋

29　GV, pp. 247-281.

學，而被放在更為廣闊的歷史視野之中（他多次提醒聽眾，相關論點僅是未來研究的初步構想，仍過於廣泛概括）。他延續《主體詮釋學》有關柏拉圖《阿西比亞德篇》的討論，但卻明顯擴大解釋範圍，透過《阿西比亞德篇》與《拉克斯篇》的對比，突顯「自我關注」（souci de soi）的兩種基本模式：第一種模式以「靈魂」（psychê〔ψυχή〕）為焦點，第二種模式以「生命」（bios〔βίος〕）為主。前者涉及「靈魂的形上學」，後者涉及「生存的美學」（或生存的風格學）。[30]傅柯強調，哲學生命（la vie philosophique）、哲學實踐（la pratique philosophique）和生命的習練（exercise de vie）是哲學的一部分，因此哲學不應該被化約為哲學話語（discours philosophique）。如此他顯然避免《主體詮釋學》在哲學與精神性之關係上的曖昧不清：他並不主張哲學理論與工夫實踐的區分，也避免將生命的習練界定為「前哲學的」或「非哲學的」，反而以工夫實踐為哲學不可或缺的要素。然而，不得不面對的問題是，為何現代西方哲學長久以來忽視此面向？

傅柯回答說：

> 從哲學的起源以來，西方一直承認（無論一切其他的發展，或許今天基本上仍然是如此），哲學與哲學生存（existence philosophique）是不可分的，即哲學的實踐始終應該或多或少涉及生命的習練。而且，哲學與科學的區別也正在此。但儘管西方哲學堅決主張，哲學活動原則上不

30　CV, pp. 148-149.

僅是一種話語的形式，卻也是一種生命的模式（modalité de vie），那麼西方哲學逐漸消解或至少忽略和邊緣化了哲學生命的問題，不顧哲學與哲學實踐不可分的原初主張（這就是西方哲學的歷史，或許也就是它的命運）。〔……〕無疑地，此一消失的理由之一在於宗教吸納了，且到某種程度侵占了實踐真生命的主題（la pratique de la vraie vie）。一旦宗教、宗教的組織、宗教的工夫主義，以及宗教的精神性，從古代終結直到現代世界，以越來越顯明的方式吸納這一主題，哲學就以為可減輕真生命的負擔。另外可設想的是，說真話的諸種實踐在科學形式之中的制度化〔……〕，無疑地也是真生命作為哲學問題、作為進入真理的條件問題，消失了的另一主要理由。[31]

簡言之，傅柯認為，宗教與科學都瓦解了哲學生命的正當性，使得哲學萎縮為哲學話語：「真生命」（la vraie vie）的主題，先是被宗教的精神性所吸納，後又被排除在科學真理之外。由此觀之，宗教與科學的發展動力，先後讓哲學萎縮為話語和方法而已。那麼，哲學的前途何在？除了默默地接受學院的枯萎命運外，還有其他選擇嗎？阿多諾曾經指出，缺少「真生命學說」的哲學等於「悲哀的科學」。他進而懷疑，哲學生命在發達資本主義的條件下難以維持，甚至不可能。[32]然傅柯對

31　CV, pp. 216-217.

32　Theodor W. Adorno, *Minima Moralia: Reflexionen aus dem beschädigten Leben* （Frankfurt am Main: Suhrkamp, 1951）, p. 7.

歐洲哲學的另類探索卻開拓出許多阿多諾所預想不到的主題，讓「真生命」的主題獲得一種貫穿歐洲思想和文化史的新意。

「哲學生命、真生命是否可能或應該作為基進另類的生命呢？」[33]對傅柯而言，哲學生命的問題被排除在哲學之外，[34]並非等於哲學生命在歷史中的消失。以犬儒者對「另類生命」（vie autre）的堅持為例，他便突顯哲學生命在哲學以外的深遠影響：對基督教工夫主義的宗教影響、對革命作為生存風格（style d'existence）的政治影響、對現代藝術中的越界態度的美學影響。尤其犬儒主義與基督教工夫主義的複雜關係，成為傅柯詳細討論的議題。如此，他能延續《安全、領土、人口》中的討論，推進以「工夫」為「反行為」（contre-conduite）的觀點。

根據《說真話的勇氣》，蘇格拉底為西方哲學展開了兩種決定性的問題：彼岸世界的問題（la question de l'autre monde）與另類生命的問題（la question de la vie autre）。傅柯說：「在我看來，西方哲學究竟在彼岸世界與另類生命這兩種主題、這兩種形式、這兩種限制之間發展。」[35]他將西方哲學這兩種「宏大的發展線」歸結於蘇格拉底式自我關注的兩種模式（兩者分別以柏拉圖的《阿西比亞德篇》與《拉克斯篇》為代表）。《阿西比亞德篇》以靈魂為真我，並以真我為自我關注的主要對象：對靈魂的沉思，即對「純粹的真理世界」的沉思，奠基

33　CV, p. 228.
34　CV, p. 218.
35　CV, p. 226.

了彼岸世界的原則，以及「西方形上學的本源」。36在《主體詮釋學》課程（1982）中，傅柯已詳細討論過《阿西比亞德篇》，尤其著重自我關注與自我認識的關係。他當時的解讀強調，以靈魂為導向的自我關注內部分裂為精神的自我轉化與科學的自我認識，因而導致柏拉圖主義的「弔詭」，已埋下了不同發展方向的種子：一方面，具有形上學導向的自我關注，無意中做出了從柏拉圖主義到基督教精神性之過渡的預備；另一方面，認識論導向的自我關注，促使哲學特別重視認識的問題，經由亞里斯多德的思想而邁向現代科學。《主體詮釋學》的討論顯示，傅柯對蘇格拉底式自我關注的解釋，既要避免自我關注被窄化為精神活動，又要批判哲學被化約為認識或話語的傾向。

在發表《主體詮釋學》的講座時，傅柯仍未提出生存美學的概念（據筆者理解，「生存美學」一詞首次在1983年對話錄〈關於倫理的系譜學〉中出現），而且當時他的討論還是以阿多有關「精神習練」的分析模式為主要參照。與此不同，《說真話的勇氣》透過《阿西比亞德篇》與《拉克斯篇》、靈魂與生命、靈魂的形上學與生存的美學等對照，走出阿多的影響，展開更具原創性、批判性和當代性的研究方向。換言之，傅柯自己的切身經驗，反映在以生命為導向的自我關注之中，在美學、修養和「基進另類生命」的連接之中。如此，既是批判的又是創意的工夫，才獲得充分的哲學呈現，這是傅柯所敞開的新可能。

36　CV, p. 227.

在探討犬儒主義的過程中，他提出一系列問題，不僅標誌著擺脫阿多解釋古代哲學的努力，也大膽超出《快感的使用》充滿謹慎態度的學術表達：

〔……〕生命為了真正作為真理的生命，是否必須當作另類的生命，一種以徹底而弔詭的方式另類的生命（une vie radicalement et paradoxalement autre）？徹底另類，因為總體地和全面地與傳統生存形式斷裂、與習慣性地被哲學家所接受的生存發生斷裂、與他們的習慣和他們的禮俗習慣斷裂。真生命是否當作一種徹底的、弔詭的另類生命，恰好因為它將要實現的不是其他，只是哲學實踐最廣泛被接受的原則？真理的生命是否或必須是一種另類的生命？這個問題具有重要哲學價值和深遠的歷史意義。37

就傅柯而言，哲學、道德和精神性，在西方的歷史中，都以不同的方式思考「彼岸世界與另類生命之間的關係」。38此關係及其歷史變遷乃是解釋古代哲學與基督教的關係及其結構性移動的理論前提。在講座中，傅柯反覆強調，此解釋模式極為粗略，必須經由詳細的歷史研究來加以檢驗。然而，筆者認為他的解釋方式有助於釐清歐洲修養史的核心問題。《說真話的勇氣》的相關討論特別詳細。筆者從中選擇犬儒工夫的例子，以進一步說明何謂基進的哲學生命。

37　CV, p. 226.

38　CV, p. 228.

四、犬儒者的另類生命

　　傅柯區分四個面向來討論犬儒者在「此岸世界」（ce monde-ci）的基進另類生命：「非隱蔽的生命、獨立的生命、正直的生命、主權的生命。」[39] 如上文所言，《說真話的勇氣》從修養哲學的兩大軸線出發，認為靈魂的形上學與生存的美學都可歸結於蘇格拉底式的自我關注所包含的內在分歧。換言之，前者是指超越性或宗教性導向的修養模式，後者是指內在性或美學性導向的修養模式。柏拉圖主義著重超越世界的形上學，犬儒主義傾向於內在世界的形下學。然傅柯明知，犬儒式的生存美學和批判工夫，不僅呼應著現代的藝術生命甚至革命生命，也涉及現有規範的突破和逾越，亦影響了基督工夫的反制度傾向，以及許多「反行為」的實踐。現代藝術生命的挑釁或戲劇性特質以「此岸世界」的批判為目的。與此不同，基督教對此岸生命的轉化，首先是為了進入彼岸世界而服務。「在靈知主義的運動（mouvements gnostiques）中，以及在基督教中，人們試著將另類的生命、斷裂的生命、工夫的生命，以及一種與一般生命沒有共同標準的生命，思考為進入彼岸世界的條件。」[40]傅柯認為，「基督工夫主義」（ascétisme chrétien）中的另類生命以彼岸世界為導向，因而遵守以下的指導性原則：此世的另類生命（亦即一種以貧窮、謙卑和服從為主的生活方式）指向彼岸的世界。之後，基督新教徹底質疑此工夫觀

39　CV, p. 231.
40　CV, p. 228.

並主張，此岸的生命與彼岸的世界不應該產生斷裂。

　　此處，傅柯觸及韋伯（Max Weber）有關新教倫理、基督工夫和現代資本主義的討論脈絡。在「犬儒工夫主義」（ascétisme cynique）過渡到基督工夫主義的歷史進程中，以「基進另類生命」為真生命的主題特別重要。當然，此過渡也涉及哲學工夫與宗教工夫的差別。或說，以生命為導向的自我關注對基督教所產生的後續影響，明顯突破了生存美學的範圍，因此傅柯有時不使用「生存美學」，反而使用較為中性的「生存風格學」。在他的用語中，「生存風格學」也能包含宗教生命的風格，但「生存美學」僅指哲學生命內部的風格化。就基督教而言，另類生命在此岸世界的展開，並非以「另類世界」（monde autre）為導向，而是以「彼岸世界」（autre monde）為導向。在傅柯看來，犬儒工夫主義與基督工夫主義之間的首要差別即在於此。就基督教而言，另類生命的工夫除了追求此岸世界的轉化外，更要為了所有的基督徒，開啟彼岸世界的大門：

　　　　在此意義下，我想我們或許可以說，基督教的長處之一在於，它的哲學意義來自能互相連接以下兩個方面：一方面是作為真生命之另類生命（vie autre comme vrai vie）的主題，而另一方面是以進入彼岸世界為進入真理的觀念。或說，一邊是真生命，也就是「此世中的另類生命」（vie autre dans ce monde），另一邊則是以進入彼岸世界（l'autre monde）為進入真理的途徑，而且藉由進入彼岸來奠基在此岸中所過的真生命的真理。我認為，這兩邊的結構就是，具有犬儒主義本源的工夫主義與具有柏拉圖主義本源的形

上學之組合，是兩者的交會點和連接點。這是非常概括性的說法，但我認為，基督工夫主義與犬儒工夫主義之間的大差別之一就在於此。經過一些應該要更詳細研究的歷史過程，基督工夫主義成功地連接了柏拉圖的形上學與犬儒主義的世界觀及其中的世界的歷史批判經驗（expérience historico-critique du monde）。[41]

由此觀之，基督教能「揚棄」古代哲學，因為能融合犬儒主義式的工夫主義（犬儒主義激進化了具有生命導向的蘇格拉底式自我關注），以及柏拉圖主義式的形上學，亦即串聯了兩種觀念：一、作為真生命的另類生命；二、以進入彼岸世界為進入真理。

傅柯的講座風格以描寫式的分析為主，經常不讓讀者清楚了解他自己的立場。然而在此處，從「柏拉圖主義形上學」與「世界的歷史批判經驗」的對比可以見出端倪，因為在〈何謂啟蒙？〉這一與晚期講座幾乎同時寫成的文本中，傅柯肯定地使用相似於「世界的歷史批判經驗」的說法。[42]很明顯，他同情犬儒工夫，如此不僅與基督教彼岸世界拉開距離，另也對具有形上學基礎的精神修養提出批評，以擺脫《主體詮釋學》的相對不成熟的立場。在探討犬儒工夫主義與基督工夫主義的第二種差異的時候，兩者之間的分界線變得更加明確，因為涉及彼岸世界與服從原則的關係：基督教要求「服從」。人要服從超

41　CV, p. 293.

42　DE IV（No. 339），pp. 573-575, 577-578（英 314-316, 318-319）.

越世界的上帝，同時又要服從內在於世界的（塵世中的）神職人員。犬儒工夫主義得以被基督教吸納的理由與此相關：基督教的在此岸世界服從他人，以進入彼岸世界的彼岸生命，便取代了犬儒工夫主義的另類生命原則。43

有關古代工夫與基督工夫的討論，傅柯總結如下：

〔……〕異教（paganisme）與基督教的差異，不應該理解為基督教工夫道德（morale ascétique chrétienne）與古代非工夫道德的差異。您們都知道，這完全是幻覺。工夫主義是異教在古代所發明，即是古代希臘、羅馬所發明。因此，不應該讓古代異教的工夫道德與基督教的工夫道德對立起來。我想，另外也不應該順著尼采的方式，分別古代工夫主義（其屬於暴力的和貴族的希臘）與另一種工夫主義形式（其分別靈魂與形體）。基督工夫主義與其他工夫主義形式（這些形式是在基督工夫主義之前發生的，或準備了基督工夫主義）的差異在以下的雙重關係中表達：人們一方面透過工夫主義來進入彼岸世界（l'autre monde），而另方面是要服從他者的原則（l'obéissance à l'autre）（亦即對他者在此世中（dans ce monde-ci）的服從，或說同時服從上帝及代表上帝的人）。如此形成自我關係的新風格、權力關係的新類型、另類真理的機制。44

43　CV, p. 293.
44　CV, pp. 293-294.

　　傅柯對古代歐洲工夫論的歷史分析，逐漸形成一種既是內在又是美學的工夫。由此可理解，他對歐洲哲學史、宗教史、道德史、修養史等的研究，與「浪蕩子工夫主義」或「同性戀工夫」的另類生命經驗具有內在關聯。並且，現在可確定，相關語詞在傅柯著作中的使用方式並非隨意，而是經過多年的思想磨練和概念工作才逐漸確立。而且，傅柯經由對犬儒主義的研究，賦予工夫論、生存美學與越界的界限態度獨特的歷史厚度。由此可知，在歐洲的歷史中，工夫實踐並不局限於身體控制或欲望壓抑上，更隱含著突破現有世界的批判態度和越界動力，並且涉及另類生命與彼岸世界、內在性的基進化與超越性的絕對化之間的張力。然而，傅柯修養哲學的局限恰好也呈現於此。

　　總之，基督教有效串聯了古代哲學所打開的不同線索：形上學的線索與美學的線索、超越的線索與內在的線索。傅柯強調，此連接模式發揮長達一千五百多年的深遠影響，並支配了基督教脈絡下的思想和工夫論。但基督教的串聯方式能否現代化？是否適合當代？可確定的是，基督教的修養模式不是唯一的。另方面，以反宗教的啟蒙為替代方案也顯得不足：美學的內在性層次無法單獨提供出路（晚期傅柯雖然對此進行反省，但仍然受反基督教情緒的限制）。然問題是，以非基督教的方式連接形上學的線索與美學的線索、超越的線索與內在的線索如何可能？或說，如何連接兩者，而同時又能避免超越性的絕對化與內在性的基進化？以「美學」的名義來思考「內在超越性」有何不足？應如何突破哲學、精神性（宗教）與美學的僵局？筆者認為，一旦面對這類問題，不得不擺脫以歐洲（或西

方）歷史為參考框架的修養論，踏入「通古今東西之變」的跨文化視角。不過，傅柯的跨文化視野受限於歐洲內部的「古今南北」，並未投入「古今東西」的思考。

第三部
美學修養

第八章

能量的折曲

一、性的吸血主義

對當代歐洲哲學產生影響的漢學著作極少。值得注意的例外是荷蘭漢學家、作家、外交官高羅佩（Robert van Gulik）在1961年出版的*Sexual Life in Ancient China*（《中國古代房內考》）。[1]在此之前，高羅佩已非正式地出版了*Erotic Colour Prints of the Ming Period*（《秘戲圖考》）。[2]這兩本書緣起於其擔任荷蘭駐日本大使期間，偶然在一家京都的古董店發現了一套春宮版畫集的印版。為了出版這套版畫，高羅佩開始研究相關的文字資料。出版《秘戲圖考》時，高羅佩寫了一篇導論，

---

1 Robert H. van Gulik, *Sexual Life in Ancient China*, with a new introduction and bibliography by Paul R. Goldin（Leiden; Boston: Brill, 2003〔1961〕）.

2 Van Gulik, *Erotic Colour Prints of the Ming Period: With an Essay on Chinese Sex Life from the Han to the Ch'ing Dynasty, 206 B.C. - A.D. 1644*（Leiden: Brill, 2004〔Tokyo, 1951〕）；中譯本陽權譯，《秘戲圖考：附論漢代至清代的中國性生活》（廣州：廣東人民出版社，1992）。這本書當時並沒有正式出版，高羅佩是將他的手稿複印五十份，分別寄送給世界各地的大學圖書館、博物館及研究機構。

討論中國歷史中從漢到明代的「性生活」，並翻譯了許多相關文獻。

《秘戲圖考》中有一段文字特別引起爭議，高羅佩在其中先討論了「道家哲學家」（Taoist philosophers）關於房中術的看法，又對「道家煉丹士」的角色予以考察，從而提出了「性吸血主義」（sexual vampirism）的說法：

> 雖然房中術的目的在於進行性行為及繁衍後代的過程中增益男女雙方的健康，但道家哲學家們迅即轉而只強調增強男人生命力的面向，而將女人的健康完全棄之不顧，同時也忽視了兩性結合的更根本意義：獲得子嗣。道家的煉丹士將房中術視為延年益壽的修煉之一，最終的目標是達到長生不老。這種單面向的觀點在容成大師的談論中可見一斑：他是如此善於採陰之術，利用與他發生性關係的女人來使自己永保活力。由此可見，房中術在道家的黑巫術和求取長生不老藥的過程中占有重要地位。
>
> 這些煉丹士將女人視為「敵人」，因為交媾中女人使男人射精，從而奪取了珍貴的陽氣。這樣的觀念肇始於女人被貶低為純然只是陰氣的供給來源。煉丹士所闡述的房中術是一種殘忍的性吸血主義，他們不僅僅相信透過吸取其性伴侶的大量陰氣，可以延年益壽、返老還童；更篤信所謂「元牝」乃是長生不老靈藥的根源。他們將這種神秘之物描述為濃縮而安定的陰氣精華，可以從陰道的分泌物（尤其是年輕的處女）中萃出。這種神秘之物可以透過施行特殊的性技巧被活化釋放，或者用人為的方法從女人處

取得。據信，這些煉丹士所從事的眾多令人作嘔的殘酷實驗，導致不幸犧牲和死亡的情況並不少。3

當時，高羅佩認為道家房中術中的「吸取女人陰氣」是一種殘忍的「性吸血主義」。4寫《秘戲圖考》時，道家的「魔術」使高羅佩感到震撼，不過在他之後所出版的《中國古代房內考》中則修正了自己的判斷。英國學者李約瑟（Joseph Needham）在英國劍橋大學的圖書館看到高羅佩的《秘戲圖考》，強調其中對道家的了解並不正確。高羅佩對此回應如下：

> 他〔李約瑟〕在所任教的大學圖書館查閱了我的書，他並不同意我對道家之性修煉如此不友善的評論。我必須坦承，乍見那些道家的實踐（practice）著實令我震驚，而我的反應就是將之標舉為「性吸血主義」。縱使在研究這些主題時，像我這樣一個門外漢本來就很難常保超然持中的態度；但是將道家思想視為對古代中國婦女的地位和遭遇有著負面影響的說法，仍是過度的武斷了。李約瑟在給我的信中指出，與我的說法相反，從總體上來說，道家對兩

3　Van Gulik, *Erotic Colour Prints of the Ming Period*, p. 11（中17-18）.高羅佩所謂的"Taoism"，包含「道家」與「道教」兩面向。因此，本章仍依照高羅佩的說法，一律以「道家」稱之。

4　中譯本用的譯法是「性榨取」，但因為vampirism是指vampire（吸血鬼），本章直接譯成「吸血主義」。

性關係的發展和婦女地位的提升是有益的。5

　　高羅佩接受李約瑟的批評，指出自己對道家房中術的理解有所偏差。他謙虛地說，這是因為他並非「專家」之故。李約瑟主張，道家對中國婦女社會地位的提升具有正面意義，因而不應如此貶低道家的影響和地位。最後，高羅佩承認「性吸血主義」一詞的使用並不恰當。儘管如此，《中國古代房內考》也並無完全放棄「性吸血主義」一詞的使用，仍然稱之為「古老道家修煉的一種變態」。6

　　法國哲學家李歐塔（Jean-François Lyotard）對此「變態」特別感興趣，甚至以其作為討論中國房中術的出發點。李歐塔的詮釋或許是一種「過度詮釋」，然本章將透過他的解讀，將

5　Van Gulik, *Sexual Life in Ancient China*, p. xxxiii（中3-4）.

6　Van Gulik, *Sexual Life in Ancient China*, p. 317（中330）.李約瑟關於中國房中術的觀點，是否比高羅佩在《秘戲圖考》所提出的說法更為「正確」還有討論的餘地。Paul R. Goldin在《中國古代房內考》的新版〈導言〉中比較李約瑟與高羅佩的觀點，認為高羅佩早期的說法更為持中。他說："But with hindsight, we can see today that Van Gulik's earlier thoughts on the matter were more judicious, and it is a pity that he allowed himself to be hectored."（Van Gulik, *Sexual Life in Ancient China*, p. xxii。）在一篇對高羅佩的女性主義反思中，Charlotte Furth對道家房中術的某些面向也指出負面的評論："Yet the classical bedchamber manuals teaching Daoist secrets of longevity portray an aristocratic and lavishly polygamous society where young women were exploited as sexual handmaidens–the stereotype of a royal harem."（Charlotte Furth, "Rethinking van Gulik: Sexuality and Reproduction in Traditional Chinese Medicine", in Christina K. Gilmartin et al.〔eds.〕, *Engendering China, Women, Culture, and the State*〔Cambridge, Mass.: Harvard University Press, 1994〕, pp. 145-146.）

「性吸血主義」一詞納入當代哲學的問題場域之中。道家房中術的「吸血主義」傾向讓高羅佩感到震撼。他對道家能量論（氣論）在房中術的運用的疑惑，引起了關於能量論與倫理學之關係的反省。中國房中術於此觸及了哲學的問題。

本章將透過李歐塔有關中國房中術的討論切入此問題的思考，接著討論傅柯的《知識的意志》和《快感的使用》，以及德勒茲的《傅柯》如何藉由東、西差異的框架來探討力量與自我之關係，並闡明「能量吸血主義」在當代哲學脈絡之下的特殊含義。由於本章節的討論範圍有限，難以對李歐塔論點所引起的種種疑惑進行全面分析，而且僅從《力比多經濟學》（*Économie libidinale*）關於中國房中術的討論切入李歐塔的哲學，也較難顧及其思想之整體脈絡。《力比多經濟學》是李歐塔早期的著作，就整本書來說，關於中國房中術的討論並非其核心觀點，更何況書中的許多說詞包含「力量的形上學」，於其後來著作中已被摒棄。[7]不過，從相對邊緣的中國話語切入李歐塔、傅柯或德勒茲的哲學作品，確實更容易發現他們思想的局限。

本章第二節以李歐塔所指出的能量論及其與道家氣論之呼應為討論焦點。至於高羅佩及李歐塔對於道家的了解是否正確的問題，則不是本章所要處理判斷的。本章要透過中國房中術的相關爭論，來彰顯某種哲學的「問題性」。在此筆者僅要指出，高羅佩及李歐塔所謂的「道家」（Taoism）乃廣義的道

7　Peter Dews, *Logics of Disintegration: Post-structuralist Thought and the Claims of Critical Theory*（London and New York: Verso, 1987）, p. 138.

家，尤其在房中術所涉及的氣論及其以「陽氣」為優先的思維模式方面，顯現出「道教」的影響。

針對李歐塔主要所引用的隋朝《醫心方》中的〈房內記〉之性質，高羅佩作了如下說明：

> 在《醫心方》所蒐集的引文中，有少數孤立的片斷與婚內性關係無關。它們顯然出自一部道家內丹派的房中書。在這部書中，性行為主要被看作是延年益壽的一種手段。這些材料把性結合說成是「戰鬥」，這一觀點在西方文獻中也廣為人知。而中國人特有的觀點是，「勝利」屬於在性交中順利獲得對方精氣以補自己陽氣的一方。8

「性的吸血主義」一詞特別突顯房中術的權力面和策略面，衝擊了「陰陽和合」之類的刻板想像，也違背了道家的陰柔思維和「無為」觀念。不過，一旦面對道家、黃老思想和法家的複雜關係，以及「無為」與政治謀略的交錯，對道家過於美化的理解便難以為繼。李歐塔在《力比多經濟學》中特別強調，對於道家房中術的探索，正是要批評某些「西方人」對道家的幻想。李歐塔確實選擇了相對極端的文獻作為理論依據，但難以否認的是，他也敏銳地把握了中國房中術及其修養論所包含的能量論問題。

8　Van Gulik, *Sexual Life in Ancient China*, p. 157 （中165）.

二、能量利益的最大化

李歐塔進一步發展了高羅佩所放棄的或無法深入思索的面向。《力比多經濟學》引用高羅佩《中國古代房內考》所翻譯的一段話，摘自中國的《醫心方》：

> 夫陰陽之道，精液為珍，即能愛之，性命可保。凡施寫之後，當取女氣以自補。復建九者，內息九也。厭一者，以左手煞陰下，還精復液也。取氣者，九淺一深也，以口當敵口，氣呼以口吸〔……〕如此三反復淺之，九淺一深。九九八十一，陽數滿矣。[9]

李歐塔對中國房中術的解讀由這一段出發。在引用這一段文字之前，李歐塔表露了他的目的：

> 在此，必須消除某些學說，無論它們對我們西方的鄉愁多麼親切。我們不能賦予「道」，以及它可敬的陰柔學說賦予諸任何信賴。我們必須把這一切仍然歸類為虛無主義的一邊，無論在力比多的事物（matière libidinale）上顯示多少傲人的精緻。[10]

9　Van Gulik, *Sexual Life in Ancient China*, p. 137（中157）；Van Gulik, *Erotic Colour Prints of the Ming Period*, Vol. 2, p. 44.; Jean-François Lyotard, *Économie libidinale*, p. 242（英201-202）.

10　Lyotard, *Économie libidinale*, p. 241（英201）.

　　李歐塔批評高羅佩在《中國古代房內考》中「美化」了房中術，反而採取《力比多經濟學》所開展的「佛洛伊德——馬克思主義」架構來討論，使得佛洛伊德的心理分析與馬克思的資本論互相補充，結合「力比多」（libido）的能量論與馬克思的經濟學來探討「中國古典的愛欲論」（l'érotique chinoise classique），並且直接將談論中國房中術的章節稱為〈資本〉。

　　李歐塔有一番特別的說法，認為在中國房中術裡，「精液」所代表的陽氣好比是一種「資本」，即「精液」是一種生命資本。如果能不斷地增加陽氣資本，則能達成「能量利益最大化」（maximisation du profit énergétique）的目標[11]。當然，在資本主義運作模式中，「資本利益的最大化」為經濟活動最基本的動力。李歐塔以「能量利益的最大化」討論中國房中術，也進一步說明「能量的最大化」如何可能的獨特背景：如果男人要「取氣」，需要先讓女人的陰氣亢奮（l'exaltation），要先使女人「歡樂最大化」（maximiser sa jouissance）。由此出發，他進一步推論：

　　　　在此（指《醫心方》），看待女人身體的有用部位，並非僅只根據她繁衍後代的生產力〔……〕，而是根據她所含有的「陰」之強大勢力（puissance）。根據《醫心方》，此力量的跡象在女人的五種微兆、五種欲望、十種姿態及九種精神中可以看到。就醫學作用而言，所有道家的及其他的文獻〔……〕都肯定地說：強化女人的快感就

---

11 Ibid., p. 249（英208）.

能夠加強男人的能量，即是「陽」。[12]

李歐塔特別強調，只有在強化女人快感的條件下，男人的陽氣方能加強，方能形成一種「能量的剩餘價值」（surplus d'énergie）或「能量的資本化」（capitalisation des énergies）。陰氣與陽氣的關係顯然被視為權力關係，而愛欲的藝術蛻變為奪取生命資本的戰略，以打敗被看成「敵人」的性伴侶。[13]

李歐塔認為，對實行房中術的男人而言，「主體」的問題是不存在的。在此技術的運用中（譬如在心理方面要導引能量的流程，在身體方面要按某個穴位來避免射精等等），性關係允許保持「匿名」（anonymat）的狀態：一個男人或許與一千個女人性交，但女人對他是匿名的，她只扮演「能量提供者」的角色。因此，「此男人完全不在乎與他上床的女人為何人」[14]。然而，李歐塔也提出男女的角色是可以變換的：在「養陽之道」外也有「養陰之道」，因此房中術的問題不是「女性主義」的問題[15]。不過，在大多數文獻中，取氣和「吸血」的人

---

12 Ibid., p. 244（英203-204）.

13 Ibid., p. 244 （英204）. 就此可參閱《醫心方》的說法：「素女曰：『御敵家當視敵如瓦石，自視如金玉，若其精動，當疾去其鄉。御女當如朽索御奔馬，如臨深坑下有刃，恐墮其中。』」；Van Gulik, *Sexual Life in Ancient China*, p. 157（中16）；Van Gulik, *Erotic Colour Prints of the Ming Period*, p. 21。

14 Lyotard, *Économie libidinale*, p. 246（英205）.

15 李歐塔引用一段來自《玉房秘訣》的文字：「若知養陰之道，使二氣和合，則化為男子。若不為男子，轉成津液，流入百脈，以陽養陰，百病消除，顏色光澤肌好，延年不老，常如少童。審得其道，常與男子交，可以絕穀，五日而不知飢也。」參閱Van Gulik, *Sexual Life in Ancient China*, pp.

確實是男性。無疑，李歐塔關於房中術的討論隱含著道德判斷，亦即中、西文化的價值等級。這一點，在他比較中國房中術與古希臘文化的時候便明顯可見：

希臘人從未對婦女和小孩有這樣的觀點，而對於衝動的經濟學家（l'économiste pulsionnel）而言，這正是徹底區分公民共同體與「東方專制」社會的癥結所在。這個中國的精液是什麼？是一種儲存的對象嗎？毋寧更是一種資本化的對象。這種對精液的儲存，是在享樂中隨時進行的，儲存的手法是以左手指壓住輸精管。但除了這種手法之外，中國的愛欲論（l'érotique chinoise）還包含許多其他的要求：要盡可能地從性伴侶那邊吸取力量；將這些全新的能量輸入身體，而此將會是能生產的身體。因此，這不只是儲存，即終止釋放及消耗，而是追求力量的增強〔……〕。16

如果道家的性吸血主義在高羅佩身上引動了某種道德情感，李歐塔的上述引文也表達了相似的效果。能量論在性活動之中的徹底實現，使兩者產生批判的念頭。李歐塔一旦觸及能

158-159（中66）；Van Gulik, *Erotic Colour Prints of the Ming Period*, p. 26。

16 Lyotard, *Économie libidinale*, pp. 250-251（英209）.在李歐塔（及傅柯和德勒茲）的文本中，「力量」（force）與「能量」（énergie）幾乎是同義詞。兩者的區分雖然必要，但本章暫時採用法文的習慣用法；在後結構的力量哲學中，兩者另與「權力」（pouvoir）及「勢力」（puissance）相近而形成種種理論組合。

量論與倫理學的關係問題，便將問題連結到東、西的文化差異以及政治制度的根本不同，突顯古希臘的公民共同體與東方專制社會的強烈對比。下一節將藉由傅柯的相關討論來深化對此問題的思考。

三、生命的技藝

李歐塔對中國房中術的討論相當片面，但《力比多經濟學》顯然不是一份「性學」的研究，更是一場思想實驗。本節將透過傅柯的文本來深化對「能量吸血主義」的討論，這樣做的目的在於，進一步說明「性」與「能量」的關聯所引發的倫理學問題。因此，筆者由傅柯《知識的意志》所謂「生命政治」談起，並非由「愛欲藝術」與「性科學」的區分切入。

《知識的意志》最著名的論點在於對「壓抑假設」的批判。在重估1960年代以來的性解放話語時，傅柯認為，從基督教一直到現代，「性」並不是被壓抑的對象。正好相反，「性」的話語不僅越來越氾濫，此擴充更是歐洲歷史中極為重要的發展趨勢：由生命的否定及尼采所謂「虛無主義」，發展到生命的肯定。傅柯特別強調，在這樣的發展脈絡下，對「性」的了解已徹底轉變，「性」不再是要壓制的對象，反而越來越是指生命力的強化與增加的要求。此論點與中國房中術的能量管理學可產生連結，如同傅柯認為「懺悔的技術」[17]連結了欲望與真理。在基督教的脈絡下，「欲望的詮釋學」因而產

---

17 VS, p. 78（英58／中43）.

生。懺悔（confession）的技術及告白（aveu）的過程使基督徒逐漸「辨認」自己的欲望，能語言化性特質的種種面貌。因此，傅柯在討論基督教時並非著眼於它的壓抑面，反而在基督教中已經看到性特質的多重化趨勢。後來的「性科學」更能使得隱藏在個人深處的欲望變成學術話語，走出欲望的罪惡形象，使懺悔的技術轉化為世俗化的治療方法。

　　傅柯對「壓抑假設」的批評已經是《知識的意志》的討論焦點之一。不過，尤其在此書的最後章節〈死亡的法權和管理生命的權力〉中，傅柯開展了另一種提問的方向，逐漸脫離狹隘的「性」問題，而進入生命政治的探索。在這一章節中，傅柯與尼采顯然產生了密切的對話：生命的政治是對權力意志的反省。傅柯有關權力在西方歷史中之轉變的討論，對本章的討論脈絡具有重要的提示。他在〈死亡的權利和管理生命的權力〉的章節中指出：「西方世界從古典時代起經歷了一次權力機制的深刻變化。」此一變化意味著：權力現在要「生產各種力量、促使它們增大、理順它們的秩序，而不是要阻礙它們、征服它們或摧毀它們。」[18] 換句話說，在傅柯所謂「古典時代」（法國文化黃金時代的18世紀），權力從相對單純的支配作用逐漸轉化成積極的力量，變為「一種積極地管理、提升、增加、具體控制和整體調節生命的權力」。[19] 此發展導致權力與力量的結合。權力和力量的概念是尼采權力意志的理論焦點之一，同時也是後來結構尼采主義的核心問題。傅柯強調，生

18　VS, p. 179（英136／中101）.

19　VS, p. 180（英136／中101）.

命的管理變成了權力運作的主要目標。然生命管理是建立在對
生命的肯定上，奠基於將生命看成能夠被管理的諸種力量的組
合。在權力運作越來越以管理生命為任務的情況下，生死關係
也跟著轉變。為了說明此一轉變，傅柯以死刑問題為例，而對
死刑在歐洲逐漸消失的趨勢提出了驚人的反思。他說：

> 既然權力的作用在於管理生命，那麼導致死刑越來越難
> 以執行的原因不是人道主義情感的產生，而是權力存在的
> 理由及其運作的邏輯。如果權力的主要作用是確保、維
> 護、強化、增加生命和理順生命的秩序，那麼它怎麼能行
> 使它的最高特權來推行死刑呢？對於這樣的權力而言，死
> 刑是界限、醜聞和矛盾。[20]

　　生命管理觀念的出現，或許包含著與歐洲脈絡相關的特殊
因素。不過，由本章的問題意識來看，生命的管理，亦即權力
技術與生命能量的交錯，充滿跨文化哲學的研究潛力，並可貫
串古、今、東、西的歷史思考。對理解此一角度，《知識的意
志》相當有幫助，因為它初步說明了在何種確切的歷史情境
中，「生命」和「力量」成為歐洲思想的問題。對歐洲力量論
與中國氣論的相應關係而言，釐清這種相應的歷史條件是重要
的跨文化工作。
　　在以下的引文中，傅柯總結生命政治在西方世界的產生：

20　VS, p. 181（英138／中102）.

西方人慢慢地明白了生物在生命世界中的含義，以及擁
有身體、生存的各種條件、生命的各種可能性、個人的和
集體的健康、大家可以調節的各種力量和一個它們在其間
可以被最佳配置的空間的含義。毫無疑問，在歷史上，生
物因素首次反映在政治之中，生存事實不再是這個日漸出
現在死亡混亂及其致命性中的不可企及的基礎。它在相當
程度上進入了知識控制和權力干涉的領域。21

　　顯然，中國的房中術早已發現了生命可當作知識控制與權
力干涉的領域。傅柯在《快感的使用》和《關注自我》中關於
生命技藝及自我修養的討論，乃是他所謂生命政治與中國養生
學之間的橋梁。有關傅柯如何了解生命政治與自我修養之關係
的討論，一方面要突顯他如何將權力與生命力的關係問題納入
到自我技術的研究之中，另方面也要突顯，傅柯一旦涉及古希
臘與中國的比較時，便受限於「西方主義」的刻板觀念。

　　就「愛欲藝術」的意涵，傅柯在著名訪談錄〈關於倫理的
系譜學〉中提供了概說。其中他強調現代的、以「欲望」為中
心的「性」觀念，與古代歐洲的、以生命技術為中心的「性」
觀念是不同的。另外，他也談到中國的「愛欲藝術」與古希臘
的「生命技藝」之間的差別（相似的比較再度出現於《快感的
使用》）。傅柯如何說明中國的「愛欲藝術」與古希臘的「性
活動」之間的差別呢？在對談中，他區分了四種「性行為」的
公式（formula），即古希臘的、中國的、基督教的及現代的。

21　VS, p. 187（英142-143／中106）.

每一公式都由三種面向組成，即行為、快感、欲望。他認為，
古希臘的公式將重點放在「行為」上，而「快感」和「欲望」
為次等因素；中國的公式則以「快感」為中心，「欲望」為次
要，而「行為」是需要節制的：

　　性行為具有三個極點，即行為、快感和欲望，如果我們
　這樣理解，我們就會得出希臘「公式」〔……〕。希臘公
　式所強調的是「行為」，而快感和欲望是輔助項目：行
　為—快感—（欲望）。我把欲望放在括號裡，因為我認為
　在斯多葛倫理中，欲望開始被省去，開始受到譴責。中國
　的「公式」是快感—欲望—（行為）。行為被擱置在一
　邊，因為為了得到極大和最長久的快感，要制約行為。基
　督教的「公式」特別重視欲望，但試圖取締之。行為得成
　為某種中立的東西，行為的唯一目標是傳宗接代，或完成
　婚姻責任。而快感在理論和實踐上都受到拒斥：（欲
　望）—行為—（快感）。欲望在實踐上被拒斥—要減掉自
　己的欲望—但在理論上卻很重要。現代的「公式」是欲
　望，它在理論上得到了強調，也在實踐上得到了許可，因
　為要解放自己的欲望。行為並不怎麼重要，而至於快感，
　誰也不知道這是怎麼回事。22

　　「限制行為，以得到極大和最長久的快感」一語是指中國
房中術的「止精法」，以及其他「限制」性行為的做法。基督

---

22 DE IV（No. 326），pp. 399-400（英268-269／中312）．

教的公式以「欲望」為中心，但同時要消滅欲望，同時「行為」是中性的，因為性行為只是為了生殖目的而服務，而「快感」的面向在時間上和理論上都被排除在外。現代的公式也以「欲望」為中心，然與基督教的公式正好相反的是：其目的不在於滅絕欲望，而在於解放欲望。在現代的模式中，「行為」（act）很重要，至於「快感」（愉悅），傅柯認為沒有人知道那是什麼。

性行為的三面向（行為、快感、欲望）正是傅柯在《快感的使用》進一步分析古希臘「性」話語與中國房中術之差異的重要理論背景。「行為」與「快感」之間差別何在？就他而言，古希臘所重視的「行為」是針對性活動中的數量、節奏、時刻以及情境；以「快感」為中心的中國「愛欲藝術」，反而追求「快感」的擴大和強化，以及在時間上的延長，但「行為」是必須加以節制的。

在《快感的使用》中，傅柯更詳細說明有關「性行為」的分析，比較古希臘、基督教及古代中國文化的情況。他指出，對於「行為」而言，古希臘人與古代中國人有相當類似的理解。「性行為」都被視為超出人的意志控制之外的「暴力」。對「人」而言（尤其對男人而言），性行為都代表著生命力的消耗，同時也是指死亡與生產的相互交織。性行為是力量的爆發，又意味著力量的弱化，甚至也代表著無子嗣而死亡的命運。傅柯認為，暴力、消耗、死亡三者，不管在古希臘或古中國，都造成了人對於性行為的憂慮。不過，雖然面對類似的問題，古希臘、古中國及基督教所採取的回應方式明顯不同。假設在「基督教的肉體教條」中，性行為及「克制不住的欲望力

量」被視為罪惡的顯現，古希臘文獻則代表另一種態度。在希臘：

> 性行為令人擔憂不是因為它被看成惡的，而是因為它困擾和威脅著個人與自身的關係，及他成為道德主體的可能：如果性行為不是恰當地被節制和安排，它將帶來非自願力量的爆發、能量的弱化，以及在不能留下任何珍貴後代的情況下而死去。[23]

有關中國房中術的討論集中在以下的引文：

> 高羅佩蒐集到的有關中國古代文化的文獻，似乎表明了這一主題的存在：對克制不住的、代價高昂的性行為的恐懼，對它有害於身體與健康後果的擔心，與女人的關係以爭鬥的形式呈現，對透過有調節的性活動來獲得優秀子孫的關注。但是，中國古代的「房事」論著對這一擔憂的回答方式是與古希臘截然不同的。對性行為的暴力（la violence de l'acte）的擔心，及對失去自身精液的恐懼，引起了一些有意地保留精液的方法；而對另一性別被視為接觸其所特有之生命原理的方式，而且在吸收此生命之時，將其內化以從中受益。因此，安排得當的性活動不僅排除了一切危險，而且可以獲得增強生命力和恢復青春的效果。此處，形塑（élaboration）與習練（exercise）針對的是

---

23 UP, p. 154（英136-137／中234）.

> 性行為本身、它的展開過程、維持它的各種力量的遊戲，
> 以及與之相關的快感。取消或無限延遲性行為的終點，會
> 讓它在快感方面達到最高的程度，而在生命方面達到最具
> 強度的效果。這種包含各種特別突出的倫理目標在內的
> 「愛欲藝術」，試圖盡可能地強化一種有所主宰的、反省
> 的、多樣化的和延續不斷的性活動的積極效果，其中的時
> 間，即完成性行為、使身體衰老與帶來死亡的時間被消除
> 了。24

　　無論古希臘、古中國或基督教，性行為都代表著危機。但
三者對此危機的反應明顯不同。由上述兩段引文來看，古希臘
與古中國對性行為的態度雖然有差異，然其共同之處可以從兩
者與「基督教肉體教條」的差別來了解。很明顯，傅柯討論古
希臘與古中國的例子時，都使用力量或能量的語言。能量論的
角度是古希臘和古中國的共同話語，又能彰顯兩者與基督教在
面對生命方面的重要差別。簡而言之，能量論是一種奠基在肯
定生命之上的哲學話語，所以不會將性活動或欲望所指的力量
看成罪惡，反而將此力量看成「力量遊戲」內部的因素。雖然
欲望的力量在古希臘、古中國及基督教的脈絡中都是要被節制
的，但古希臘、古中國為避免欲望的惡魔化，反而將欲望的力
量視為在生命的過程中必須被運用和轉化的生命資源。就性行
為而言，古希臘的力量論與古中國的力量論還有另一共同點，
即連接力量的運用與倫理的可能。在描寫古希臘的情況時，傅

24　UP, pp. 154-155（英137／中234-235）.

柯的相關表達十分清楚。他指出，性行為所指的威脅，是對自我關係的威脅。換句話說，如果人們無法適當地管理力量的爆發，以及性活動所帶來的消耗，倫理主體便不可能產生。就古中國來說，傅柯同樣強調，在「愛欲藝術」中，力量的運用包含著特別突出的倫理目標。不過，在兩種能量管理的方式之間，細微的裂縫開始出現：面對中國的愛欲藝術時，傅柯一貫避免使用「道德主體的形成」或「倫理主體的形構」之類的說法。這並非偶然。

　　倫理學與能量論（力量論）的緊張關係所顯現出的哲學問題，同時是指傅柯修養哲學的內部張力：即自我主宰與自我解放之間的張力。傅柯的相關討論不少，但卻未見對兩者之關係的深入反思。換言之，如果倫理學的可能奠基在自我主宰之上，或說，如果倫理主體的可能奠基在力量的管理上，自我主宰肯定是必要的。但另方面，傅柯的思想經常提倡自我控制的打破，以及自我界線的越界。在傅柯對中國的愛欲藝術的討論中，也表達出了這兩種面向：一方面，古中國的愛欲藝術試圖盡可能地強化一種控制的、反省的、多樣化的、延續不斷的「性活動」所產生的積極效果；另方面，「強化」或「強度」的說法，顯然呼應著「生存美學」與「力量論」在傅柯晚期思想中的核心地位：自我能量的強化，自我能量透過種種自我技術（包含性生活在內）的強化作用。傅柯所標榜的「越界態度」也意味著盡可能打破抑制能量流動強度的種種障礙，也就是打破以自我的理性控制阻礙身體能量流動的模式。

　　傅柯有關古中國愛欲藝術的描寫，代表他關於自我與力量論之關係的一種重要取向。不過，由《快感的使用》中有關古

希臘與古中國在處理性行為上的差別來看，自我能量的強化和能量流動的解放不足以構成性活動的倫理向度。從倫理學的角度切入，傅柯是在力量的基礎之上，要求透過某種自我主宰的技術來管理力量的運行。他的討論方式相當弔詭，因為他所謂工夫倫理以能量／力量論為出發點。他反對任何力量關係之外的超越性，但卻要求「力量的自我治理」。而且，根據傅柯聚焦於性活動的討論，力量的自我治理是古中國的力量論所無法產生出來的。雖然中國的愛欲藝術含有倫理的目標，但傅柯不僅沒有說明此倫理的目標為何，更重要的是，中國愛欲藝術的倫理意涵也顯然不符合傅柯的倫理學標準，也就是「倫理主體」的產生。

　　對古希臘處理倫理學與力量論的關係，傅柯作出了以下說明：

> 在希臘人那裡，這些讓人擔憂的主題（暴力、消耗、死亡）是以一種反省的形式出現的，其目的不在於建立一種愛欲藝術，而在於性行為的規則化（codification des actes），在於建立一種生命（生活）的技術（technique de vie）。這種技術既不要求人們消除性行為的基本自然性，也不要求增加快感的效果，反而試圖盡量按照自然需要安排性活動。這種技術所要形塑（élaborer）的，不是愛欲藝術所關注的性行為的展開過程（déroulement de l'acte），也不是基督教所看重的性行為在制度上的正當性條件，而更是自我與「作為整體的」（prise en bloc）性活動的關係，以及恰當地支配、限制與安排性活動的能力。在這一技藝

（technê〔τέχνη〕）中，重要的是使自己成為支配自己行
為的主體主人（sujet maître）的可能性，亦即使自己如同醫
生治療病人、舵手行船於礁石之間或政治家領導城邦一
般，成為靈活地、審慎地引導自我的人，能夠恰當地把握
分寸和時機的人。25

　　這一段說明了古希臘性行為的倫理意涵。在古希臘的「生
命技術」與中國的「愛欲藝術」之間具有倫理的位階。此位階
類似於李歐塔「公民共同體」與「專制社會」之間的分辨。對
傅柯而言，在希臘，性行為的管理只提及某些十分廣泛的大方
向（即某些「策略性原則」）供人遵守，而避免對於生活「細
節」的過度管制和干預。生命的技術將「整體」地約束性活
動，因此，古希臘的「生命技藝」才涉及「主體的倫理形構」
（la formation éthique du sujet）。傅柯說：

　　這一主體需要有能力主宰在自身中所爆發的各種力量，
　　且保持自由地運用自己的能量，讓自己的生命成為一件在
　　自己短暫一生結束之後仍繼續存在的作品。快感的肉身機
　　制及其所要求的經濟是一整套自我藝術的部分。26

　　何謂倫理主體的形構？何謂自我藝術？由上述引文觀之，
倫理主體的形構基於主宰力量的能力。而且，自由地運用自己

25　UP, pp. 155-156（英138-139／中235-236）.
26　UP, p. 156（英139／中236）.

的能量，是將自己生命形塑成藝術品的基本條件。在這一點上，「主體的倫理形構」與以自我為藝術品便有所呼應，亦即倫理與美學在主體之中溝通。不過，上述引文從自我主宰的要求切入自我藝術的主體，似乎將「美學」放在「倫理」的範圍之內，或說安排在自我治理的要求之下。然而，一旦比較「自我藝術」在不同著作中的意義，則容易發現，倫理與美學之間是有衝突的。假如自我治理與治理他人的關係是倫理學不可或缺的條件，那麼，放棄自我治理所包含的自我主宰則導致倫理主體的不可能形成。

　　在傅柯論「生活藝術」（或自我藝術）的某些文獻中，生活藝術包含對自我治理的尖銳批判：倫理的自我治理與美學的無政府主義產生強烈的對比。在這樣的脈絡下，生活藝術能促進欲望和激情的無政府主義，讓人徹底擺脫同一性的主體，擺脫自我認同。在傅柯與德國導演Werner Schroeter的對談中，他談到創造性與自我認同的關係，對生活藝術提出如下說明：

　　　　嘗試賦予每一時刻一種顏色、一種形式、一種強度，而同時從來不說明它是什麼，這就是生活藝術。生活藝術就是殺死心理學，就是與自己及他人一起創造個體性、存有者、關係、特性而不要賦予它任何名稱。如果在自己的生命中無法這樣做，這生命就不值得活著。將自己的存在做成藝術品的人和那些在自己的存在中做出藝術品的人，我不作分別。某種存在有可能成為一種完美的、崇高的作品，這是希臘人曾經知道的，不過，尤其是從文藝復興以

來，我們已完全忘記了這件事。27

　　由此觀之，生活的藝術意味著徹底擺脫自我認同的框限，讚揚在激情的力量流動之中喪失自我。自我認同與自我喪失的關係呼應著自我主宰與自我解放的關係。然而，自我主宰與自我解放、主宰的倫理與強度的美學之間的「弔詭」（即無法化解的張力），是傅柯「主體」概念無法想清楚的問題。由德勒茲的一段描寫來看，此張力在傅柯言行中有所呼應：

> 　　他有著一種被控制的、被支配的極端暴力，而使之變為勇氣。在某些示威中他因暴力而顫抖。他看到不可原諒的事物。這也許是他和惹內（Jean Genet）的一個共同點。他是一個激情的人，他賦予「激情」（passion）極其明確的含義。28

　　「暴力的主宰」是否意味著調節倫理學與力量論的「倫理主體」？「暴力的主宰」是不是工夫倫理的最高境界？傅柯和惹內是否應被視為現代式的「聖人」？

　　由前文所引用的幾段文字來看，傅柯並沒有清楚分別「道德主體」與「倫理主體」。然根據德勒茲的解釋，傅柯所謂「主體化」同時意味著「道德的拒絕」與「倫理的發現」：「主體化」既是倫理的又是美學的，但不涉及任何「道德法

---

27 DE IV（No. 308），p. 256（英317）.

28 Deleuze, *Pourparlers*, p. 140（英103／中117）.

規」。29不過，兩者的分別對立，是否掩蓋了「主體化」的內在張力，遮蔽了倫理與美學之間的弔詭關係？

　　傅柯所面臨的困境在於：一旦談到倫理的層面，則牽涉到「自我主宰」的必要，也就是理性與能量之間的等級；一旦讓能量的面向打破自我主宰的要求，而朝向快感的強化，也就是向自我創造的越界態度而發展，倫理的意涵則變得極為薄弱。倫理在美學與力量的交錯之中喪失了自我治理的基礎，反而成為了美學化的「倫理態度」（êthos〔ἦθος〕）。如何面對這兩種傾向的矛盾呢？傅柯僅僅暴露了問題，沒有提出解決之路。在「生命技術」與「愛欲藝術」的差別上，他間接承認了他所謂美學的倫理缺陷：力量論與美學的融合不足以促成倫理主體的誕生。「美學」讓自我與自身的關係停留在「力量關係」的領域之中，而且能量的強化與形式化（即使能量成為「作品」）通常意味著要刻意打破自我主宰的「認同」趨向。

　　傅柯重視生命技術／生活藝術與愛欲藝術的差異，因為古希臘的「工夫論」（ascétique）30包含著一種反省的態度：對於權威的知識及政治的權力要培養懷疑甚至批判的能力。因此，古希臘的工夫可理解為「批判性的自我修養」（critical self-

---

29 Deleuze, *Pourparlers*, pp. 155-156（英115／中130）. 此區分在《快感的使用》中也有依據，因為傅柯所謂「道德」含有廣義和狹義兩面向，即「行為的法規」與「主體化的形式」；但有時傅柯將「法規的歷史」（histoire des codes）與「倫理學及工夫論的歷史」（histoire de l'éthique et de l'ascétique）分別，而進一步分別基督教的「法規道德」與古代的「工夫倫理」（UP, pp. 36-37）。德勒茲則把兩者明確對立起來。

30 UP, p. 90（英77／中181）.

cultivation）。就傅柯而言，中國房中術的能量管理之中，反省性較為缺乏，至少難以達成「自我及其身體的反省實踐」的要求。

傅柯指出，根據「自我的反省實踐」的標準，古希臘的「養生學」（diététique）並不要求「自由人」盲目地服從於他人的知識。他人所教授的知識必須有說服力，方能成為自我關係中的構成要素。傅柯說：

> 柏拉圖在《法律篇》中區分了兩種醫生：一種是適合給奴隸們看病的醫生（他們本身通常也是奴隸），他們只限於開處方，不做任何說明。另一種是自由人出身的醫生，他們只給自由人看病。後者不滿足於開處方，還樂與病人交談，從病人及其朋友那裡了解情況；他們開導、鼓勵病人，用各種論證來說服他，這是為了（一旦被說服）能過著應該要過的生活。除了各種治療的手段外，自由人還從高明的醫生那裡接受對他整個生存方式有幫助的合理框架（armature rationelle）。[31]

就自由人或自由民（l'homme libre）而言，只遵守規定是毫無尊嚴的。這樣的人被他人治理的時候，某些「策略性原則」完全足夠以引發他自我治理的能力，使他得以經營自己的生命。同時，治理他人要避免規定他人的生活細節。自由人所追求的是「自由的風格化」，他需要自由抉擇和負責的空間，才

31　UP, pp. 121-122（英107／中210-211）．

有可能形成「倫理主體」。反省的自由空間是形成倫理主體、進入「主體化」過程的必要條件。古希臘的自我修養稱得上自我藝術或生命技藝，因為它僅為自由人在生命管理上提供大方向，並不干涉行為細節。

由傅柯觀之，希臘的自由模式、基督教的禁欲工夫及中國的愛欲藝術有所不同，因為後兩者偏向「專制」的模式。在希臘的模式中，性行為所指的欲望衝動是「整體」地被制約，因而主體要自律地主宰其生命的力量遊戲。然而，在基督教和中國房中術中，倫理主體的形構受到了阻礙：主體化的發生因為對「行為」及其自由空間的侵入而被阻止。在基督教的脈絡下，「行為的法規化」要盡可能滅絕「欲望」的流動本身；中國的愛欲藝術則要制約「行為」，形塑行為的展開過程，以強化性行為的積極效果。借李歐塔的話來說，性行為的管理以「能量的最大化」為目的。換言之，基督教的工夫主義及中國房中術，兩者都無法導向「欲望力量」的自由運用，反而偏向自我能量的徹底消滅或徹底剝削。

傅柯對於中國房中術的討論，一方面包含中、西文化的價值等級：中國缺乏古希臘「自由人」的倫理意涵；但另一方面，中國房中術的能量論，與傅柯所謂「自我創造」卻存在著深層的呼應關係。主體化在倫理學與能量論（力量論）的兩面向之間擺盪，所呈現出的張力，與其說是西方文化與中國文化之間的差異問題，不如說是透過東、西差異來暴露傅柯晚期思想的內部困境。下一節即試圖透過德勒茲對傅柯的創造性解讀，來進一步說明「主體化」的內在張力，並突顯德勒茲（如同傅柯那樣）在討論東、西文化差異時觸及的力量論的倫理問

題。

四、希臘人的主體性

　　後結構主義哲學中的力量論有兩個主要來源：一是佛洛伊德心理分析中的「力比多」（原欲）說，一是尼采生命哲學中的力量／權力說。就李歐塔、傅柯和德勒茲而言，德勒茲受尼采力量論的影響最深，並窮畢生之力以開展力量哲學。從早期有關尼采的專著開始，他的力量論傾向就極為明確。[32]德勒茲討論傅柯時，特別突顯了這一因素。於是，德勒茲提供了尖銳的分析角度來深化對力量論與倫理學之關係的反思。由此出發，本節討論傅柯對古希臘，以及對希臘（西方）與東方的看法。

　　在《傅柯》一書〈折曲或思想之域內（主體化）〉的章節中，德勒茲對傅柯與「希臘人」的交接提出了以下說明（包含他許多的專業術語，所以不易理解）：

> 希臘人的創新藉由雙重的「脫離作用展現於後」：當「允許治理自我的諸習練」同時擺脫作為力量關係的權力，以及作為疊層化形式和德行「法規」的知識時，某種「自我關係」開始在與他人的關係中分化出來，與此同時，某種「自我形成」則開始從作為知識法則的道德「法規」中分化出來。必須將這個分化或脫離作用理解成取得

32　參閱Gilles Deleuze, *Nietzsche et la Philosophie*（Paris: Presses Universitaires de France, 1962）；*Nietzsche: Sa vie, son œuvre, avec un exposé de sa philosophie*（Paris: Presses Universitaires de France, 1965）。

了獨立性的自我關係，這就如域外關係之折曲與彎曲，是
為了作出一片使自我關係得以出現的襯裡，並建構出一個
根據特定面向凹陷與發展的域內：enkrateia〔ἐγκράτεια〕，
即自制的自我關係。這種自我關係「是在施諸於他人的權
力之中同時施諸權力於我自身」（如果無法治理自我，如
何可能治理他人？），以至於自我關係成為相對於政治、
家庭、辯術或遊戲與美德本身等建構性權力之「內在調節
法則」。這便是希臘版的撕裂（l'accroc）或襯裡：亦即進
行一種折曲作用或反省的脫離作用。33

「自我治理」涉及一種自我關係（rapport à soi）。這種自
我關係能夠超出權力與知識兩個領域，並展開第三個即是主體
的領域，或更準確地說：「主體化」的領域。自我關係能否獨
立於權力和知識？這是傅柯自1976年以降（即《知識的意志》
出版後）漸次回答的問題。他在《快感的使用》中有關「控
制」（enkrateia〔ἐγκράτεια〕）的討論，則直接觸及了權力與自
我的關係問題。自我主宰意味著看作「是在施諸他人的權力
『之中』施諸權力於我自身」，這乃是德勒茲和傅柯釐清自我
與權力之關係的關鍵說詞。34就德勒茲而言，傅柯對權力指出以
下之界定：「權力是一種力量關係，或者確切地說，所有力量
關係都是『權力關係』。」35 在此（繼承尼采「權力」觀）雙

---

33 Deleuze, *Foucault*, p. 107（英100／中177-178）.

34 UP, p. 93（英80／中183）："un pouvoir qu'on exerce sur soi-même dans le
pouvoir qu'on exerce sur les autres".

35 Deleuze, *Foucault*, p. 77（英70／中139）.

重意義下，「自我關係」包含「反省」力量關係所涉及的權力，即是折曲力量。至少，傅柯對「希臘人」的了解是如此：

　　至少這是有關希臘人之創新的傅柯版本。而且，無論是在它討論的詳細或在它所表現的謙遜，此版本對我們具有極大重要性。希臘人所曾從事的，〔……〕是於實際習練之中折疊域外（ployer le dehors, dans des exercises pratiques）。希臘人是第一個襯裡。力量屬於域外，因為它基本上是與其他諸力量的關係：力量本身與影響其他力量（自發性）及被其他力量影響（感受性）的權力密不可分。然而，由此導出的是力量與其自我之關係，亦即一種對自我產生影響的權力或自我對自我的影響。36

　　古希臘所發明的獨特「力量關係」意味著什麼？值得注意的是，經由力量的折曲而開出來的自我關係並非普遍存在。德勒茲強調，這種反省的力量關係只有在歐洲、古希臘的情境中始能產生。就此，德勒茲進一步說明他的主張：

　　根據希臘的圖式，只有自由人才能支配他人（「自由行動者」，以及他們之間的「頡頏關係」，這就是圖式的特點）。然而，如果他們不自我支配，如何能支配他人？在對他人的支配中，必須夾帶〔倍增〕對自我的支配；在與他人的關係中，必須夾帶與自我的關係。〔……〕這就是

36　Ibid., pp. 107-108（英100-101／中178）.

> 希臘人所作的：他們折曲了力量，但力量同時並不停止作
> 為力量。他們連結了力量與自我。他們絕不是對內部性、
> 個體性或主體性的無知。相反地，他們發明了主體，但這
> 一主體只是作為一種衍生物、一種「主體化」之產品。他
> 們發現了「美學的生存」，亦即倍增（doublure）、自我關
> 係以及自由人的隨意規則。〔……〕一種從權力與知識中
> 衍生，但卻不取決於它們的主體性面向，這就是傅柯的基
> 本觀念。37

　　希臘的圖示呈現出一種特有的權力結構或特有的權力關係
模式，在這樣的圖示下，只有自由人能夠正當地治理自由人。
自由人之間的「頡頏關係」是在特殊歷史脈絡之下所產生的權
力關係。此權力關係包含脫離權力關係的因素，包含力量關係
的反省性：自由人對他人的治理，必須蘊含自我對自身的治
理。

　　值得注意的是，力量的折曲、權力關係的反省作用，在德
勒茲的描寫中，並非基於任何力量關係之外的超越性。希臘人
折曲力量，但同時力量並非由此而失去作為力量的特質。倫理
主體的形構、主體化的可能，僅在力量與他自身發生關係的領
域之中產生。因此，希臘人所發明的主體是力量的延伸物，是
一種力量的主體。德勒茲強調，傅柯所謂「主體化」是倫理
的，同時也是美學的。不過，自我關係在古希臘情境的產生，
涉及自我與「性」的特殊聯繫。傅柯能從生命政治連接到倫理

37　Ibid., pp. 108-109（英101／中178-179）.

主體的問題，乃是因為他關注「性行為」對希臘人如何成為了倫理問題。性關係是力量關係，因為男女關係涉及力量的感受因素（即是女人的因素）與力量的主動或自發因素（即是男人的因素）的交錯。另一方面，就自由人由頡頏關係衍生而成的可能而言，自由男人之間的愛欲更具有哲學意涵，因為在男人的同性愛欲之中，成年男人透過其自我治理而使男童學習「治理性」的道理，扮演主動的角色及對抗他人的權力。德勒茲指出：

> 希臘人不只發明了自我關係，他們還將之連結、復合及分化到性特質中。簡言之，希臘人所完善建立的是自我關係與性特質之間的一場交會。[38]

古希臘文化發明自由人的自我關係，同時也藉由獨特的「愛欲論」（érotique）來習練和發揮之。自由人的歷史表現甚至條件之一，乃在於同性戀文化所產生的哲學反思。如上所述，自我關係的發明涉及以「力量折曲」為核心的「主體」，其與歐洲哲學史的其他主體觀是不同的。所以，德勒茲一再強調，《快感的使用》並非透過古希臘來回歸某種本質的主體觀，並認為若傅柯的思想中有所謂的主體可言，此主體便是一種「無同一性的主體」（sujet sans identité），[39]其所形成的「域內」（dedans）僅是「域外」（dehors）的折曲而已。傅柯所謂

38　Ibid., p. 110（英102／中181）.

39　Deleuze, *Pourparlers*, p. 156（英114／中130）.

「主體化」已擺脫了一般「主體性」所指的「古老內部性」（la vielle intériorité）。[40]

　　儘管傅柯和德勒茲強烈批判本質化的主體觀，然德勒茲（如同許多西方漢學家一般）仍然運用古老的主體觀來評判東方的自我觀，重複著「東方缺乏主體性」的陳詞濫調：

> 域外折曲（plissement du dehors）的出現似乎特屬於西方的諸多形構，東方似乎並未出現這種現象，域外之線在此仍停留於窒息虛空（une vide irrespirable）中的浮動狀態：工夫因而是一種滅絕的文化，或者一種在虛空之中呼吸（respirer dans le vide）的努力，其中沒有主體性的特殊產生。[41]

　　在自我觀的層面上，西方能夠產生域外力量的折曲。自我與自我的關係則進一步產生自由人與自由人之間的關係，再進一步產生民主政治的可能性。當然，德勒茲此處並非使用民主一詞，但他所指的與李歐塔在《力比多經濟學》中所提及的「公民共同體」應該相差不遠，因為「自由人」是指「自由公民」。李歐塔將公民的共同體與東方的專制對立起來。類似的對比在德勒茲的文本中也重新出現。不過，德勒茲的討論有助於再度清理後結構主義對「東方」的認識框架。在德勒茲的用語中，「工夫」（l'ascèse）是一種跨文化的現象，東方有東方

40　Deleuze, *Foucault*, p. 104（英97／中174）.（英97／中174）

41　Ibid., pp. 113-114（英106／中186）.

的工夫，西方也有西方的工夫，但兩者之間存在著重要的差異：域外的折曲只出現在西方，而在東方，「域外之線仍停留於窒息虛空中的浮動狀態」。在德勒茲的看法中，「東方的工夫」是無法產生「主體」的。

眾所周知，尼采的「老師」叔本華被19世紀歐洲人所想像的佛教所影響。尼采順著叔本華對唯意志論及其「悲觀主義」的批評，將佛教如同基督教一般歸類為「虛無主義」，並批評叔本華為「歐洲的佛教徒」。尼采將佛教的歐洲化或歐洲的佛教化視為一種危險，反駁以叔本華為代表的「歐洲佛教」。由叔本華「生命的否定」與尼采「生命的肯定」的對比，可理解德勒茲有關東方滅絕文化的說法。然而，除了比較特殊的哲學脈絡外，他還強調東方的工夫缺乏主體性，這與西方學者從18世紀以來重複不斷的刻板觀念是一致的。德勒茲甚至認為，傅柯太過於肯定中國房中術的觀點，有必要再度商榷：

> 傅柯從不自認為有足夠的能力處理東方形構。他曾驚嘆地提及中國人的「愛欲藝術」，一次是為了區別於我們的「性科學」（《知識的意志》），另一次則為了區別於希臘人的美學存在（《快感的使用》）。問題可能在於：在東方的技術中，自我（Soi）或主體化是否存在著？[42]

德勒茲的提問顯然已包含負面的評價。假如東方的修養技術中毫無自我關係或主體可言，傅柯修養論就不可能含有任何

42　Ibid., p114（英148／中186）.

跨文化研究的啟發，西方與東方的工夫論也不可能展開深入交流，兩者反而分屬於截然不同的歷史脈絡。此處，德勒茲的批判思想突然顯露極為保守的一面，展現歐洲中心主義的堅持，因為只有古希臘能產生「自由人」。就此，德勒茲再度強調：

> 力量的彎曲（ploiement）的條件似乎伴隨著自由人的頡頏關係而出現：換言之，這些條件伴隨著希臘人而出現。在希臘人那裡，力量在與其他力量的關係中能折曲自身。[43]

上述的說法對理解傅柯的修養哲學很有幫助，也特別關鍵。接著，德勒茲總結傅柯有關「希臘人」的討論如下：

> 傅柯說：希臘人〔……〕折曲力量，他們發現了力量是可以被折曲之物。他們全然藉由策略，發明了一種自由人間競爭的力量關係（在治理自己的條件下治理他人……）。但人作為諸力量中之力量，只能在域外折曲自身，並且在人之中凹陷一個自我（Soi）的情況下，折曲那些組成他的力量。[44]

筆者認為，傅柯和德勒茲對古希臘自我觀的思考，以高度抽象的學術語言觸及了法國的尼采主義所必須面對的問題：唯力量論的問題化意味著批判的力量論如何可能的反思。換言

43　Ibid., p. 114（英106／中186）.
44　Ibid., p. 121（英113-114／中195-196）.

之，尼采生命哲學所謂「權力意志」具有能量吸血主義的傾向，因為「權力意志」不顧一切倫理後果而追求生命力的最大化。在納粹災難的發生與德國式滅絕文化的爆發後，「力量的折曲」等於是對尼采力量論的深刻反省與轉化。不過，此反省與轉化顯然有限。在李歐塔、傅柯和德勒茲所開展的力量論中，東方或中國所扮演的角色局限於力量論的非倫理模式：無論是李歐塔論道家的能量主義，或德勒茲提及東方工夫的滅絕文化，「東方」似乎都代表著力量論的虛無主義取向。在此構想中，「東方」的力量論便無法產生倫理的反省作用，也無法產生「自由人」的可能，因而停滯在力量關係的專制狀態之內。

五、自由人的愛欲關係

　　行文至此，筆者將要總結上文有關傅柯和德勒茲的討論，並再思索倫理學與力量論的關係問題。本章已鋪展了李歐塔、傅柯、德勒茲有關中國房中術及東方文化的論點。然而，所得出的仍是某些刻板對比，如同西方代表著「自由民主」，而中國代表著「極權專制」。這樣的對比，自18世紀歐洲啟蒙以來，已成為歐洲學者談中國的重要論調。這樣的對比不僅主導著「西方人」對於中西差異的想像，對「東方人」而言亦然。若要突破刻板思想，可從「愛欲」的問題出發，以重新思考中國房中術如何處理倫理學與能量論的關係問題，並且促進古希臘生命技藝與中國愛欲藝術在工夫倫理方面的跨文化交織。不過，本章的目的不在於分析中國房中術本身，而是要透過西方

學者對於中國房中術的片面看法，來彰顯獨特的哲學難題。因此，本章透過性吸血主義或能量吸血主義的討論，以進入當代修養論在倫理與能量之關係中所面臨的困境。

由傅柯和德勒茲對於「中國愛欲藝術」及「東方」的觀點可知，自我修養與「性」的關係涉及「自由人」在西方的系譜學。實際上，傅柯有關性特質的討論，是透過「性史」的書寫來反思「何謂西方？」的宏大問題。筆者認為，傅柯和德勒茲有關中國及東方的論點，反映著自由民主與極權專制在西方現代性內部的激烈衝突。此西方內部的衝突是否被投射到東方的世界，造成「內」（西方）與「外」（東方）的差異？這種東、西差異又如何轉化為跨文化問題？

由法國尼采主義的問題來看，傅柯和德勒茲在探索力量折曲的可能時，同時也面對力量論本身所隱含的極權危機。因為反省尼采的力量論，兩者在充滿對極權政治之歷史記憶的時代中，重新思考「自由人」的哲學意涵。而且，兩者關於生命政治的洞察力，使他們深刻意識到自由與極權的共謀關係，並為法蘭克福學派的霍克海默（Max Horkheimer）曾經在〈猶太人與歐洲〉中所提出的論點賦予新意：若不願意談論資本主義，就得對法西斯主義保持沉默。在此背景下，傅柯透過「性史」的研究，開啟了修養與政治的當代反思。

就傅柯和德勒茲而言，自由人的可能牽涉到所謂「三藝」（trois arts）：自我的領導、家事的管理、城邦的治理。三者之間具有延續性和類似性，以及更重要的「時間上的次序」。自由人的可能奠基在自我領導，或說在力量關係的折曲之上。傅柯和德勒茲強調，力量關係在自我層面上的折曲以及自我治理

的形成，與「愛欲關係」息息相關。根據德勒茲的觀點，希臘人能折曲力量是因為他們發明了一種內於自由人之力量關係的倫理工夫。換言之，治理自己是治理他人的基本條件。值得注意的是，所謂自由人的競爭、或自由人之間的頡頏關係，並不會自然而然地形成「具有倫理反省的自由人」：哲學的倫理態度必須在自由人之間的「愛欲關係」中被習練和彰顯出來。因為在古希臘，自由人的範圍不包含婦女，所以，男女關係以及廣泛的家事管理領域（即所謂的「經濟」）與自由人的形成並不相干。由傅柯和德勒茲的觀點來看，「力量的折曲」在古希臘僅是發生在自由男人之間的愛欲關係中。乍看之下，此觀點非常荒唐，但就傅柯和德勒茲來說，自由民主的產生在自我層面上具有以下的重要條件：希臘人將自由男人之間的愛欲關係轉化為哲學問題，亦即轉化為「工夫倫理」的問題。

　　自由男人的愛欲關係，經常是未成年男童與已成年男人之間的關係。因為此關係在結構上是不對等的，所以引起了倫理學的反省。如上所述，自由人與自由人之間的頡頏（競爭）關係本身脫離不了力量（及權力）關係。自由人的修養如何可能在頡頏關係之中形成倫理主體？未成年的男童與成年男人的愛欲關係，等於兩位自由出身的男人之間的支配關係，因為在此關係之中，男童扮演著被動、感受力量的角色，成年男人扮演的角色則為主動和自發力量。在此情形下，古希臘的哲人便開始反省自由人的愛欲關係：一旦同樣出身的自由男人的關係成為支配關係，其中的愛欲是否因為違反自由原則而不正當？兩位自由人是否陷入了類似男人（主動）與女人（被動）的關係模式？

　　正當性危機的解決之道在於力量關係的「折曲」。希臘哲人強調，男童與成年男人愛欲關係的正當性應當奠基於自我治理的培養和傳達上：成年男人在他與未成年男童的關係中，應該施行自我主宰，同時應在自我主宰的習練和示範之內，提供男童習練自我治理的機會。自我主宰的實踐是給予他者自由發展且成為自由人的餘地。[45]如此，愛欲關係便隱含著習練自由的倫理工夫。

　　如何治理人的創造力？傅柯和德勒茲對古希臘自由主體的詮釋提醒「我們」：通過「折曲」的強大創造力來成為「自由人」，是相當困難的任務。而成為能量的吸血鬼，是現代主體的夢想與夢魘：「　我是我內心的吸血鬼。」[46]高羅佩對中國房中術的詮釋所引發的哲思，早已破除了東方主義的想像空間。因為「能量的吸血主義」不是中國的問題，而是現代性的問題：生命政治所指的（自我）創造與（自我）毀滅已是囚於天地間無所遁逃的弔詭格局。

45　參閱UP, pp. 276-277（英252／中333-334）。

46　Charles Baudelaire, *Les Fleurs du Mal*, "L'Héautontimorouménos," *Oeuvres complètes*, selected, edited, and annotated by Claude Pichois（Paris: Gallimard, 1990）, pp. 78-79.

第九章

從權力技術到美學修養

一、性欲與生命技術

　　本章藉由生命權力與生存美學的關係，切入美學修養的討論。若從傅柯自己區別知識、權力和倫理的三軸心來思考美學修養，則可展開三種研究角度：一、美學修養與知識考古學的關係；二、美學修養與權力系譜學的關係；三、美學修養與工夫倫理的關係。本章聚焦於上述之第二種角度。

　　在傅柯整體的思想發展中，應如何理解生命與技術的關係？晚期傅柯回顧，「真理」的問題貫穿其一生的研究，橫跨知識、權力和倫理的三軸心。顯然，他思考真理問題的方式與歐洲形上學傳統大為不同，因為他以「真理的歷史」取代永恆不變的真理。以此為背景，傅柯對真理與主體的關係展開了多層次的批判分析。若真理的主題貫穿傅柯理論發展的三領域，即「真理構形的歷史」（l'histoire des formations de vérité）、「真理的諸政治」（politiques de la vérité）及「真理的倫理」

（éthique de la vérité）。[1]研究真理的歷史所發生的變化，則表現在真理與主體的關係之上。

　　無論是在寫作風格或內容表現方面，傅柯有關生命權力概念的代表作（如《知識的意志》）與生存美學的代表作（如《快感的使用》及《自我的關注》）都具有明顯的差別。釐清相關的思想轉折，或許可從《知識的意志》談起。傅柯指出，「性欲」（sex）無法作為對抗權力的根據，因為知識與權力隱含在「性欲」之中。知識與權力在性欲中的關係，傅柯稱之為「性特質」（sexualité）。換言之，貫穿個人和集體的「性特質」被視為生命權力的組成要素：性特質以「欲望」（désir）為基礎，而「欲望」在生命權力中扮演重要角色。傅柯將「欲望」的觀念回溯到基督教式的「欲望主體」以及告白技術的形成，並探討在現代脈絡下的欲望主體如何被納入歐洲18世紀啟蒙運動所開拓的後基督教性欲話語。對傅柯而言，「性／欲」（sexe-désir）[2]與生命權力的運作方式密不可分，因而他突破了當時的一般觀點，不再主張「性欲」可以攻破「性特質的部署」，反而由「身體與快感的另類經濟」（une autre économie des corps et des plaisirs）入手：[3]他使「解放」的主題脫離對「性解放」的執著，並開展抵抗和自由的另類可能。《知識的意志》即以此願景為終結。之後，他進一步展開此一角度，深化對欲望主體的批判，並在《快感的使用》和《自我的關注》

1　Gros, "Michel Foucault, une philosophie de la vérité," p. 11.

2　VS, p. 208（英157／中118）.

3　VS, p. 211（英159／中119）.

中，對「身體與快感的另類經濟」提出了獨特看法。

　　《性史》容易使人認為，生命權力與生存美學的關係奠基於「性特質」的觀念上。假如性欲與生命權力密切相關，而且與性欲緊密連結的「性解放」也無法脫離「性特質的部署」，那麼《知識的意志》所呼籲的另類身體經濟，似乎在生存美學所包含的「非欲望的性活動」中才得以發展。然而，這樣的解釋過於簡單，因為在《性史》的出版期間（1976至1984年），傅柯的法蘭西學院課程僅於1981年詳細探討了性特質的主題。在《知識的意志》中，生命權力與生存美學之間的橋梁並非性特質，而是「生命」與「技術」的關係，亦即管理生命的技術。連接生命權力與生存美學成為可能，因為兩者都涉及在生命上工作的技術。傅柯提及「生命的政治科技」，[4]另又提出「生命技藝」的說法。[5]由此觀之，生命一方面作為權力技術的活動範圍，即在身體的規訓與在人口的調節上（或說在身體的生命與在人類的生命上）產生影響；[6]另一方面，生命也是創造「美學藝術品」的材料。

　　在上述的思想道路中，生命與技術的關係發生了何種作用？此關係是否伴隨著真理與主體之關係的演變，並能提供相

4　VS, p. 191（英145／中108）.

5　DE IV（No. 326）, p. 390; 英譯本收錄於："On the Genealogy of Ethics: An Overview of Work in Progress," in *The Essential Works of Michel Foucault 1954-1984*, Vol. I, *Ethics, Subjectivity, and Truth*（London: Penguin, 2000）, p. 260；中譯本收錄於：德雷福斯、拉比諾著，《傅柯：超越結構主義與詮釋學》，錢俊譯，新北：桂冠圖書公司，1992，頁301。

6　VS, p. 192（英146／中108）.

關的分析角度？傅柯避免將生命的肯定等同於科技的否定，也並非認為「技術文明」造成了現代生活的異化。他對「科技」（technologie）的用法是相當奇特的，甚至具有挑釁的意味。論及「權力的科技」或「自我的科技」時，他以科技作為科學知識與技術實踐的連結，認為知識與技術的關係不僅對自然科學的發展是關鍵的，對人文科學也極為重要。晚期傅柯透過技術或科技的概念，連結反人文主義與啟蒙的現代性。在早期的文章中，他已表達了相似的觀點：

> 我們這一輩人當前所做的努力，不在於突顯人與知識或技術的對立，反要精確地指出，我們的思想、生命、存在方式，乃至我們最日常的存在方式，都是相同系統的組織部分，因而與科學和技術世界屬於相同範疇。[7]

上述引文來自1966年《詞與物》出版後不久的訪談。其中，生命與技術的連結，反映在日常生活、思想和存在方式與科學技術的交錯上。傅柯以「激情的冰冷」駁斥虛偽的「人道溫暖」，因為後者正指涉生命與技術的分裂：儘管生命與技術的關係影響日常生活的一切，而人道主義則阻礙相關的反思。由此可初步理解，「知識考古學」時期的傅柯已特別注意生命與技術的關係。之後，此關係也延伸到1970年代的權力系譜學，使之朝身體與權力技術的探討發展。

7　DE I（No. 37），p. 518.

二、從權力技術到自我技術

　　根據傅柯，現代歐洲在權力結構上的重要轉變，是從「主權權力」到「生命權力」的發展：「生命」逐漸成為政治技術的主要場域。自17世紀以來，「針對生命的權力」（pouvoir sur la vie）[8]出現了兩種互為連結的形式：一是諸種「規訓」（disciplines）或「人體的解剖政治」；一是諸種「調節控制」（contrôles régulateurs）或「人口的生命政治」。「身體規訓」與「人口調節」這兩種權力技術的目標，都在於「生命的管理」（gérer la vie）。新的權力模式著重生命力量的生產、增長及條理，而不是追求力量流動的阻擋、屈服或破壞。[9]在歷史上，「生命權力」以更原始的、包含生殺大權的「主權權力」為對比。傅柯並非主張讓主權權力的原始形式在現代脈絡下徹底消失，而是強調兩種權力模式比重的逐漸轉移：從主權權力的「使死亡或讓生活」（faire mourir ou laisser vivre），轉移到生命權力的「使生活與拋入死亡」（faire vivre et rejeter dans la mort）[10]的模式：

8　VS, p. 182（英139／中103）.

9　VS, p. 179（英136／中101）.

10　VS, p. 181（英138／中102）. 另可參閱《必須保衛社會》的說法：「使死亡或讓生活」（faire mourir ou laisser vivre）及「使生活與讓死亡」（faire vivre et laisser mourir）, in Michel Foucault, "Il faut défendre la société," *Cours au Collège de France*（*1975-1976*）, Mauro Bertani and Alessandro Fontana（eds）, François Ewald and Alessandro Fontana（series eds.）,（Paris: Gallimard/Seuil, 1997）, p. 214; 英譯本："Society Must Be Defended," *Lectures at the Collège de France, 1975-1976*, David Macey（trans.）,（New

　　沒有什麼比19世紀以來的戰爭更加血腥。相較於在此之前的政治機制，沒有任何的政治機制對自己的人民實行過類似的大屠殺。但是，這一巨大的死亡權力〔……〕現在卻被另一種權利所補充，即是積極地施行管理、抬高價值、多樣化生命，並對生命施行明確控制和整體調節的權力。戰爭不再以保護君主的名義發動，而是為確保大家的生存而發動。於是，有人拿人民生存的必要性作幌子，煽動全體人民相互殘殺，屠殺成為為了活著而必要。屠殺成為生機的。亦即，如此多的政治機制可以發動如此多的戰爭，殺死如此多的人，而都是以管理生命和存活、身體和種族的名義進行。11

　　對傅柯而言，在生命權力的條件下，行使主權權力的殺傷作用無法暢行無阻，便是現代種族主義之所以形成的重要原因：藉由種族主義，主權權力重新確立其正當性。從他的理論發展來看，生命權力的雙面構想在相當程度上擴展了《規訓與懲罰》在權力技術方面的分析範圍。

　　分析規訓權力的核心問題在於，權力如何透過各種規訓技術促進個人身體的「規範化」（normalisation）。相關權力分析的主要材料，是18世紀歐洲社會逐漸發展及普及化的規訓機構，如監獄、軍隊、學校、工廠等。規訓技術的研究並非將

York: Picador, 2003），p. 241; 中譯本：米歇爾・福柯著，錢翰譯，《必須保衛社會》（上海：上海人民出版社，1999），頁228。

11　VS, pp. 179-180（英136-137／中101-102）.

「規訓」化約為對個人生命的壓制，反而是關注權力如何能夠積極地增強和運用個體人力。在《規訓與懲罰》中傅柯已著重權力技術的生產作用，但權力的壓迫面仍比權力的生產面更為突出（這也是許多學者批評傅柯的權力觀過於消極、身體觀過於被動的理由）。然在《知識的意志》中，對此問題的反思乃更加深刻：探討權力生產作用的焦點從規訓「身體」的技術轉移到管理「生命」的技術，並以「性特質」作為兩者之間的中介。由1976年的法蘭西學院課程《必須保衛社會》可知，傅柯在出版《規訓與懲罰》的同時或不久之後，已開始思考所謂「非規訓的新權力技術」。[12]「非規訓的新權力」意味著《規訓與懲罰》權力觀的調整甚至修正。在此轉變的過程中，「規範」（norme）均指身體的規訓化與人口的調節。如此，規範化的社會並不等於普及化的規訓社會，更能容納規訓的規範與調節的規範，同時也擴展有關權力與生命的思考：

> 如果說，在19世紀權力占有了生命，或至少是掌握了生命，那也就是說，權力通過規訓科技與調節科技的雙重遊戲，終於覆蓋了從有機因素到生物因素、從身體到人口的全部。如此，我們所處的權力便掌握了身體和生命，或說掌握了整體的生命，包括身體與人口兩端。[13]

在此理論發展的階段，傅柯透過「規範化」的概念來面對

12　Foucault, "Il faut défendre la société," p. 216（英42／中229）.

13　Ibid., pp. 225-226（英253／中238）.

「規訓」的不足。然當時他仍未開始使用「治理性」，因而難以釐清規訓與調解的關係。他透過「規範化」來掌握兩者，但有時仍強調「規範化的社會」乃以「規訓的規範化」為核心。[14]由此可知，傅柯在思考生命與權力的關係時面臨很大的思想困難，一再探索適宜的語言表達。值得注意的是，《必須保衛社會》一方面強調身體與生命的對比，[15]另一方面又將身體的規訓與人口的調節都歸屬於廣義的「生命」。有時，傅柯又藉由死亡與生命的對比來區分「兩種權力體系」，即「對死亡的主權」與「生命的調節」。[16]在此區分之下，「規訓」被歸納在生命調節的範圍內。上述討論顯示，傅柯法蘭西學院的課程具有高度的實驗性質：從中可窺見一些核心概念的形成及思想的生成流變。這些概念的形成過程相當複雜，於此恕難進行相關概念史的研究，只能透過權力概念的發展初步釐清生命與技術的關係：在生命權力的框架下，此關係意指針對個人和集體「生命能量」的技術性工作。

　　在討論權力、生命和技術的背景下，對自己生命的美學工作逐漸受到重視。同時，雙重的「生命權力」（即針對身體的及針對人口的權力）被更具理論彈性的「治理性」（gouvernementalité）概念所取代。傅柯透過治理性來連接「治理自我」（gouvernement de soi）與「治理他人」（gouvernement des autres）所包含的生命技術。藉由這些概念，他開始反省「生物現代性」

14　Ibid., p. 35（英39／中35）.

15　可參閱「必須保衛社會」的相關說法，如「身體的規訓科技」、「生命的調解科技」等。Foucault, "Il faut défendre la société," p. 222（英249／中234）.

16　Foucault, "Il faut défendre la société," p. 221（英249／中234）.

（modernité biologique），[17]試圖面對現代生命治理的困局：創造性與破壞性、生存美學與死亡政治的弔詭共在。換言之，現代的生命權力既要控制又要把個人和集體的生命能量最大化，但在大量增強人類整體創造力的同時，破壞力也隨之暴增：跨越生物現代性的門檻之後，人類的生命和存活本身成為了問題。亦即，在個人的層面上，現代的管理技術越來越細膩地介入「生命資本」或「人力資源」的控管和剝削；在集體層面上，核子戰爭和生態災難的危機，將以集體死亡來威脅區域人口，甚至人類整體。

傅柯透過「規訓」與「調節」的雙重技術，說明了既能控制又能增強的生命能量及其運作方式。藉此，他不僅開展了對「性特質」及「壓抑預設」的獨特分析，也進一步透過生命權力的概念，探索資本主義和民族社會主義（納粹主義）在生物現代性中的關鍵角色。就他而言，無論在身體還是人口的層面上，生命權力都是資本主義發展動力不可或缺的要素，因為資本主義發展既要求生產的不斷成長和增強，又必須確保人們的順從和可用性。或說，資本主義所要求的生命技術，必須達成生命能量既增加又屈從的弔詭效果。[18]由此出發，傅柯一方面在《生命政治的誕生》課程中，詳細分析了「自由主義治理性」和「自由主義的治理科技」，另一方面又思考了現代種族主義的興起。在以生命力既增強又控制的「技術」為核心的「自由主義治理性」的同時，也出現了新的死亡技術：「他人的死

17　VS, p. 188（英143／中106）.

18　參閱VS, p. 185（英141／中105）。

亡，劣等種族、低等種族（或退化、非正常種族）的死亡，將使整體生命更加健康和純粹。」[19]

　　將其他種族視為對「自己」種族的威脅，隱含著增強自己種族或民族生命力的想望（潛在動機？）。如此，消滅生命成為了現代權力的組成部分。傅柯進一步指出，處於生命權力模式的國家若要行使主權權力的殺傷作用，將藉由種族主義的操作來加以確保：[20]

　　　在納粹社會中，就有了這個奇特的情況：這個社會將生命權力絕對普及化，又同時普及殺人的主權權力。這兩種運作方式，其一是經典的、原始的，給予國家對國民生與死的權利，其二是圍繞著規訓和調節所組織起來的新運作方式，亦即生命權力的新運作方式。[21]

　　「生命權力」與「生存美學」有何關聯？如何從以生命為對象的權力技術轉移到具有美學特色的自我技術？在這方面，「治理性」扮演著關鍵的角色。傅柯在1978年以《安全、領土、人口》為主題的課程中，推進了《必須保衛社會》所開拓的新權力分析，並進行了研究視角及核心詞彙的調整。「治理性」的引入，以及「治理的藝術」一詞的提出，使得研究主題的範圍再次擴大，同時也包含了看似毫無關聯的議題，如基督

19　Foucault, "Il faut défendre la société," p. 228（英255／中240）.

20　參閱Foucault, "Il faut défendre la société," p. 230（英258／中242-243）。

21　Ibid., p. 232（英260／中244）.

教的「牧師權力」和「良心指導」，或現代的「警察」話語。
於此萌生傅柯在1978年之後所探討的兩種治理技術：「自我的
科技」與「個人的政治科技」。[22]由此可見，從生命權力技術到
生存美學技術的過渡是這樣發生的：生命與技術的關係是治理
活動的構成部分，因此治理性可扮演控制與創造之間的中介，
容納調節與增加生命的雙重作用。傅柯試著藉由治理性的概
念，解決在權力分析的脈絡下難以處理的問題，尤其是權力與
規範化的關係問題。

　　由此可理解，傅柯思想的發展為何出現以治理性取代權力
的傾向。他似乎越來越清楚地意識到，「權力」難以擺脫「規
訓」的聯想，於是，他放棄了兩種權力技術的分辨；或說，他
以「規範化」表達規訓權力與調節權力的關係，並使得治理活
動能夠涵蓋個體和集體的面向，貫穿既控制又生養生命的管
理。從治理藝術或治理技術的討論開始，傅柯投入了科技、技
術和藝術等詞彙的語言遊戲。「生命技藝」表達出藝術與自我
技術的關係。經過這樣的理論轉折，傅柯式生存美學所追求的
「自我創造」便涉及治理自我的美學工作——將自己的生命如
同藝術品一般來加以創造的活動。他透過治理的概念，連結生
命權力與生存美學、人在他人生命上的工作與自我在自己生命
上的工作。但是，他能否說明權力分析對生存美學的重要性？
權力技術的探討為何能讓美學修養的理論獲得重要突破？

22　"Technologies of the Self"及"Political Technology of Individuals"乃是傅柯1982
　　年在美國所發表的講座主題。參閱Luther H. Martin, Huck Gutman, Patrick H.
　　Hutton（eds.），*Technologies of the Self: A Seminar With Michel Foucault*。

三、生命的肯定與創意工夫的誕生

　　自從尼采提出權力意志的概念以來，生命、權力和力量的關係就成為了哲學的重要主題。在現代歐洲的「力量哲學」（philosophie de la force）中，權力概念的重要性不容置疑，它對藝術和美學產生了深遠的影響。尼采哲學所創立的思想模式，在傅柯的著作中以不同形式重現。就兩者而言，生命、權力和力量的關係引起了「美學」的深刻轉變，深化了力量或能量的美學含義。[23]尼采對「否定生命」的哲學和宗教，尤其對基督教「虛無主義」的批評，反映著「生命」的歷史轉折。「美學」成為「肯定生命」的主要領域：對身體、表象、生成流變的肯定，逐漸取代了對傳統形上學的藐視。此一轉折為既是美學的又是批判的修養哲學進行了歷史文化條件的奠基。為了釐清修養哲學的批判意涵，筆者將修養分為「修」與「養」兩面向，藉由「修治」與「養生」的關係，敞開修養論的當代反思。

　　如上文所指出，傅柯對權力技術的分析，指出從「規訓技術」到「調節技術」的發展趨勢。筆者以相似的分析角度，切入「修」與「養」的關係，強調前者重視自我的「修治」，即著重欲望的克制及自我主宰的能力，後者則重視自我的「養生」，即生命能量的培養、增強或解放。依此，「修養」可理

23　在18世紀的啟蒙思想中「力量」（Kraft）和「能量」（Energie）概念相當受重視，也成為美學理論的範疇。參閱Michel Delon, *L'idée d'énergie au tournant des Lumières*（*1770-1820*）（Paris: PUF, 1988）；及 Menke, *Kraft*。

解為自我主宰與自我養生的動態交織。歐洲哲學自古以來就著重理性知識與自我控制的關係，但到了20世紀，對啟蒙理性的反思則引發了改變，導致了對自我控制的質疑。傅柯不僅關注修養的修治面，也深刻思考了身體的「規訓」與「非規訓」之生命管理間的複雜關係。他甚至強調，非規訓的生命管理在現代脈絡下已逐漸獲得主導地位。換言之，從生命權力到生命治理的發展，在個人層面上呼應著「修」與「養」的調整：由以「修」為重「養」為輕的模式，轉到以「養」為重「修」為輕的模式。此一轉化呼應了從精神修養到美學修養的發展動力。

　　就上述的轉折而言，尼采「價值重估」的概念可提供有效的分析進路。在歐洲修養史中，「價值重估」的主張代表著革命性的改變：對「向上修養」的質疑，以及對「向下修養」的肯定。歷來的修養論難以想像「向下修養」的可能。然而，對身體、感性和欲望的肯定，卻突破了傳統的兩層主體性，擺脫了精神與身體、清明的理性自我與混濁的感性自我之間的等級結構。自我的「雙重化」後，歐洲修養史逐漸出現了另一種可能性，即肯定物質、身體、感性、欲望的一種修養，筆者稱之為「向下修養」。值得注意的是，美學修養的出現與唯物論的發展息息相關，但卻也不受限於唯物論的狹窄框架，而是貫穿精神與物質、理性與感性、向上與向下。溝通的關鍵是兩者之間的「能量」向度。24

---

24 此研究進路顯然觸及修養論研究的跨文化視野，結合不同的歷史資源，尤其參考中國哲學的「形—氣—神」三元結構。此結合具有哲學上的必要性，因為此三元結構與歐洲哲學的內部發展可產生動態的呼應關係。

　　從尼采到傅柯，「道德的系譜學」旨在批判形上主體。尼采給予「形上學」一種道德的解釋，將之理解為價值等級的理論基礎。形上主體內部的權力關係是優等自我對劣等自我的主宰關係，對形上學的批判乃瓦解了主體性內部的等級秩序。更且，尼采所謂價值重估，並不受限於顛倒精神與身體的位階（以身體的優先性取代精神的優先性），反而首度開展兩者的新關係。就此，海德格（Martin Heidegger）在討論尼采對柏拉圖主義的「倒轉」（Umdrehung）時，清楚指出：

　　　　無論是感性領域的廢除，還是非感性領域的廢除，都不必要。相反地，倒是需要消除對感性領域的誤解和詆毀，同樣也要消除對超感性領域的過分高捧（Übersteigerung des Übersinnlichen）。當務之急在於透過感性與非感性的新等級秩序，為感性的嶄新解釋開路。這個新的等級秩序並不是要在舊的秩序圖示（Ordnungsschema）內做簡單地反轉，並不是要從現在開始抬高感性領域而貶低非感性領域，或者把處於最低層的東西拉抬至最高層。新的等級秩序和價值設定意味著：改變秩序圖示。25

　　海德格所謂「秩序圖示」的改變意味著走出傳統形上學（即柏拉圖思想所開啟的形上學）的秩序模式（抬高非感性領

---

25 Martin Heidegger, *Nietzsche*, Vol. I（Stuttgart: Neske, 1998）, p. 212; 英譯本：*Nietzsche*, Vol. I, David Farrell Krell（trans.）,（New York: Harper and Row, 1979）, p. 209；中譯本：馬丁‧海德格爾著，孫周興譯，《尼采》（北京：商務印書館，2002），上卷，頁231。

域），然而並不等於片面贊成非形上學的秩序模式（抬高感性領域），以避免陷入形上學與非形上學的無解爭論之中。此觀點對理解「美學」具有重要啟示：其意義不再受限於「感性學」的範圍，而是貫穿感性（das Sinnliche）與非感性（das Nichtsinnliche）或超感性（das Übersinnliche）的領域。「美學」不屬於形上學或非形上學的任何一邊，而是指形而上者與形而下者的平等溝通。自18世紀以來，「美學」在歐洲開展了「力量美學」（Ästhetik der Kraft）或「能量美學」的方向，逐漸醞釀了哲學的新範式，此範式可稱之為「形而上下學」或「覺學」。26

修養哲學進入現代性的漩渦時，將面臨精神主體的瓦解，以及重新安排精神與物質、非感性與感性、理性與欲望之關係的挑戰。尼采為了應對此一挑戰，拓展了精神與物質「之間」的能量（力量）向度。順此發展，精神與物質可理解為能量轉化的不同狀態，而藉由兩者的關係，能量主體的觀念開始浮現。在現當代歐洲的批判思想中，主體與能量的連結，促使了對精神優先性及理性主宰的批判（無論是馬克思式、尼采式或佛洛伊德式的批判皆是如此）。

歐州哲學自18世紀以來，發展出許多與能量（力量）相關

---

26 一般來說，「美學經驗」（ästhetische Erfahrung）可包含精神面與物質面，但「形而上與形而下的平等溝通」似乎超出「美學」（Ästhetik）概念的一般範圍。尤其漢語的「美學」，因為其中的「美」字，容易停留在狹窄的主流意義，難以傳達力量美學及20世紀西方美學理論的發展，也難以容納「美學修養」所指的特殊意涵。因此，筆者深刻意識到「美學」一詞的不足，而建議藉由「形而上下學」或「覺學」來說明本書所謂的「美學」。

的學說。就主體與能量的關係而言，尼采和佛洛伊德顯得特別重要，因為尼采所謂「權力意志」，以及佛洛伊德的「心理能量」（psychische Energie）皆涉及人類個體和集體生命能量的運行。於是，將「精神」理解為能量狀態的傾向也更加明確。此外，海德格所特別關注的「之間」（Zwischen）領域，推進了現象學的相關思考。尤其德國的身體現象學強調形體與身體的區別：「形體」（Körper）是可見的，而「身體」（Leib）則是指不可見且無法觸摸到的感受。如此，精神、身體和形體構成了現象學式的三元結構。

不過，「主體」的話語從二元到三元結構的轉折以及能量論的開拓，在歐洲遭遇到嚴重的困難。此困難，尼采稱之為「虛無主義」。就他而言，形上學的批判與虛無主義的探討息息相關。因此，海德格在《尼采》一書中強調，尼采虛無主義的概念，仍有賴於「形上學」的特殊了解，即從「價值」的概念反思歐洲形上學的發展。因為如此，尼采理解形上學的方式對探討美學修養具有深遠的意義。由形上學與價值秩序的關係來看，修養論的本體結構（即形體─能量─精神的關係）在現代化的衝擊下，發生了「去等級化」，造成「精神」逐漸失去高尚價值的優越地位。在歐洲傳統形上學的價值結構被瓦解後，乃是本書所謂「美學修養」的可能性條件。

就尼采而言，現代的虛無主義意味著「最高價值的貶黜」。[27]但同時，「虛無主義」具有深厚的歷史根基，涉及歐洲

---

27 Nietzsche, *Der Wille zur Macht*, 10（No. 2）；英譯本：*The Will to Power*, Walter Kaufmann and R. J. Hollingdale（trans.），（New York Vintage, 1967），

哲學自古希臘時期以來的某些基本預設。尼采認為，虛無主義的主要來源在於對「生命」的貶低與精神價值的高捧。由形上學與價值秩序的連結觀之，價值秩序的確立等於形上學的誕生。尼采批評，哲學家一旦成為「形上學家」，便導致哲學的「退化」。在他看來，此退化的歷史可回溯到蘇格拉底。就此問題，德勒茲（Gilles Deleuze）的反思可供參考：

> 如果我們將形上學定義為兩種世界的區別，即是本質與表象、真與假、智性與感性的對立，那麼蘇格拉底便是發明了形上學：他使生命成為一種必須被判斷、衡量、限制之物，而使思想成為一種以高尚價值（如神聖、真、美、善）的名義所施行的衡量標準及界限。28

從虛無主義的歷史來看，柏拉圖主義的形上學及基督教的神學提倡某些高尚的價值，但貶黜了自然的生命，因而否定了生命本身。然而，尼采的新構想同時批評唯心論與唯物論，於是能走出哲學的二元結構，且透過價值重估的舉動，打破形上學的秩序模式。他以形上學為價值秩序的解讀，為當代「力量哲學」的發展條件做了奠基的工作。29

本節由「修」與「養」的區分切入對「修養」的探索，衍生出傅柯有關權力與生命的思考，並認為「修」與「養」的關

---

p. 9。

28 Deleuze, *Nietzsche*（Paris: PUF, 1965），p. 21.

29 Ibid., p. 26.

係蘊含著值得深思的歷史趨勢：從以修治或規訓技術為主的模式，發展到以養生或調節技術為主的模式。如此，則反省修養論的當代意涵與德勒茲《尼采》有關價值重估的討論相呼應：

> 所有價值的蛻變（transmutation）可界定如下：諸力量變成活動的，即是「肯定性在權力意志中的勝利」。在虛無主義的統治下，否定性變成權力意志的形式及基礎；肯定性屈服於否定性，它僅是次要的，意即僅作為收成及實現否定性的果實。〔……〕現在全部改變了：肯定性變成本質或權力意志本身；否定性依然存在，但是如同肯定者的存在模式、如同屬於肯定性的攻擊性（aggressivité）〔……〕，如同伴隨著對創造的全面批判。〔……〕蛻變意指肯定性與否定性之關係的這種顛倒。30

　　順著德勒茲對尼采的轉述建構價值秩序的形上學，包含權力的意志：建立價值秩序的人，將以價值的建構增強自我對自己的「權力」。31或說，將形上學的價值等級引入到自我與自我的「權力關係」之中，而具有「自強作用」（Selbstermächtigung）。換言之，以精神力量為高尚價值，並追求身體衝動的控制，便在自我的領域中，成為文明發展的先決條件。但如同德勒茲所言，其中的權力意志僅以否定的形式出現，因為著重於主宰被

30　Ibid., pp. 32-33.

31　參閱Nietzsche, *Der Wille zur Macht*, p. 16（No. 12）（英13-14）；及 Heidegger, *Nietzsche*, Vol. II, pp. 86-87（英Vol. 4, 61／中735-736）。

視為低劣的生命：理性對欲望的控制屬於治理生命的消極模式，在自我與自我的關係中施行主權權力。經過肯定與否定關係的反轉後，生命力的運用不再受限於理性的控制作用，而開始以積極的創造邏輯為主導方向。

就修養論而言，價值重估意味著調整修治面與養生面的價值秩序，使得修養哲學經由本體結構的改革，讓現代意義下的美學修養成為可能。值得注意的是，如同海德格所指出的，在價值重估的活動中，「哲學」並非停留在非感性或超感性的批判上，也並非陷入感性優先的片面主張，而是對傳統形上學的價值系統進行了更深層的改革，擺脫了唯心論或唯物論的單向立場。此一哲學改革使得能量概念在歐洲哲學中獲得「後形上學」的開展。此後，二元的本體結構（如物質與精神、感性與理性）逐漸可被三元結構（如物質—能量—精神、形體—身體—精神）取代而成為可能。

就歐洲修養史來說，能量概念的現代發展，催生了不同於傳統形上學的價值結構。尼采透過對虛無主義的批判，開拓了以肯定生命為核心的自我觀。但是，其新價值的創造所伴隨的主要概念，諸如權力意志、永恆歸反（永恆回歸）或超人（Übermensch），卻只透顯出修養哲學在價值反轉後所面臨的現代困境。換言之，在現代歐洲，三元本體結構的出現與「創造性的部署」相應，因此在個人的層面上，修養的過程逐漸從以規訓權力為主的「禁欲工夫」，轉到以治理生命為主的「創意工夫」。傳統價值秩序的瓦解，使得「向上提升」的精神化不再是修養過程的唯一方向和目的。因而修養工夫脫離了精神修養的單一軌道，開始步入生存美學的多元途徑。

四、越界的反思

康德的批判概念在主觀意識上，乃以拯救形上學為目的。然實際上他卻引起了一連串的批判哲學，促發摧毀傳統形上學的大趨勢。他的批判工作為尼采對形上學和宗教的批判奠基。現在批判不再僅排除不正當的、缺乏科學根據的知識，更是以積極開創新可能性為目標。尼采的虛無主義概念將批判精神的否定力道推至極致（基督教的徹底否定），同時也不斷尋找虛無主義之外的另類可能。在此過程中，價值重估的活動讓批判與創造緊密連接，使得現代的界限哲學從尊敬人類認識能力的有限性，走向無限創造的越界態度。然而，越界創造性的哲學背景在於「生成本體論」（ontology of becoming）的形成：「存在」（Sein）與「生成」（Werden）的弔詭關係成為20世紀歐洲哲學的核心問題之一。然而值得留意的是，「權力意志」及其複雜的歷史效應顯示，生成與能量的關係只能在「虛無主義」的負面理解下發展：在許多學者的眼中，形上學的終結與上帝之死，便等同於歐洲思想甚至整個歐洲文明的致命性危機，觸及到「西方的衰落」問題。

能量（力量）概念的現代發展，涉及從「存在」哲學到「生成」哲學的過渡。而且，由權力問題切入能量的思想影響了權力分析的性質。在此背景下，肯定生成流變而拒斥「否定生命」的哲學才得以產生（包含傅柯的權力理論）。但同時，能量與權力的關係，讓能量概念下的美學吸納了強制性的特質。此情形決定了美學與創造性的關係：越界的態度與創新的要求成了不可分割的對偶。換言之，創造性的開發與尼采所謂

價值重估是相應的，因為傳統形上學及其價值秩序的瓦解，構成了現代生活方式得以「創造化」的思想條件，也奠定了「美學修養」的發展方向。在此思想脈絡下，生命的精神向度與物質向度可形成互相轉化的平等關係。精神與物質的二元對立逐漸被不可見與可見、分散與凝聚、隱幽與顯明的弔詭關係所取代。

　　藉由上述討論可理解，傅柯對生命權力與生存美學的研究，呼應著尼采對權力意志與永恆回歸的探討：權力意志所指的生命概念將生命視為諸種相互爭鬥的生成狀態；面對生命千變萬化的創生與毀滅，「永恆回歸」意味著對所有一切應該保持「美學」的肯定態度。然而，尼采對形上學的批判，尤其對基督教的駁斥，使得美學修養的萌生，脫離不了虛無主義的困苦及對越界的崇拜。尼采對形上學和基督教的強烈反駁，經常落入錯誤的極端化選項：如同強以「生成」（Werden）取代「存在」（Sein），表象取代本體、藝術取代形上學、美學取代宗教等等。尼采主張，擺脫現代虛無主義的唯一途徑，在於將形上學和基督教徹底推翻。但在此途徑中，權力、力量、能量及美學的緊密交錯，造成美學修養偏向以生命強度的追求為核心的越界態度。

　　傅柯以增強生命與強化經驗為焦點的生存美學，具有尼采式的色彩：生存美學的構想離不開「越界」的動能。然而，如何思考尼采與傅柯修養哲學的不足呢？筆者認為，此不足在於美學修養與越界創造性之間的綑綁。因此，反省傅柯生命權力與生存美學的發展脈絡顯示，生命權力之分析所引起的問題仍然潛藏在生存美學的探討中，也深刻影響了傅柯對歐洲修養史

的理解：傅柯式的修養主體，陷入了既要主宰自己又要增強生命力量的掙扎。問題在於，究竟該如何構思美學修養的非越界模式？

第十章

越界與平淡

一、美學修養與倫理學

從歐洲歷史來看，美學與修養之關係的研究，缺乏相應的文化資源。因此，為了能夠相應於古代希臘、羅馬的文化，傅柯所謂「生存美學」必須進行從當代到古代的系譜學跳躍，同時必須批評基督教式的「主體詮釋學」，以突顯非宗教的修養模式。生存美學從尼采所展開的後基督教空間出發，但卻難以發展美學與工夫論之關係所隱含的潛力。此乃因為現代美學在走出基督教精神世界的過程中，逐漸脫離了藝術創作與精神教養之間的關聯。

儘管傅柯連接美學與工夫論的方式，已明顯跨出尼采哲學在生活藝術與工夫主義之間所劃出的分割線，但他仍然順著現代美學的主要動力，而以「越界」作為美學與工夫論之間的當代橋梁。他透過波特萊爾式的美學觀，促生了「創意工夫」的構想，然此進路卻也顯露了傅柯晚期哲學在修養論方面的思想界限。他以生存美學的名義所開展的新修養模式，似乎被夾在兩種極端選擇之間：一方面坦承回歸古代希臘、羅馬時代的精

神修養是不可能的，另一方面又無法將美學修養從越界態度的
單向邏輯中解放出來。簡言之，傅柯無法擺脫「越界創造性」
（transgressive Kreativität）的強制性。然而，美學修養如何可能
走出越界態度，同時又避免重新陷入精神修養的傳統模式？或
說，如何在修養論的美學轉化後，確保修養的倫理學內涵，但
同時避免將之奠基在精神的優先性之上？如何通達自我修治與
自我養生之間的「弔詭溝通」（或說「否定辯證」）？

傅柯式的美學修養被綑綁在一種矛盾中，即：一方面要以
自我創造的名義消解同一性的主體；但另一方面，為了確保生
存美學的倫理內涵，又無法放棄自我主宰的形上主體。如果生
存美學的提出反映著「道德的缺席」（在此「道德」指的是
「規範道德」），則反過來必須說明生存美學與工夫倫理的內
在關聯。

在傅柯思想的發展中，從早期的瘋狂史及文學評論到晚期
的生存美學，界限經驗扮演了關鍵角色。界限經驗與現代性密
不可分。這意味著，界限與美學的關係，構成了現代創造性的
核心動力。界限態度包含強烈的批判性，因為創造的基本條件
之一，即是對當下狀況的質疑、批判、攻擊，甚至破壞。而
且，創造的解放作用具有倫理學內涵，但大體上界限態度對如
何進一步反省與批判創造性本身，卻是後繼無力。正因如此，
晚期傅柯探索生存美學與倫理學的關係時，才難以處理「倫理
態度」（êthos〔ἦθος〕；或譯「風骨」）與倫理學（ethics）之
間的微妙關係。根據〈何謂啟蒙？〉，美學與倫理態度之間的
連接點是「界限態度」。倘若倫理態度如同傅柯在〈何謂啟
蒙？〉中所說，是指「態度」、生活方式或生活風格，「倫理

態度」則可理解為生存美學與倫理學之間的中介。

　　「倫理態度」顯然比生活藝術或生活風格更有批判精神。儘管傅柯在波特萊爾身上所看到的美學工夫與「流行時尚」密切相關，但也絕不僅限於順從流行趨勢的行為：傅柯強調，波特萊爾式的「浪蕩子主義」對資本主義消費模式的深刻衝擊，包含了一種自由實踐的「倫理態度」。問題是：這種倫理態度能否轉化為倫理學？若能在美學修養的範圍內找出對「越界創造性」的批判資源，進而在美學之內進行從具有批判性的倫理態度到倫理學的過渡，那麼，傅柯難以思考的當代「工夫倫理學」可能成立。

二、自由與自我主宰

　　傅柯在一篇訪談中提及倫理態度與倫理學的關係，將倫理學說明為「自由的實踐」、「自由的反省實踐」或「自由所採取的反省形式」。有關自由、倫理學與倫理態度的關係，他指出：

　　　希臘人實際上將他們的自由以及個體的自由問題化為倫理學的問題。但倫理學在希臘人所理解的意義下是一種「倫理態度」，亦即一種存在的方式、一種自我經營的方式，或說，一種主體的存在模式、一種特定的、他者可看得見的行為方式。某一人的「倫理態度」便在其穿著、姿態、行走方式等等，以及在他回應所有事件的寧靜中呈現出來。對希臘人而言，這就是自由的具體形式——他們如

此問題化他們的自由。一個具有美的「倫理態度」的人，
而且可被讚美和表揚為典範的人，就是一個以特定的方式
實踐自由的人。我不認為，如果自由要被反省（réfléchie）
為「倫理態度」，某種「扭轉」（conversion）是必要的；
自由直接地以「倫理態度」被問題化。但為了這種自由的
實踐在「倫理態度」中獲得形式（而此「倫理態度」乃是
善的、美的，被尊敬、重視、懷念的，且可當作典範
的），某種自我對自我的工作是必要的。[1]

　　由此觀之，就「希臘人」而言，「倫理態度」是指某種存
在模式、實踐形式或生活風格，其意義在於自由的具體呈現。
自我對自我的工作，亦即工夫實踐的過程，需要將自由轉化為
倫理態度的「反省」。傅柯在討論古希臘時期所突顯的「工夫
倫理學」幾乎等同於生活的美學形式。不過，必須留意的是，
自由的具體形式不等於任意的自由選擇，因為工夫實踐總牽涉
到主體與真理的關係。希臘人的自由觀所指的倫理學問題，與
主體的生活方式中的真理（或「真生命」）緊密連結。「工
夫」（askêsis〔ἄσκησις〕）、「真理」（alêtheia〔ἀλήθεια〕）
與「倫理態度」（êthos）環環相扣：工夫使真理貫穿整個生活
方式，讓日常的存在充滿倫理態度。[2]
　　如果「倫理態度」是指一種要透過工夫實踐方能實現在生
活當中的真理，即可理解傅柯所謂的"êthos"，並非受限於個體

1　DE IV（No. 356），p. 714（英286）.

2　DE IV（No. 363），pp. 799-800（英238-239）.

的「氣質」或特定社群的「風俗習慣」（這是一般對"êthos"的理解），反而有可能與集體習俗產生強烈對峙（蘇格拉底與狄奧根尼所顯現的「顛覆範式」是傅柯在晚期課程所詳細討論的）。真理、工夫、倫理態度的關係僅以現有的風俗和習慣為背景，但三者構成關聯的主要原因在於：習俗倫理被質疑而成為問題。換言之，傅柯所謂"êthos"具有「後習俗」（post-konventionell）的意涵，因而筆者以「倫理態度」翻譯之。如此，倫理態度作為自由的具體形式似乎僅是個人的生活風格，而與現有社群的習俗倫理可能產生衝突：一個懷有「倫理態度」的人，可能不僅沒有被讚揚或模仿，反而還被貶抑，甚至遭受迫害。這樣的解讀容易引起以下的質問：傅柯式的生存美學是否僅是毫無倫理學內涵的生活風格，而且擁抱了排斥道德規範的「現代浪蕩子主義」？

　　倫理態度與倫理學的關係是否比傅柯在上述引文所描繪的情況還更為複雜？一方面，倫理態度可包含德行的典範；但另一方面，倫理態度的倫理學內涵也可顯現於批判現有社會政治處境的勇敢與骨氣。換言之，如果自由是倫理學的本體論條件，而且倫理學作為自由的反省性形式，這是否意味著，倫理學對群體習俗及其所包含的約束，必然保持著批判態度？傅柯傾向於將倫理態度視為一種批判態度，而藉此連結自由與倫理學。然在古代，自我關注的倫理學被視為良好治理的基礎。問題是，他的連結方式是否與古代的觀念有所出入？

　　傅柯在〈何謂啟蒙？〉中所提出的構想緊密呼應著他對古希臘文化的解釋。他是否認為，古希臘的「倫理態度」可直接在現代脈絡中使用，並可當作「新倫理學」的歷史依據？就

此，他在〈自我關注的倫理學作為自由實踐〉的訪談中進一步指出：對希臘人而言，自由涉及「非奴隸」的狀態（在此「奴隸」包含作為自己欲望的奴隸，因而無法達成自我主宰的目的）。在此意義下，奴隸的狀態不是倫理學的。同時，以自我主宰為基礎的自由，本身具有政治意涵。然反觀〈何謂啟蒙？〉所探討的波特萊爾式現代性，則可發現波特萊爾所代表的「倫理態度」及相關的創意工夫，其實遠離了社會和政治的治理，而只能間接地透過藝術領域來產生作用。[3]顯然，在批判性倫理態度的框架中，傅柯似乎忽略了賦予古代的自我關注以倫理學內涵的主要條件：他以波特萊爾的例子突顯了創意工夫對美學修養的重要性，但修養的社會與政治意義便局限在批判當前現況的範圍，亦即他所謂「與當下的反省關係」。[4]

假如對「新倫理學」的尋找，至少在結構上不得不從希臘模式（即將倫理學視為生存美學）獲得一定程度的正當性，[5]那麼以越界式的界限態度為核心的現代倫理態度，是否足以構成工夫倫理學的當代可能？換言之，所面臨的困難在於，如何能夠將古代的自我主宰與當代的去主體化之間的張力，轉化為美學修養的倫理學潛力。工夫倫理學的倫理學內涵，不應該只在於呼喚自由的批判態度，而要反思現代哲學自尼采以來在精神與身體之關係上所產生的反轉，並提出精神性與物質性之關係的另類構想。「美學修養」的概念在本體向度上區分「形、

3　DE IV（No. 339），p. 571（英312）.

4　DE IV（No. 339），p. 572（英313）.

5　DE IV（No. 326），p. 385（英255）.

氣、神」（形體、能量、精神）三要素，有助於探討生存美學
與倫理學的關係：一方面促使對美學與倫理學之關係的深刻闡
明，同時也有助於走出傅柯的相關困境。在此背景下，深入討
論自我主宰與倫理學的關係是必要的。

在傅柯看來，哲學的重大作用之一在於對「危險」的警
惕：

> 哲學的批判面（我對批判的了解是廣義的）恰恰要質疑
> 所有的支配現象，無論已在何種層面或以何種形式出現
> （如政治的、經濟的、性欲的、制度的）。到某種程度，
> 哲學的此一批判作用來自蘇格拉底的令式「你應該照料你
> 自身」（occupe-toi de toi-même），也就是說「以自我主宰
> 的方式建立你的自由」。6

此處，批判哲學與自我修養相連結，因為自由需要自我主
宰：自由的人需要主宰自身、擺脫奴役狀態的能力。換言之，
倫理學的可能依靠著自由的自我關係與奴役狀態之間的差異。
自由的自我關係所要求的是：「人們要與自身建立某種支配的
主宰關係，此乃可稱為archê（ἀρχή），即權力或命令。」7在
《快感的使用》中，傅柯更明確地說明此構想的背景。由此可
知，在古希臘，自我主宰的問題意指節制與權力的關係，或說
修養與權力如何產生正當關係的問題：他者的支配與自我的支

6　DE IV（No. 356），p. 729（英300-301）.

7　DE IV（No. 356），p. 714（英287）.

配、他人的治理與自我的治理之間存在著內部的聯繫。確立
「對於自己的權威」（archê sautou〔ἀρχή σαυτοῦ〕）的能力，
避免被快感所奴役，並且「命令」自己欲望的能力，乃是優先
於命令他人的行為：「自我主宰作為領導他人的道德條件。」[8]
能夠主宰自己的自我，就能夠將自己建構為「倫理主體」，而
對倫理主體及其自由的基本界定首先是消極的：不要成為自己
欲望的奴隸。

　　問題是，倘若批判哲學的任務之一在於「質疑所有支配的
現象」，難道使「倫理主體」成為可能的自我主宰不需要質疑
嗎？換言之，批判性的修養論不得忽視批判哲學本身的反思，
即不得不質問，權力批判在自我層面上如何可能的問題。如果
主體的自我主宰意味著自我與自身的反省關係，這種反省性的
再反省不是構思「新倫理學」的必要條件嗎？因此，批判性修
養的構想，必須包含對自我主宰的批判在內。然令人驚訝的
是，儘管傅柯早期與中期的思想對自我的主宰及主權主體提出
了深刻分析和強烈批判，這種反省性在傅柯晚期的著作中卻是
被忽略的。為何在傅柯所描繪的自我關注的倫理學中，自由的
概念總是徘徊在自我主宰與自我創造（及其所包含的去主體
化）之間？換句話說，古代哲學有關自由與倫理態度的反思，
包含了一種基本的要求：如果自我對自我的工作要凝聚倫理內
涵，則必須以自我主宰為目的。由此可知，以越界的創造性為
核心的「現代倫理態度」面臨著失去倫理內涵的危機，因為涉
及瓦解自我主宰的去主體化運動。然而，在傅柯的相關討論

8　UP, p. 190（英172／中264）. 另可參閱UP, p. 90（英77／中181）。

中，越界的界限態度如何可能「反省地」限制自己的創造活動，仍未受到應有的重視──傅柯無法將「自我創造」問題化。

　　在《快感的使用》中傅柯表示，在古代，自由與倫理態度的關係是「倫理學的」，因為自我的主宰導致「自己權力之反省性的自我限制」：[9]

　　　這種自由不僅是非奴役的狀態，不僅是一種解困狀態（affranchissment），讓個體獨立於一切內在或外在局限。從其整體和肯定的形式來看，它是一種人們在施行於他人的權力中，在自己身上所施行的權力。[10]

　　從〈何謂啟蒙？〉來看，晚期傅柯無法達致的目標在於：構想出一種能解脫外在或內在約束的自由。〈何謂啟蒙？〉之所以特別重要，是因為能夠連結「界限經驗」（以及傅柯早期著作中的「去主體化」）與晚期所謂「自我技術」。值得注意的是，儘管其中所描繪的波特萊爾式現代性觸及「不可避免的工夫主義」，即嚴謹的美學工夫在自我創造的過程中所要求的風格化，但在此文中並沒有出現自我主宰的說法。傅柯在〈何謂啟蒙？〉中所突顯的生存美學，是一種「被理解為權力遊戲之反省性藝術的自由」。[11]他強調，當下的批判分析與「我們自

9　UP, p. 185（英167／中260）.

10　UP, p. 93（英80／中183）.

11　UP, p. 277（英253／中334）.

身在我們自律中的無止境創造」，[12]產生了互相推動的作用。工夫與自由、「自我的工夫形塑」與「自由的無規定工作」（travail indéfini de la liberté），只能在浪蕩子式「自我藝術」的領域中進行。就此，社會、政治的當下情境僅是貫穿自己生命的虛擬界限，而界限便是自我在自己生命上工作的材料。由此觀之，對權力的反諷批判（此批判意味著，自由與權力遊戲密不可分）與越界式的生存美學（其目的不是自我主宰，而是經驗的強化），共同構成反人文的啟蒙觀念。此觀念可視為傅柯式美學修養的核心所在：自我創造的概念以原創性的方式連接自我技術與界限態度。在某些訪談中，有關波特萊爾的模糊參照更具體地觸及了「同性戀工夫」的主題。相關的說法顯示，傅柯對自由、權力和美學之關聯的興趣，傾向徹底遠離「自我主宰的傳統倫理學」（l'éthique traditionnelle de la maîtrise de soi），[13]而將工夫實踐單向地轉移到增加身體強度的活動。此發展的代價顯而易見：如此一來，生存美學的倫理內涵便只能是空洞的呼喚，因為生存美學無法構想出在剛強的「越界創造性」「越界創造性」以外的自由。

　　傅柯雖然經常批評「性解放」的話語，但卻難以構想出有別於解放的自由。在「傳統的」、以自我主宰為核心的自由觀念，與「現代的」、以解放為核心的自由觀的關係之外，他無法提出另類可能，反而無意識地徘徊在兩者之間。甚至，精神與身體、向上修養與向下修養在晚期著作中，構成兩種分裂的

12　DE IV（No. 356），p. 573（英314）.

13　SS, p. 84（英67／中403）.

面向。然筆者認為，若要展開美學修養與批判理論之關係的潛力，必須擺脫此分裂狀態。出路應包含兩項要點：一方面要進行對自我主宰的反省，使其中的權力關係成為批判對象（亦即對精神性在本體論上的優先地位進行批判），另一方面則要讓美學的界限經驗走出對越界態度的執迷，使「平淡」成為「越界」的互補面向。如此，能否在美學領域之內，構思一種「反省性的自我限制」？能否藉此為美學修養開闢一種傅柯式的界限工夫所遺失的倫理向度？其中關鍵在於，從美學修養所延伸的自我限制，不能被理解為道德規範，而必須在美學的內在性中展開。

三、界限經驗與去主體化

對美學修養的話語而言，波特萊爾與尼采的著作代表著不可迴避的挑戰：兩者以頗有創意的書寫方式，彰顯了越界的英雄性。從基督教工夫主義、性欲和越界的關係觀之，波特萊爾式的創意工夫及其所包含的挑釁與震撼，衝撞了中產階級的道德機制：身體、感性和激情的探索，威脅著以紀律為核心的理性化生活。基本上，傅柯無意脫離波特萊爾所開闢的模式——藝術的創造性與「惡之花」的關聯。他的確早已質疑「性解放」與基督教的共謀關係[14]，而到了晚年將此質疑深化為對基督教式「欲望主體」的批判。但對界限經驗的執迷能擺脫「欲望主體」的陰影嗎？在具深刻哲學含義的界限概念中，存在著難

14　DE I（No. 13），p. 233（英69）.

以化解的矛盾。

　　對修養論的現代化而言，傅柯連結修養與性欲的方式是關鍵性的轉折。然影響更深遠的，是他對修養主體與界限經驗的探索。現代歐洲哲學與「人」之創造化的關係是相當掙扎的：一方面參與啟蒙的世俗化要求，因而打破了基督教教條（將上帝視為創造者，人視為被創造者）的形上學結構；另一方面則要避免啟蒙的批判性倫理態度，瓦解政治社會的道德基礎，因而強調「人」的創造力必須被規範。假如康德的思想已深刻反映著兩者的掙扎，尼采則尋求了英雄式的出路，將對基督教的批判推向極端，並促生了既是批判的又是創意的現代性倫理態度（kritisches und kreatives Ethos der Moderne）。儘管尼采式的現代倫理態度切斷了啟蒙與人文主義的連線，但其所實現的倫理態度，在追求真理的勇氣及渴望自由中，仍然保持著啟蒙的倫理內涵。

　　〈何謂啟蒙？〉連結啟蒙、批判、倫理態度與界限態度的方式，可當作進一步分析此問題的出發點：

> 　　這種哲學的「倫理態度」（êthos philosophique）可理解為「界限態度」。此態度不是一種排除行為。人們應當避免域外與域內二擇一的選項，而應當存在於邊界上。批判恰好是對界限的分析和反省。但如果康德的問題在於知道、認識將要棄絕對哪一些界限的跨越，那麼，我認為，在今天，批判的問題應當轉變為更積極的問題：在被給予的，在我們而言是普遍的、必然的、不可避免的事物中，哪一些部分是特異的、偶然的、專斷強制的？總之，重點

在於將以必要限制的形式（limitation nécessaire）所施行的批判，轉化為以可能跨越的形式（forme du franchissement possible）所施行的實踐性批判。[15]

「何謂啟蒙？」以極為精準的方式描繪美學修養在「創造性部署」內的處境：進行自我對自我的美學工作是頗有吸引力的，因為自己的生命可成為「實驗」的場所和材料。「我們自身的本體論批判」是雙重的「批判工作」：一方面要進行「對被給予我們的界限的歷史分析」，另一方面要「證實此一界限的跨越是可能的」。[16]為此，傅柯串聯了「批判性的倫理態度」與「哲學生命」。換言之，哲學作為科學與哲學作為修養之間的張力變成了哲學工作的核心，使傅柯的哲學工作能夠連結嚴謹的學術研究與越界的美學實踐。換言之，傅柯在美學修養的哲學範式中，舉行（austragen）修養的修治面與養生面之間的辯證。

藉由考古學與系譜學的關係，可反省修養哲學的當代處境。考古學的面向所要分析的，是「在我們的當下」所給予的歷史界限，以突顯這些界限所凝結的普遍性、必然性和約束力，實際上是特異的、偶然的和任意的。對「可能跨越」之界限的系譜學，以及對歷史界限的考古學，遂產生呼應關係。一旦能夠證實使「我們」成為「我們（目前所是）」的歷史必然性其實是偶然的，那麼，另一種存在、行為和思想的可能性便

---

15 DE IV（No. 339），pp. 574-575（英315）.
16 DE IV,（No. 339），p. 577（英319）.

由此萌生。「批判工作」的雙重進路，一方面意味著「批判理論」的建構，另一方面涉及「批判實踐」的運行。批判的「工作」必定同時涉及自我對自我的工作，因而蘊含著自由的可能。

「何謂啟蒙？」所描繪的批判概念，以及其所包含的考古學與系譜學，顯然是晚期傅柯以回顧的方式賦予自己思想發展某種融貫性的嘗試（另也包含知識、權力、倫理三軸線的分別）。17然而，值得注意的是，〈何謂啟蒙？〉所探索的「界限態度」與相關的美學經驗，顯然隱含著傅柯思想的整個演變過程。在一場1978年的訪談中，傅柯詳細回顧了早期著作的發展脈動，並觸及界限經驗與去主體化之間的關聯。同時，此訪談的語氣與姿態讓人聯想到《快感的使用》導論的氣氛。有人問他：從權力和知識意志的研究來看，早期著作中有哪些部分顯得過時？傅柯以描述自己思想的「移動」來答覆。他指出，每一本書皆可視為轉化前一本書的思想：

> 我從不去思考完全一樣的事物，因為對我而言，我的書是一種經驗，是最充實意義下的經驗。經驗乃是一種使自己轉化的事物。〔……〕我寫作是為了改變我自己，而且為了思考之前未思考的事物。在此意義下，我是一位實驗家。18

17　DE IV（No. 339），p. 576（英318）.

18　DE IV（No. 281），pp. 41-42（英239-240）.

　　傅柯強調，他並不是一位要建構特定方法，並將之系統地運用在不同領域的理論家，也不是一位「機構意義」下的哲學家（如黑格爾主義或現象學）。對他影響深遠的一些非學院、且富實驗精神的作家如尼采、巴塔耶或布郎修（Maurice Blanchot），都有助於擺脫大學訓練的局限，轉而投入思想與個人經驗的關係：「對尼采、巴塔耶、布郎修而言。〔……〕經驗就是試著盡可能達至接近不可生活（invivable）的某個生命點。所要求的是生命最大的強度，同時也是最大的不可能性。」19

　　哲學是科學或是生活方式？自古以來，在歐洲哲學的內部，兩者的緊張關係一直存在。在現代哲學的脈絡下，康德與尼采或許是這兩種傾向的最純粹代表。哲學的獨特力量來自思想體系與生命經驗之間的弔詭關係。此弔詭無法化解，因為無法吸納生命經驗的思想是貧乏的，同時，無法成為思想的經驗則缺乏反省性，僅停留在前哲學狀態。傅柯的理論發展顯示，他徹底投入了兩者的弔詭溝通：他的著作既是人文科學的模範，又一再要避開自己思想漸趨僵化，不斷地在學術工作之中，打破學術的規範。然而，在「不可生活」的強度中，界限經驗的真理內涵便呈現出來：以界限經驗的模式，個人經驗能打破「純粹主體性」的框架，20以觸及「我們現代性的經驗」。21界限經驗與真理進入「困難的關係」，進入「真理與虛

19　DE IV（No. 281），p. 43（英241）.

20　DE IV（No. 281），p. 47（英245）.

21　DE IV（No. 281），p. 45（英244）.

構的遊戲」。[22]不過，若要與真理產生關係，經驗不僅要脫離「純粹的主體性」，更需要徹底的「去主體化」，而為此必須放棄以主體為經驗基礎的觀點。界限經驗的主體導致了「無主體經驗」的弔詭尋索。去主體化是指主體將自身消解的經驗，失去同一性或「自我認同」的過程：

> 對尼采、巴塔耶、布郎修而言，經驗的作用在於將主體從自身拔除，使主體不再是他自身，或將之推到它的毀滅或解體之上。這是一種去主體化的事業，一種將主體從其自身拔除的界限經驗，這是閱讀尼采、巴塔耶和布郎修對我的重要性，而我一直將我的書（無論多麼無聊、多麼博學）視為要將我從我自身拔除的直接經驗，而且使我避免一直是同樣的人。[23]

投入越界活動，而不斷地要跨越理性界限的哲學家是否仍是哲學家？理性與瘋狂的關係是早期傅柯思想的核心問題：無主體語言的可能性意指「瘋狂哲學家之可能性的問題」。[24]在早期傅柯有關語言問題的討論中，界限和越界已成為分析對象。其中，「界限經驗」是指「無主體」的語言。[25]

22　DE IV（No. 281），p. 46（英244）.

23　DE, IV（No. 281），p. 43（英241）.

24　DE I（No. 13），pp. 243-244（英80）.

25　參閱DE I（No. 38），p. 537（英166）。如果透過早期傅柯的「域外」概念（dehors）來解釋越界，並且將越界與擺脫自我相連接，將會出現弔詭的、看似道家式的越界觀：透過「域外經驗」的角度，越界不再僅指一種逾越

　　傅柯在〈何謂啟蒙？〉中重新回到界限的問題。界限態度
涉及現代的倫理態度，尤其要面對美學與倫理學的關係。相關
的討論雖然基於傅柯以古代倫理學為生存美學的觀點，但「現
代性倫理態度」與古代「自由倫理學」卻產生難以調節的關
係，甚至是強烈對比。後者隱含著古代理性哲學的範式，前者
包含著理性的徹底批判。哲學家被逼到瘋狂的邊界（甚至陷入
瘋狂之中）。瘋狂的哲學家是啟蒙的弔詭產物。此處，哲學脫
離了蘇格拉底式的理性主體以及建立在自我主宰之上的倫理
學。古代主體觀的危機和缺席，迫使哲學重新思考「界限」與
「虛無」的關係。

四、上帝的缺席與虛無概念

　　擺脫對「越界」的片面追求是否可能？對「平淡」的追求
是否為可能的回答？傅柯顯然不重視這樣的問題。「平淡」屬
於他研究範圍之外的「未思」。然而，筆者對傅柯哲學的內在
批判，將要經由越界概念的問題化來擺脫越界，要在越界美學
的範式之中，尋找越界的域外。相對於越界，平淡只能以消極
的方式呈現。作為美學範疇的「平淡」讓人聯想到「缺席」的

現有主體以強化主體經驗的方式，反而以「去主體化」為發揮創作的「方
法」。在此情形下，越界包含讓「渾沌與不可思考的域外」發生的自我擺
脫。越界不再受限於現有處境的強制逾越，反而意味著一種透過越界的發
生而產生的創造活動。連結傅柯的生存美學與去主體化，的確有助於釐清
晚期傅柯「主體性」概念的雙面意涵（即主體構成與去主體化的無止境過
程）。然儘管將越界從意志力的刻意追求解開來，越界態度的暴力取向仍
然具有主導作用。

狀態。平淡的藝術作品容易被視為「缺陷的作品」，甚至是「作品的缺席」（absence d'oeuvre）：在應充滿「色彩」之處，只「有」無色無味的「無」。色彩的缺乏容易引起負面的，甚至「虛無主義」的印象（在許多西方人眼中，「黑白」的藝術意味著悲觀、憂鬱、壓迫、死亡）。平淡的當代性，以及越界與平淡的美學關係，是否在「上帝之死」所遺留的「虛無」處而產生？

傅柯指出：

> 或許性特質（sexualité）在我們文化中的浮現是多樣意涵的事件：它連結上帝之死，而且連結了上帝之死在我們思想的界限上所遺留的本體虛無（vide ontologique）；它也連結了仍是隱晦地、尚待摸索的思想形式的顯現：其中，對於界限的詢問取代著對整體性的尋求，或說越界的手勢替代了矛盾的運作。26

界限與越界的關係呼應著人與上帝、有限性與無限性、經驗與智性、內在性與超越性的關係。從早期著作《康德人類學導論》開始，傅柯有關界限與越界問題的討論便離不開康德與尼采的張力。無疑，傅柯偏向尼采的一端，但他同時坦承：以界限問題為焦點的哲學範式是康德所建立的。「界限」是後基督教的（而在這意義下也是「後形上學的」）現代哲學的核心概念，而「越界」是回應「界限」問題的一種方式。「平淡」

26　DE I（No. 13），p. 248（英85）.

與「界限」的連結乃是重新界定平淡的重要思考方向。

傅柯認為，康德對於「無限性本體論」（ontologie de l'infini）的批判，在「我們思想」的邊界上，打開了「本體虛無」。而在尼采的虛無主義話語中，此傾向獲得極端化的表現。就康德來說，對認識及其界限的討論，觸及了人類生存界限的問題。他認為，「人」應該自我節制於有限性範圍之中，且放棄從有限跨越到無限的不正當活動。人類如何可能以自我限制的方式表達對無限性的尊敬，此乃貫穿康德認識論的倫理學問題：其中無限性只能以缺席的方式在場。傅柯在有關康德人類學的論文中，強調康德式「界限哲學」與尼采式「越界哲學」之間的內在關聯與發展動脈。他指出，康德的人類學「指向上帝的缺席」，因而在無限性所遺留的虛無之中開展。[27]此處發生了從「人」的界限問題到「超人」的越界態度的過渡：

> 實際上，上帝之死在雙重屠殺的手勢中呈現，它終結了絕對性，同時也殺死了人自身。人在其有限性中脫離不了無限性（人同時是無限性的否定者與宣告者）；上帝之死完成在人之死當中。能否構想一種對有限性的批判，此批判同時在有限性與無限性的關係上，以及在有限性與人的關係上是解放性的，並且能夠呈顯：有限性不是終結，而是以結束為開始的曲線和時間樞紐？在哲學的場域，Was ist der Mensch?〔何謂人？〕的問題軌跡將完成在一種同時

---

27 Foucault, *Introduction à l'anthropologie de Kant*, pp. 75-76.

拒絕又取消此問題的回答中：der Übermensch〔超人〕。[28]

在「西方哲學」中，康德有關理性及其界限的反思，展開了「界限哲學」，並且探索了有限性與無限性、內在性與超越性之關係的新模式。康德自己對此思想方向所隱含的爆炸力有所預知，並試著阻擋相關危險，以使界限哲學朝向「人類學的問題」發展。他主張，人類應當承認理性的運用有所限制。相較於康德的道德關懷，尼采式的越界態度則突顯界限哲學的爆炸性力量：「上帝之死並非將我們放入一種有限且肯定的世界中，反而將我們放入到一種在界限的經驗中消解，以及在逾越此一界限的過度中生成與毀滅的世界。」[29]透過上帝之死與界限哲學、界限經驗與越界態度的關聯，哲學與具有美學特質的現代性相遇。其中，經由啟蒙對宗教的批判而形成的「無神創造性」是關鍵動力。

現代美學與界限經驗緊密相關。在現代美學的框架中，能否避免將界限經驗化約為越界的片面傾向？面對此問題，康德的回答在於串聯界限的問題與自我限制的倫理學。然此回答不足以為典範，因為康德在當時仍然從傳統形上學的角度思考界限的問題，並未預期自己的批判哲學在別人的腦海中可能蛻變為越界創造性的構思。若要批評現代創造性中的「過度」，並且擺脫現代人對越界的執著和崇拜，是否只能寄託於傳統形上學甚至宗教的重建？然宗教的復興不可能是哲學之道，因為此

28　Foucault, *Introduction à l'anthropologie de Kant*, pp. 78-79.
29　DE I（No. 13），p. 236（英72）.

道路是要以啟蒙思想家曾視為問題製造者的宗教，來解決啟蒙所造成的問題。現代哲學的發展與啟蒙是不可分的，時至今日，哲學的關鍵任務之一仍在於反省「啟蒙的辯證」（或說，反省康德與尼采的張力）。走出「上帝之死」所造成的後遺症是必要的。但在界限哲學與越界美學的困境中，如何能找出一條美學的出路呢？

　　在現當代美學的處境中，以「平淡」作為界限經驗的另類可能，大體上被忽略了。平淡與界限經驗的關係能否平衡越界與界限經驗的關係？在現代化的殘酷暴力面前，平淡顯得不合時宜、無能為力無能為力和軟弱。不過，筆者認為，在傅柯有關界限與越界的思考中，從「本體虛無」到「虛無本體論」的過渡，將提供思想在「幾無」（幾乎沒有）中重生的機會。

五、平淡的勇氣

　　美學修養中的「美學」涉及美學、能量（氣）與轉化（化）的關係。三者的結合讓「美學」脫離對感官，尤其是對視覺的片面著重，而同時向精神與物質採取開放的態度。在「能量主體」（或說「氣化主體」）之中，兩面向能發生平等的互動關係。而且，「修養」意指一種不斷地溝通兩者的轉化機制。進一步來說，此修養意味著，從自我在本體結構上「去等級化」出發的主體性構成。必須留意的是，此處所謂「主體」不等於「自我認同」（self-identity）。能量主體並非以建立穩定的、同一不變的自我認同為目的，同時也並非追求主體本來面貌的復歸，反而是去主體化與主體化之間的動態關係。修

養工夫的基本任務在於溝通兩者。修養的目的在達成「貫通」，而不在追求更高層、更完整的統一性。這種修養是美學的，因為對精神與物質保持雙重的開放性，並且擺脫宗教或傳統形上學對精神優先性的堅持。同時，美學修養的倫理內涵，便在舉行兩面向的「弔詭溝通」（或說「否定辯證」）中開顯。一旦「精神」不再包含對物質和身體經驗的形上學輕視，美學修養遂可積極容納各種精神經驗（包含宗教經驗），同時避免重新落入精神修養的傳統模式。

　　就傅柯所理解的尼采而言，上帝之死意味著形上學的終結。同時，上帝的位置維持虛無空白：「人」並非要，也不能取代「上帝」的空位。尼采認為，現代虛無主義的重要來源，在於追求以人取代上帝的位置、以人的創造性取代上帝的創造性。康德曾經試圖以人類學的方式面對人類自傲的危險，尼采的回應反而強調，「上帝之死」的同時，「人之死」也隨之發生。因此，尼采藉由「超人」的觀念要同時擺脫上帝與人的雙重缺席。[30]他一方面清楚意識到，自己的思想銘刻著對上帝的否定，因而難以徹底擺脫虛無主義的陰影；同時，他卻透過對虛無主義的批判，來探究在上帝與人之關係外的生命模式。與此相似，傅柯有時陷入對越界態度的迷思，但又弔詭地醞釀了重新思考越界態度的勇氣。

　　傅柯透過「瘋狂」的主題來說明「虛無」。他將瘋狂界定為「作品的缺席」，同時也將一些當代法國文學的著作理解為「缺席的作品」：瘋狂以缺席的形式在這些作品中在場。一旦

---

30 DE I（No. 42），p. 553.

瘋狂的界限經驗融入作品之中，瘋狂的無言和寂靜，成為了語言的構成部分。但這不是說，瘋狂被納入到理性的內部。「越界」將理性在理性與瘋狂之間所劃出的界限推至極限，促使理性在自我失去之中獲得覺醒（反過來說，理性在理性與瘋狂之間劃出界限，而且在劃出界限的排除過程中，也構成自身）。傅柯要求「理性」（或說「我們思想的界限」）應當反省它曾經以劃清界限的方式所排除的他者：瘋狂。只有在越界的活動中，界限（理性）與無限性（虛無）的關係才是可被界定的。早期傅柯或許偏向於崇拜理性的自我失去，或試著在主體的死亡中自得其樂。不過，從〈何謂啟蒙？〉來看，透過去主體化而達成的覺察，與將啟蒙理解為反省性的界限態度有所呼應：在越界的活動中，閃電般的覺察滲入到可思考之界限外的黑暗。因而，界限的批判性分析（或說「我們自身的批判本體論」）才成為可能。

由界限、越界和啟蒙的關係觀之，早期傅柯以「黑夜中的閃電」為例，說明越界經驗特別值得注意。他指出，閃電「賦予其所否定之物一種緊密且黑暗的存在」；同時，閃電劃破的且直線般的特異性，需歸功於夜晚的黑暗。由此可理解越界與界限的關係：

> 越界是關涉到界限的手勢。在此，即在這一條細長的線上，越界以閃電般的經過而顯現自身，但或許它整個軌跡、甚至它的本源也在此顯現。它整個空間可能只不過是

那一條它所穿插的線條。31

　　越界由虛無而來，也在虛無之中消逝。越界的「存在之自由的充足」（libre plénitude de son être），歸功於越界之突然且暴力的發生，它在穿過那一條線（即界限）的片刻中產生，同時，那一條線即在穿過的發生中失去。界限只有因為那一「輝煌地穿過與否定之手勢」而存在著；反觀之，一種僅是針對幻想中的界限的越界活動便是虛妄的：「界限與越界之存在的緊密性互相歸功於對方」。32這是越界式界限經驗的貼切描述。越界的特質在於突然性、爆發力及震撼性。

　　能否從傅柯有關閃電與黑夜的例子出發，而以「微明」（破曉或黃昏）在白日與黑夜之間的過渡狀態，說明越界與平淡的區別？倘若閃電需要夜晚的黑暗方能產生黑白分明的強烈效果，微明則需要白日與黑夜（顯明與隱幽）之間的漸進過渡，方能呈現精微細膩的層次效果。閃電是指黑暗與明亮、可見與不可見的強烈和快速的對比，而微明則是指細微和緩慢的過渡，即隱幽（不可見）過渡到顯明（可見），或顯明（可見）逐漸消逝於隱幽（不可見）之中。界限與越界的關係涉及細長的一條線，而此一條線在越界的片刻中顯現。然在與平淡的關係中，界限則非細長尖銳，反而是寬廣和模糊。在越界態度中，界限在越界的片刻中消失，而被另一（目前仍無法逾越的）新界限所取代。越界態度探索經驗的極限，平淡態度反而

31　DE I（No. 13），p. 236（英73）.

32　DE I（No. 13），p. 237（英73）.

關注經驗在微觀中的萌生。越界連結界限經驗的強度，平淡連結界限經驗的精微度。如是，平淡並非另一種增加「強度」的詭計，反而意味著「虛無」與「實有」的柔性關係。

消極地來看，尼采所謂虛無主義代表著傳統歐洲形上哲學的終結。不過，就積極面而言，傳統形上學的不可能，也推展了新的形上學思想，甚至讓既形而上又形而下的哲學成為可能。這種「形而上下學」，筆者稱之為「覺學」。在其中，「虛無」不再是缺陷。[33]換言之，傅柯鬆綁了越界與禁止的連結，因而改變了界限與越界的關係。如此，界限與無限的關係也發生改變：在上帝缺席之處，引入積極的虛無概念，並藉此進入虛無與實有、顯明與隱幽的相互轉化之中。在「覺學」與界限工夫論的互補之下，將越界與平淡的關係納入到美學修養之中，便成為可能。如此可擺脫界限經驗與「越界」的單向關聯，讓界限經驗「淡化」。「能量」與「強度」的關係也要鬆綁，以能突顯「精微度」作為美學的向度。「平淡」乃可理解為探索精微和柔化的的界限經驗。

由此觀之，擴展傅柯在〈何謂啟蒙？〉中所描繪的「界限工夫」是必要的。藉此能否闡明美學修養的倫理內涵？或說，朝向平淡向度擴展的界限經驗，能否使「工夫倫理」初步走出晚期傅柯的困境？貫穿此構想的主要預設在於，美學修養的倫理內涵蘊藏在能量美學（或氣化美學）的雙重結構之中：亦即在把握剛性的越界態度的情況下，又能守護柔性的平淡態度，使得兩者走入弔詭溝通的修養道路。然而，上述的雙重結構同

33　MC, p. 353.

時也是指雙重的自由概念：一方面，自由以越界經驗的強度突然且震撼地解放自我主宰所限制的創造力（越界的創造性）；另一方面，自由在平淡經驗中擺脫界限態度對強度極大化的追求，並體會生命的精微度（平淡的創造性）。界限工夫乃是特殊的自我工作：行走在生命界限上時，能夠習練越界與平淡的動態關係。藉由界限經驗與工夫倫理的關係，美學修養的跨文化潛力在越界的無餘絕境中透出無限生機。

徵引書目

傅柯著作

書目說明

　　DE I-IV是指傅柯（Michel Foucault）的《言與文》（*Dits et écrits*），共四卷，由Daniel Defert和François Ewald編輯，Jaques Lagrange協助（Paris: Gallimard, 1994）。"No."加上數字（如No. 4）是指上述著作中的文本編號。如果參考了傅柯著作的英譯本，本書提供英文標題和版本。*The Essential Works of M. Foucault* 是指*The Essential Works of Michel Foucault 1954-1984*，共三卷，該書由Paul Rabinow和James Faubion主編， Robert Hurley等人翻譯（London: Penguin, 2000）。

Foucault, Michel. AV. *Les aveux de la chair. Histoire de la sexualité* 4. Edited by Frédéric Gros. Paris: Gallimard, 2018.

_____. CV. *Le courage de la vérité. Le gouvernement de soi et des autres II: Cours au Collège de France*（*1983-1984*）, edited by

Frédéric Gros. Series edited by François Ewald and Alessandro Fontana. Paris: Gallimard/Seuil, 2009. 米歇爾・福柯著，錢翰、陳曉徑譯，《說真話的勇氣：治理自我與治理他者II》，法蘭西學院演講系列，1984，上海：上海人民出版社，2018。

____. DE I. No. 4. "Préface," Originally in Michel Foucault, *Folie et déraison. Histoire de la folie à l'âge classique*, pp. 159-167. Paris: Plon, 1961.

____. DE I. No 13. "Préface à la transgression," pp. 233-250〔"A Preface to Transgression," in *The Essential Works of M. Foucault*. Vol. 2, *Aesthetics, Method, and Epistemology*, pp. 233-250〕.

____. DE I. No. 37. "Entretien avec Madeleine Chapsal," pp. 513-518.

____. DE I. No. 38. "La pensée du dehors," pp. 518-544〔"The Thought of the Outside," in *The Essential Works of M. Foucault*. Vol. 2, *Aesthetics, Method, and Epistemology*, pp. 147-169〕.

____. DE I. No. 42. "Qu'est-ce qu'un philosophe?," pp. 552-553.

____. DE II. No. 84. "Nietzsche, la généalogie, l'histoire," pp. 136-156.

____. DE III. No. 200. "Non au sexe roi," pp. 226-269.

____. DE III. No. 236. "Michel Foucault et le zen: un séjour dans un temple zen," pp. 618-624〔"Michel Foucault and Zen: A Stay in a Zen Temple," in *Religion and Culture/Michel Foucault*. Translated by Richard Townsend. Selected and edited by Jeremy

R. Carrette. New York: Routledge, 1999〕.

＿＿. DE III. No. 239. "La 'gouvernementalité'," pp. 635-657.

＿＿. DE IV. No. 281. "Entretien avec Michel Foucault," pp. 41-95〔"Interview With Michel Foucault," in *The Essential Works of M. Foucault.* Vol. 3, *Power*, pp. 239-297〕.

＿＿. DE IV. No. 293. "De l'amitié comme mode de vie," pp. 163-167〔"Friendship as a Way of Life". In *The Essential Works of M. Foucault.* Vol. 1, *Ethics, Subjectivity, and Truth*, pp. 135-140〕.

＿＿. DE IV. No. 308. "Conversation avec Werner Schroeter," pp. 251-260〔"Passion According to Werner Schroeter," in *Foucault Live（Interviews 1961-84）*, edited by Sylvère Lotringer, pp. 313-321. New York: Semiotext(e), 1989.

＿＿. DE IV. No. 311. "Entretien avec Michel Foucault," pp. 286-295.

＿＿. DE IV. No. 312. "Le combat de la chasteté," pp. 295-308.

＿＿. DE IV. No. 326. "À propos de la généalogie de l'éthique: un aperçu de travail en cours," pp. 383-411〔"On the Genealogy of Ethics: An Overview of Work in Progress," in *The Essential Works of M. Foucault.* Vol. 1, *Ethics, Subjectivity, and Truth*, pp. 253-280〕. 中譯本收入：德雷福斯、拉比諾著，錢俊譯，《傅柯：超越結構主義與詮釋學》，新北：桂冠圖書公司，1992。

＿＿. DE IV. No. 339. "Qu'est-ce que les Lumières?," pp. 562-578〔"What is Enlightenment?". In *The Essential Works of M.*

Foucault. Vol. 1, *Ethics, Subjectivity, and Truth*, pp. 303-319〕。
繁體版：薛興國譯，〈何謂啟蒙？〉，《聯經思想集刊》，新北：聯經出版公司，1988；簡體版：顧家琛譯，《福柯集》，杜小真編，上海：上海遠東出版社，2002。

_____. DE IV. No. 344. "À propos de la généalogie de l'éthique: un apercu de travail en cours," pp. 609-631〔"On the Genealogy of Ethics: An Overview of Work in Progress," DE IV. No. 326; 傅柯說讀英文原文的法文翻譯之後進行了一些修改〕。

_____. DE IV. No. 345. "Foucault," pp. 631-636〔"Foucault". In *The Essential Works of M. Foucault.* Vol. 2, *Aesthetics, Method, and Epistemology*, pp. 459-463〕。

_____. DE IV. No. 356. "L'éthique du souci de soi comme pratique de la liberté," pp. 708-729〔"The Ethics of the Concern of the Self as a Practice of Freedom," in *The Essential Works of M. Foucault.* Vol. 1, *Ethics, Subjectivity, and Truth*, pp. 281-301〕。

_____. DE IV. No. 357. "Une esthétique de l'existence," pp. 730-735〔"An Aesthetics of Existence," in *Foucault Live*（*Interviews, 1961-1984*）, edited by Sylvère Lotringer, pp. 450-454. New York: Semiotext（e）, 1996.

_____. DE IV. No. 358. "Michel Foucault, une interview: sexe, pouvoir et la politique de l'identité," pp. 735-746〔"Sex, Power, and the Politics of Identity," in *Foucault Live*（*Interviews, 1961-1984*）, edited by Sylvère Lotringer, pp. 382-390〕. New York: Semiotext（e）, 1996.

_____. DE IV. No. 363. "Les techniques de soi," pp. 783-813

〔"Technologies of the Self," in *The Essential Works of M. Foucault*. Vol. 1, *Ethics, Subjectivity, and Truth*, pp. 223-251〕.

_____. DS. "Il faut *défendre la société,"* in *Cours au Collège de France*（*1975-1976*）, edited by Mauro Bertani et Alessandro Fontana. Series edited by François Ewald and Alessandro Fontana. Paris: Gallimard/Seuil, 1997〔"Society Must be Defended," in *Lectures at the Collège de France 1975-1976*. Translated by David Macey. New York: Picador, 2003〕. 米歇爾・福柯著，錢翰譯，《必須保衛社會》，上海：上海人民出版社，1999。

_____. *Fearless Speech*. Edited by Joseph Pearson. Los Angeles: Semiotext（e）, 2001.

_____. GS. *Le gouvernement de soi et des autres*. In *Cours au Collège de France*（*1982-1983*）, edited by Frédéric Gros. Series edited by François Ewald and Alessandro Fontana. Paris: Gallimard/Seuil, 2008.

_____. GV. *Du gouvernement des vivants*. In *Cours au Collège de France*（*1979-1980*）, edited by Michel Senellart. Series edited by François Ewald and Alessandro Fontana. Paris: Gallimard/Seuil, 2012.

_____. HF. *Histoire de la folie à l'âge classique*. Paris: Gallimard, 1972. 福柯著，林志明譯，《古典時代瘋狂史》，北京：生活・讀書・新知三聯書店，2005。

_____. HS. *L'herméneutique du sujet*. In *Cours au Collège de France*（*1981-1982*）, edited by Frédéric Gros. Series edited by

François Ewald and Alessandro Fontana. Paris: Gallimard/Seuil, 2001〔*The Hermeneutics of the Subject.* Translated by Graham Burchell. New York: Palgrave Macmillan, 2005〕. 米歇爾・福柯著，佘碧平譯，《主體解釋學》，法蘭西學院演講系列，1981-1982，上海：上海人民出版社，2005。

＿＿. LA. "Les anormaux," in *Cours au Collège de France*（*1974-1975*）, edited by Valerio Marchetti et Antonella Salomoni. Series edited by François Ewald and Alessandro Fontana. Paris: Gallimard/Seuil, 1999.

＿＿. MC. *Les mots et les choses.* Paris: Gallimard, 1966〔*The Order of Things: An Archaeology of the Human Sciences.* New York: Vintage Books, 1994〕. 福柯著，莫偉名譯，《詞與物》，上海：三聯書店，2001。

＿＿. NB. *Naissance de la biopolitique.* In *Cours au Collège de France*（*1978-1979*）, edited by Michel Senellart. Series edited by François Ewald and Alessandro Fontana. Paris: Gallimard/Seuil, 2004.

＿＿. SP. *Surveiller et punir. Naissance de la prison.* Paris: Gallimard, 1975〔*Discipline and Punish: The Birth of the Prison.* New York: Vintage, 1979〕. 傅柯著，王紹中譯，黃敏原審定，《監視與懲罰：監獄的誕生》，台北：時報文化，2020。

＿＿. SS. *Le souci de soi.* In *Histoire de la sexualité 3.* Paris: Gallimard, 1984〔*The Care of the Self.* In *The History of Sexuality*, Vol. 3. Translated by Robert Hurley. New York:

Pantheon Books, 1986〕. 米歇爾‧福柯著，《性經驗史》，佘碧平譯，上海：上海人民出版社，2000。

＿＿＿. STP. *Sécurité, territoire, population*. In *Cours au Collège de France*（*1977-1978*）, edited by Michel Senellart. Series edited by François Ewald and Alessandro Fontana. Paris: Gallimard/ Seuil, 2004.

＿＿＿. UP. *L'usage des plaisirs*. In *Histoire de la sexualité 2*. Paris: Gallimard, 1984〔*The Use of Pleasure*. In *The History of Sexuality*, Vol. 2. Translated by Robert Hurley. New York: Pantheon Books, 1985〕. 米歇爾‧福柯著，佘碧平譯，《快感的享用》，收入《性經驗史》（增訂版），上海：上海人民出版社，2000。

＿＿＿. VS. *La volonté de savoir*. In *Histoire de la sexualité 1*. Paris: Gallimard, 1976〔*An Introduction*. In *The History of Sexuality*, Vol. 1. Translated by Robert Hurley. New York: Pantheon Books, 1985〕. 佘碧平譯，《認知的意志》，收入《性經驗史》（增訂版），上海：上海人民出版社，2002。

＿＿＿. "Christianity and Confession," in *The Politics of Truth*, edited by Sylvère Lotringer and Lysa Hochroth, pp. 199-235. New York: Semiotext（e）, 1997.

＿＿＿. "Subjectivity and Truth," in *The Politics of Truth*, edited by Sylvère Lotringer and Lysa Hochroth, pp. 171-198. New York: Semiotext（e）, 1997.

＿＿＿. *Introduction à l'Anthropologie de Kant*. In Emmanuel Kant, *Anthropologie d'un point de vue pragmatique,* précédé de

Michel Foucault, *Introduction à l'Anthropologie*. Paris: Vrin, 2008〔1961〕.

＿＿＿. "On the Genealogy of Ethics: An Overview of Work in Progress," in *The Essential Works of M. Foucault*. Vol. 1, *Ethics, Subjectivity, and Truth*, pp. 253-280.

＿＿＿. *Technologies of the Self: A Seminar with Michel Foucault.* Edited by Luther H. Martin, Huck Gutman, and Patrick H. Hutton. Amherst: Massachusetts UP, 1988.

中文資料

黃瑞祺主編，《再見傅柯：傅柯晚期思想新論》，台北：松慧文化，2005。

＿＿＿＿，《後學新論：後現代／後結構／後殖民》，台北：左岸文化，2003。

楊凱麟，〈當代哲學的福柯難題〉，收入《分裂分析福柯：越界、褶曲與佈置》，南京：南京大學出版社，2011，頁1-20。

楊儒賓，《儒門內的莊子》，新北：聯經出版公司，2016。

牟宗三，《中國哲學十九講》，收入《牟宗三先生全集》，第29冊，新北：聯經出版公司，2003。

何乏筆，〈何為「兼體無累」的工夫——論牟宗三與創造性的問題化〉，《儒學的氣論與工夫論》，楊儒賓、祝平次編，台北：國立臺灣大學出版中心，2005，頁79-102。

＿＿＿＿，〈能量本體論的美學解讀：從德語的張載研究談起〉，《中國文哲研究通訊》，2007，卷17，第2期，頁29-41。

　　　　，〈如何批判文化工業？——阿多諾的藝術作品論與美
　　學修養的可能〉，《中山人文學報》，2004，第19期，頁
　　17-35。

　　　　〈混雜現代化、跨文化轉向與漢語思想的批判性重構（與
　　朱利安「對－話」）〉，方維規主編，北京：北京大學出
　　版社，2014，頁86-135。

伯梅（Gernot Böhme）著，何乏筆譯，〈規訓化、文明化、道
　　德化——後康德的自我修養〉，《國立政治大學哲學學
　　報》，2005年1月第13期，頁41-60。

外文資料

Adorno, Theodor W. *Minima Moralia: Reflexionen aus dem beschädigten Leben.* Frankfurt am Main: Suhrkamp, 1951.

Baudelaire, Charles. *Les Fleurs du Mal.* In *Œuvres complètes*, selected, edited, and annotated by Claude Pichois. Paris: Gallimard, 1990.

Bell, Daniel. *The Cultural Contradictions of Capitalism.* London: Heinemann, 1979.

Benjamin, Walter. *Charles Baudelaire: Ein Lyriker im Zeitalter des Hochkapitalismus.* In *Gesammelte Schriften* I.2. Frankfurt am Main: Suhrkamp, 1980.

Boltanski, Luc and Ève Chiapello. *Le nouvel esprit du capitalisme.* Paris: Gallimard, 1999.

Böhme, Gernot. *Der Typ Sokrates.* Frankfurt am Main: Suhrkamp, 1988.

Deleuze, Gilles. *Foucault.* Paris: Éditions de Minuit, 1986〔*Foucault.* Translated and edited by Seán Hand. Foreword by Paul Bové. Minneapolis: University of Minnesota Press 1988〕. 楊凱麟譯，《德勒茲論傅柯》，台北：麥田出版，2000年。

＿＿＿. *Nietzsche et la philosophie.* Paris: Presses Universitaires de France, 1962.

＿＿＿. *Nietzsche. Sa vie, son œuvre, avec un exposé de sa philosophie.* Paris: Presses Universitaires de France, 1965.

＿＿＿. *Pourparlers 1972-1990.* Paris: Éditions de Minuit, 1990〔*Negotiations 1972-1990.* Translated by Martin Joughin. New York: Columbia University Press, 1995〕. 劉漢全譯，《哲學與權力的談判：德勒茲訪談錄》，北京：商務印書館，2000。

＿＿＿. *Nietzsche.* Paris: PUF, 1965.

Detel, Wolfgang. *Macht, Moral, Wissen: Foucault und die klassische Antike.* Frankfurt am Main, Suhrkamp, 1998.

Dews, Peter. *Logics of Disintegration, Post-structuralist Thought, and the Claims of Critical Theory.* London and New York: Verso, 1987.

Eribon, Didier. *Michel Foucault.* Paris: Flammarion, 1991.

＿＿＿. *Michel Foucault et ses contemporains.* Paris: Fayard, 1994.

＿＿＿. *Réflexion sur la question gay.* Paris: Fayard, 1999.

Ewald, François. "La philosophie comme acte," in *Le Magazine Littéraire*, No. 435, octobre 2004: 30-31.

Furth, Charlotte. "Rethinking van Gulik: Sexuality and Reproduction in Traditional Chinese Medicine," in *Engendering China, Women, Culture, and the State*, edited by Christina K. Gilmartin et al. Cambridge, Mass.: Harvard University Press, 1994.

Gordon, Colin. "Governmental Rationality: An Introduction," in *The Foucault-Effect: Studies in Governmentality*, edited by Graham Burchell, Colin Gordon, and Peter Miller, pp. 14-46. Chicago: University of Chicago Press, 1991.

Gros, Frédéric. "Michel Foucault, une philosophie de la vérité," in *Michel Foucault, Philosophie.* Anthology compiled and presented by Arnold I. Davidson and Frédéric Gros, pp. 11-25. Paris: Gallimard, 2004.

Hadot, Pierre. "Réflexions sur la notion de 'culture de soi'," in *Michel Foucault philosophe*, Rencontre Internationale, Paris, 9, 10, 11 Jan. 1988. Paris: Éditions du Seuil, 1989.

＿＿＿. *Exercices spirituels et philosophie antique.* Second edition, revised and expanded. Paris: Études Augustiniennes, 1987 〔Selected translation: *Philosophy as a Way of Life: Spiritual Exercises from Socrates to Foucault*, edited with an introduction by Arnold I. Davidson. Oxford UK & Cambridge USA: Blackwell, 1995〕.

＿＿＿. *La citadelle intérieure. Introduction aux* Pensées *de Marc Aurèle.* Paris: Fayard, 1992.

＿＿＿. *Qu'est-ce que la philosophie antique?* Paris: Gallimard, 1995 〔*What is Ancient Philosophy?.* Translated by Michael Chase. Cambridge, Massachusetts/London, England: The Belknap Press of Harvard University Press, 2002〕.

＿＿＿. *N'oublie pas de vivre. Goethe et la tradition des exercices spirituels*. Paris: Albin Michel, 2008.

Hall, David L., and Roger T. Ames. *Thinking Through Confucius*. Albany: State University of New York Press, 1987.

Halperin, David. *Saint-Foucault: Towards a Gay Hagiography*. New York: Oxford University Press, 1995.

Heidegger, Martin. *Nietzsche*. Stuttgart: Neske, 1998〔*Nietzsche*. Translated by David Farrell Krell. San Francisco: Harper&Row, 1991〕. 馬丁・海德格爾著，孫周興譯，《尼采》，北京：商務印書館，2002。

Heubel, Fabian. *Das Dispositiv der Kreativität*. Darmstadt: Wissenschaftliche Buchgesellschaft, 2002.

Jullien, François. "De la Gréce à la Chine, aller-retour," in *Le Débat* no.116, septembre-octobre 2001, pp. 134-143.（論文改版的中譯本可參閱：林志明譯，〈由希臘繞道中國，往而復返：基本主張〉，收入：林志明、Zbigniew Wesołowski編，《其言曲而中：漢學作為對西方的新詮釋——法國的貢獻》（新北：輔仁大學出版社，2005，頁71-87。）

＿＿＿. *Chemin faisant. Connaître la Chine, relancer la philosophie*. Paris: Seuil, 2007.

＿＿＿ and Thierry Marchaisse. *Penser d'un dehors*（*La Chine*）. *Entretiens d'Extrême-Occident*. Paris: Seuil, 2000.

Larmour, David H. J.; Paul Allen Miller; Charles Platter, eds. *Rethinking Sexuality, Foucault and Classical Antiquity*.

Princeton, NJ: Princeton University Press, 1997.

Lyotard, Jean-François. Économie libidinale. Paris: Édition de Minuit, 1974〔Libidinal Economy. Translated by Iain Hamilton Grant. Bloomington: Indiana University Press, 1993〕.

McGushin, Edward F. Foucault's Askêsis: An Introduction to the Philosophical Life. Evanston, Ill.: Northwestern University Press, 2007.

Menke, Christoph. Kraft. Ein Grundbegriff ästhetischer Anthropologie. Berlin: Suhrkamp, 2017.

Miller, James. The Passion of Michel Foucault. New York: Simon & Schuster, 1993.

Nietzsche, Friedrich. Der Wille zur Macht: Versuch einer Umwertung aller Werte. Selected and edited by Peter Gast with the collaboration of Elisabeth Förster-Nietzsche. Stuttgart: Kröner 1996〔The Will to Power. Translated by Walter Kaufmann and R. J. Hollingdale. New York: Vintage Books, 1968〕.

＿＿＿. Kritische Studienausgabe（KSA）. Edited by Giorgio Colli and Mazzino Montinari. München: DTV/de Gruyter, 1988.

＿＿＿. Sämtliche Briefe. Critical edition in 8 vols. Edited by Giorgio Colli and Mazzino Montinari. München: DTV/de Gruyter, 2003.

Platon. Alcibiade. Translated by Chantal Marbœuf and Jean-François Pradeau. Introduction, notes, bibliography, and index by Jean-François Pradeau. Paris: Flammarion, 2000.

＿＿＿. Alcibiades I. In Plato in Twelve Volumes. Vol. XII. English translation by W. R. M. Lamb. Cambridge, Mass.: Harvard

University Press, 1986.

Saar, Martin. *Genealogie als Kritik, Geschichte und Theorie des Subjekts nach Nietzsche und Foucault.* Frankfurt/New York: Campus, 2007.

Van Gulik, Robert. *Erotic Colour Prints of the Ming Period: With an Essay on Chinese Sex Life from the Han to the Ch'ing Dynasty, 206 B.C. - A.D. 1644.* Leiden: Brill, 2004〔Tokyo, 1951〕. 高羅佩著，楊權譯，《秘戲圖考：附論漢代至清代的中國性生活》，廣州：廣東人民出版社，1992。

＿＿. *Sexual Life in Ancient China.* With a new introduction and bibliography by Paul R. Goldin. Leiden; Boston: Brill 2003, c. 1961. 高羅佩著，李零、郭曉惠等譯：《中國古代房內考：中國古代的性與社會》，新北：桂冠圖書出版公司，1991。

Weber, Max. *Gesammelte Aufsätze zur Religionssoziologie I,* Tübingen: Mohr, 1988.《新教倫理與資本主義精神》，馬克思・韋伯著，于曉等譯，顧忠華審定，台北：左岸文化，2001；《中國的宗教：儒教與道教》，韋伯著，簡惠美譯，台北：遠流出版公司，1996。

翻譯對照表

阿多 Pierre Hadot

阿多諾 Theodor W. Adorno

阿西比亞德 Alcibiade/Alcibiades

巴塔耶 Georges Bataille

柏拉圖主義的弔詭 paradoxe du Platonisme

貝爾 Daniel Bell

本體論 ontologie

本體虛無 vide ontologique

比較哲學 comparative philosophy

辨認 déchiffrement

波特萊爾 Charles Baudelaire

布郎修 Maurice Blanchot

部署 dispositif

懺悔（告解） confession/Beichte

超人 Übermensch

超世 überweltlich

沉思 méditation

陳述　enoncé

出世的　außerweltlich

此在　Dasein

存在　being/être/Sein

當下　présent

道德主體　sujet moral

德勒茲　Gilles Deleuze

等級關係　rapport hiérarchique

抵抗　résistance

法規　code

法蘭西學院　Collège de France

法則（法律）　loi

風格　style

風格化　stylisation

瘋狂　folie

服從　obéissance/Gehorsam

高羅佩　Robert H. van Gulik

告白　aveu/Geständnis

個體化　Individuation

工夫　ascèse/Askese/askêsis/ἄσκησις

工夫技術　techniques d'ascèse

工夫論　ascetics/ascétique/Asketik

工夫形式　forme d'ascèse

工夫修養　asketische Kultivierung

工夫主義　asceticism/ascétisme/Asketismus

規範　norme

規範化（正常化）　normalisation

規訓　discipline

規則　règle

過度　excès

行為　act

話語　discours

基督工夫　ascèse chrétienne/christliche Askese

基督教的精神性　spiritualité chrétienne

機制　régime

激情　passion/pathos/πάθος

技術　technique

技藝　technê/τέχνη

價值重估　Umwertung der Werte

節制　tempérance/sophrosynê/σωφροσύνη

界限態度　attitude limite

經驗　experience/Erfahrung

精神導師　directeur spirituel

精神進展　progrès spirituel

精神習練　exercice spirituel

精神性　spiritualité

精神知識　savoir spirituel

淨化　purification

舉行　austragen

考驗　épreuve

科技　technologie

客體化（客觀化）　objectivation

控制　enkrateia/ἐγκράτεια

跨文化　transcultural

跨文化性　transculturality

快感　plaisir

拉比諾　Paul Rabinow

浪蕩子　dandy

浪蕩子工夫主義　l'ascétisme du dandy

浪蕩子主義　dandysme

李歐塔　Jean-François Lyotard

李約瑟　Joseph Needham

理性　raison, rationalité

理性的生活經營　rationale Lebensführung

力比多　libido

力量　force/Kraft

力量的本體論　ontologie de force

力量遊戲　jeu des forces

歷史先天　l'apriori historique

歷史性　historicité

靈魂　soul/âme/psychê/ψυχή

流變　devenir/becoming/Werden

倫理的系譜學　généalogie de l'éthique

倫理實體　substance éthique

倫理態度　ethos/êthos/ἦθος

倫理學　éthique/ethics

倫理主體　sujet éthique

目的論　téléologie

內部性　intériorité

內心性　Innerlichkeit

能量　énergie/energy/Energie

去昇華　desublimation

去主體化　desubjectivation

權力　pouvoir/Macht

權力關係　rapports de pouvoir

犬儒主義　Cynisme

認識　connaissance

認識知識　savoir de connaissance

肉欲／肉體　chair

入世工夫　innerweltliche Askese

上帝（神）　Gott

生存　existence

生存美學　esthétique de l'existence

生活藝術　art de vivre

生命（生活）　vie/life/ Leben/bios/βίος

生命（生活）　技藝　technê tou biou/τέχνη τοῦ βίου

生命的管理　gérer la vie

生命技術　technique de vie

生命權力　bio-pouvoir

生命政治　bio-politique

生物現代性　modernité biologique

昇華　sublimation

實踐　pratiques/pratique/Praktiken/praxis

使用　chrêsis/χρῆσις

使用快感的藝術　l'art d'user du plaisir

事件　événement

叔本華　Arthur Schopenhauer

說真話　dire-vrai/parrhêsia/παρρησία

他律性　Heteronomie

天職　Beruf

同性戀工夫　homosexual ascesis/ascèse homosexuelle

問題化　problématisation

習練　exercice

習練實踐　exercises pratiques

系譜學　généalogie

賢哲　sage

現代人　l'homme moderne

現代性的態度　l'attitude de modernité

頡頏關係　rapport agonistique

形上學　métaphysique

形塑　élaboration/élaborer

形體　Körper

醒覺　prise de conscience

性　sexe/sex

性活動　aphrodisia/Ἀφροδίσια

性快感　plaisir sexuel

性特質　sexualité

性吸血主義　sexual vampirism

修養　cultivation/Kultivierung/culture de soi

壓抑假設　l'hypothèse répressive

養生學　diététique

異教　paganisme

異托邦　hétérotopie

義務論　déontologie

域內　dedans

域外　dehors

欲望　désir/desire

欲望的詮釋學　herméneutique de désir

欲望人　l'homme de désir

欲望主體　sujet de désir

越界　transgression

再現　représentation

造形力量　plastische Kraft

戰鬥關係　relation de combat

哲學工夫　ascèse philosophique

真理　vérité/truth/ Wahrheit/alêtheia/ἀλήθεια

真理遊戲　jeu de vérité

政治美學的選擇　choix politico-esthétique

支配　domination

知識　savoir

治理 gouvernement

治理的藝術 l'art de gouvernement

治理他人 gouvernement des autres

治理性 gouvernementalité

治理自我 gouvernement de soi

智慧 sagesse

朱利安 François Jullien

主權權力 pouvoir de souveraineté

主體化 subjectivation

主體化模式 modes de subjectivation

主體詮釋學 herméneutique du sujet

主體性 subjectivité

主體哲學 philosophie du sujet

主宰的習練 l'exercice de la maîtrise

轉化 transformation

轉換 conversion

自律性 Autonomie/autonomy

自律主體 sujet autonome

自我 self/soi/Selbst

自我辨認 déchiffrement de soi

自我的辨認 déchiffrement de soi

自我的關注 souci de soi/epimeleia heautou/ἐπιμέλεια ἑαυτοῦ

自我的科技 technologies of the self, technologie de soi

自我的詮釋學 herméneutique de soi/hermeneutics of the self

自我對自我的工作 travail de soi sur soi

自我關係 rapport à soi

自我關注 souci de soi

自我技藝 techniques de soi

自我棄絕 renoncement à soi

自我認識 connaissance de soi/gnôthi seauton/γνῶθι σεαυτὸν

自我實踐 pratique（s）de soi

自我書寫 écriture de soi

自我習練 exercice de soi

自我修養 self-cultivation/culture de soi/Selbstkultivierung

自我藝術 l'art de soi

自我與自我的關係 rapport de soi à soi

自我治理 gouvernement de soi

自我主宰 maîtrise de soi

組構模式 constellation

組態 configuration

組織人 organization man

作品的缺席 absence d'oeuvre

致 謝

　　筆者在2001年1月開始於中央研究院中國文哲研究所擔任博士後研究，期間正值中央研究院歐美所黃瑞祺研究員在準備「現代與後現代」研討會，並邀請筆者共同發表〈自我修養與自我創造：晚年傅柯的主體／自我觀〉（參閱黃瑞祺主編，《後學新論：後現代／後結構／後殖民》）。在研討會之後，筆者與黃瑞祺共同策劃了晚期傅柯系列讀書會，並逐步構想出共同專研晚期傅柯的方向，讓筆者能在德文博士論文《創造性的部署》（Das Dispositiv der Kreativität）的基礎上結合傅柯研究與漢語哲學的獨特資源。在2003年12月，黃瑞祺籌備了以晚期傅柯研究為焦點之「傅柯思想研討會」（參閱《再見傅柯：傅柯晚期思想新論》）。他所推動的當代歐陸思想研究，以及雙方在晚期傅柯研究方面的合作，對本書的形成產生了重要的啟發作用。

　　本書的另一個關鍵影響，來自筆者與楊凱麟和龔卓軍兩位教授在當代歐陸哲學研究方面的合作與激盪。筆者與兩位教授曾共同籌備一系列的哲學活動：包括「當代德法思潮工作坊」（2003年7月）、「當代哲學工房」（2004年6月）、「真理與

工夫：傅柯研究與當代儒學的碰撞」研討會（2004年12月）、「傅柯主體詮釋學」系列讀書會（2005年3月至6月）、「形上學之後——歐陸當代哲學論壇」（2005年11月）、「晚期傅柯與傅柯之後：跨文化視野下的主體問題與自我技術」研討會（2006年2月）、「空場：當代藝術與當代哲學的對話」展覽計畫（2006年2月，黃海鳴、王品驊策展）以及「越界與界限經驗：傅柯美學工作坊」（2006年10月）。這一系列的活動促使筆者對晚期傅柯的跨文化潛力有更深刻的反思，也逐漸意識到晚期傅柯在「當代漢語哲學」脈絡下的特殊意義。

在本書的撰寫過程中，筆者多年獲得行政院國家科學委員會專題研究計畫補助。此補助使筆者得以赴法國「當代出版社記憶研究所」（IMEC）附屬之傅柯資料中心考察傅柯未出版的法蘭西學院課程的錄音資料，並全面地理解法國傅柯研究現況。尤其是一些相關的研究，讓筆者對「晚期傅柯」（從1978到1984年）的學術發展具備了更細微的理解，並以此作為本書的重要研究基礎。此期間筆者也認識了法國及其他地區的傅柯研究者，特別是傅柯最後三年法蘭西學院課程資料的編者費德希克・格霍（Frédéric Gros）。格霍教授應筆者之邀，於2006年6月來台灣訪問並參加中央研究院中國文哲研究所舉辦的「晚期傅柯與傅柯之後：跨文化視野下的主體問題與自我技術」研討會。之後格霍教授提供了傅柯1984年法蘭西學院課程的整理稿，讓筆者在出版之前預先閱讀，對本書的撰寫亦頗有助益。

本書有意識地避開「比較哲學」的思考框架，並非直接進行晚期傅柯與「中國哲學」的比較研究。不過，在許多翻譯和解釋的選擇中，讀者可容易發現古、今、東、西跨文化交織的

表達。與台灣中國哲學研究者的交流和對話，卻是構成本書不可或缺的資源。尤其重要的是與楊儒賓教授的長期對話。筆者與楊教授在2006年於國立政治大學哲學系所合開的「跨文化工夫論」課程，促使雙方的合作與對話進入新的發展階段。

筆者之所以能夠全力投入這一實驗性哲學工作，中央研究院中國文哲研究所提供了非常自由的研究環境，在學術研究上助益斐然。尤其是劉述先、李明輝、林月惠和林維杰諸位同仁的幫助與鼓勵，俾使筆者能夠不斷地豐富在中國哲學方面的理解。

在2015年筆者有機會進行關於「修養哲學」的中央研究院人文講座，一學期的課程提供機會重新整理和思考本書的內容。

筆者也要特別感謝長期的研究計畫助理林淑文博士在研究與行政工作各方面的強力協助，若沒有她的幫助本書難以順利完成。

本書獻給蔣國芳，她是筆者二十多年來生活和精神上的伴侶，也是最重要的中文老師。自2001年起筆者開始全力投入中文寫作的過程中，她的陪伴與協助讓此曲折的過程充滿樂趣和醒覺。

本書各章節的出版狀況

本書以筆者有關傅柯的一系列學術論文為基礎。這些論文曾在不同的期刊或論文集發表。在研究過程中，專書的構想逐漸形成。專書之完成，亦根據整體脈絡作了大幅修改。

第一章：跨文化批判與當代漢語哲學

〈跨文化批判與當代漢語哲學：晚期傅柯研究的方法論反思〉，《揭諦》，第13期，2007，頁29-54。

簡體修正版：〈跨文化批判與當代漢語哲學：晚期傅柯研究的方法論反思〉，《學術研究》，第280期，2008，頁5-13。

第二章：柏拉圖主義的弔詭與修養論的歷史轉化

〈修養與批判：傅柯《主體詮釋學》初探〉，《中國文哲研究通訊》，卷15，第3期，2005，頁5-27。

簡體版：〈修養與批判：福柯《主體解釋學》初探〉，收入：黃瑞祺主編，《再見福柯：福柯晚期思想研究》（杭州：

浙江大學出版社，2008），頁35-56。

第三章：從性史到修養史

〈從性史到修養史——論傅柯《性史》卷2中的四元架構〉，《歐美研究》，卷32，第3期，2002，頁437-467。

（另收入：黃瑞祺編，《後學新論：後現代／後結構／後殖民》〔台北：左岸文化，2003〕。）

第四章：自我發現與自我創造

〈自我發現與自我創造——論哈道特和傅柯修養論之差異〉，收入：黃瑞祺主編，《後學新論：後現代／後結構／後殖民》（台北：左岸文化，2003），頁75-106。

簡體版：〈自我發現或自我創造——論阿道與福柯修養論之差異〉，收入：黃瑞祺主編，《再見福柯：福柯晚期思想研究》（杭州：浙江大學出版社，2008），頁161-180。

第五章：由傅柯看尼采：工夫主義與美學的批判意義

〈冰冷的激情：尼采、傅柯與哲學的美學化〉，《藝術觀點》，第29期，2006，頁16-24。

第六章：內在超越重探：韋伯與工夫倫理的美學化

〈內在超越重探——韋伯論「基督工夫」與資本主義精神

的創造轉化〉，收入：劉述先、林月惠主編，《當代儒學與西方文化：宗教篇》（台北：中央研究院中國文哲研究所，2005），頁91-124。

第七章：哲學生命與工夫論的現代化

〈哲學生命與工夫論的批判意涵：關於晚期傅柯主體觀的反思〉，《文化研究》，第11期，2010，頁143-167。

第八章：能量的折曲

〈能量的吸血主義——李歐塔、傅柯、德勒茲與中國房中術〉，《中國文哲研究集刊》，第25期，2004，頁259-286。

第九章：從權力技術到美學修養

〈從權力技術到美學修養：關於傅柯理論發展的反思〉，《哲學與文化》，卷37，第3期，2010，頁85-102。

第十章：越界與平淡

〈越界與平淡〉，《中國文哲研究通訊》，卷20，第4期，2010，頁43-59。

中研究人文講座叢書

修養與批判：跨文化視野中的晚期傅柯

2021年10月初版　　　　　　　　　　　　　　　　定價：新臺幣480元
有著作權‧翻印必究
Printed in Taiwan.

著　　　者	何	乏	筆
叢書主編	沙	淑	芬
校　　對	陳	佩	伶
內文排版	菩	薩	蠻
封面設計	沈	佳	德

出　版　者	聯經出版事業股份有限公司	副總編輯	陳	逸	華
地　　　址	新北市汐止區大同路一段369號1樓	總編輯	涂	豐	恩
叢書主編電話	(02)86925588轉5310	總經理	陳	芝	宇
台北聯經書房	台北市新生南路三段94號	社　長	羅	國	俊
電　　　話	(02)23620308	發行人	林	載	爵
台中分公司	台中市北區崇德路一段198號				
暨門市電話	(04)22312023				
台中電子信箱	e-mail：linking2@ms42.hinet.net				
郵政劃撥帳戶第0100559-3號					
郵撥電話	(02)23620308				
印　刷　者	世和印製企業有限公司				
總　經　銷	聯合發行股份有限公司				
發　行　所	新北市新店區寶橋路235巷6弄6號2樓				
電　　　話	(02)29178022				

行政院新聞局出版事業登記證局版臺業字第0130號

本書如有缺頁，破損，倒裝請寄回台北聯經書房更換。　　ISBN　978-957-08-6000-9 (平裝)
聯經網址：www.linkingbooks.com.tw
電子信箱：linking@udngroup.com

國家圖書館出版品預行編目資料

修養與批判：跨文化視野中的晚期傅柯/何乏筆著. 初版.
新北市. 聯經. 2021年10月. 336面. 14.8×21公分（中研究人文講座叢書）
ISBN　978-957-08-6000-9（平裝）

1.傅柯（Foucault, Michel, 1926-1984）　2.學術思想　3.哲學

146.79　　　　　　　　　　　　　　　　　　　　110014059